河海大学重点立项教材

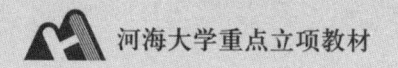

中国近现代史纲要
"读—思—行"学程

李宁　李尹蒂 ◎ 主编

河海大学出版社
·南京·

图书在版编目(CIP)数据

中国近现代史纲要"读—思—行"学程 / 李宁,李尹蒂主编. -- 南京：河海大学出版社，2023.12
ISBN 978-7-5630-8579-8

Ⅰ.①中… Ⅱ.①李… ②李… Ⅲ.①中国历史－近现代－高等学校—教学参考资料 Ⅳ.①K25

中国国家版本馆 CIP 数据核字(2023)第 241348 号

书　　名	中国近现代史纲要"读—思—行"学程
书　　号	ISBN 978-7-5630-8579-8
责任编辑	张　媛
特约校对	任宇初
封面设计	徐娟娟
出版发行	河海大学出版社
地　　址	南京市西康路1号(邮编:210098)
电　　话	(025)83737852(总编室)　(025)83722833(营销部) (025)83787157(编辑室)
经　　销	江苏省新华发行集团有限公司
排　　版	南京布克文化发展有限公司
印　　刷	南京工大印务有限公司
开　　本	710 毫米×1000 毫米　1/16
印　　张	17
字　　数	303 千字
版　　次	2023 年 12 月第 1 版
印　　次	2023 年 12 月第 1 次印刷
定　　价	54.00 元

江苏省教育科学"十三五"规划课题"高校思想政治理论课教学模式创新研究"(批准号D/2020/01/31)

序　言

习近平总书记在党的二十大报告中强调:"培养什么人、怎样培养人、为谁培养人是教育的根本问题。""中国近现代史纲要"课程(以下简称"纲要"课程)作为一门全国高校本科生必修的思想政治理论课(以下简称思政课),是用习近平新时代中国特色社会主义思想铸魂育人、落实立德树人根本任务的关键课程之一。结合"纲要"课程的教学目标和教学内容,我们要将党的创新理论融入其中,以教材为依托,引导学生深刻领悟"两个确立"的决定性意义、伟大建党精神及其赓续发展的旗帜引领、新时代十年伟大变革的里程碑意义、以中国式现代化全面推进中华民族伟大复兴的使命任务等,带领学生深刻领会"四个选择""三个为什么",激发学生在党的坚强领导下为实现民族复兴而不懈奋斗。

高校思政课应通过创新实践教学形式、丰富实践教学载体、整合实践教学平台、深化实践教学内容等多种方式将理论学习与实践感悟融为一体,引导大学生走进基层、走向社会,在实践中检验真理,在实践中体悟理论,进而促进大学生理论水平、思想素质和思维能力的全面提升。在思政课的教学过程中,我们"要高度重视思政课的实践性,把思政小课堂同社会大课堂结合起来"①。《中国近现代史纲要"读—思—行"学程》正是为了辅助教师教学、辅导学生学习,帮助师生在认真研读党和国家一系列有关重要文献特别是习近平总书记重要讲话及相关著作文献的基础上用好教材,了解教材的知识架构,准确把握教材的重难点,加强教学的时效性而编写的。

本书的编写以马克思主义理论研究和建设工程重点教材《中国近现代史纲要》(2023年版)为基本依据,严格遵循教材的内在逻辑,按照教材章节顺序精心选择内容,每章开篇论述本章的学习目标和知识要点,使学生对本章学习有一个基本的宏观把握。每章的主体内容设置为三个单元,分别为"读之篇"、"思之篇"和"行之篇"。每一单元设两个板块。"读之篇"分为"经典阅

---

① 习近平2019年3月18日在学校思想政治理论课教师座谈会上的讲话。

读"和"拓展阅读"两个板块。"经典阅读"摘编同本章教学内容密切相关的马克思主义经典作家和中国共产党主要领导人的文章,为"纲要"课程的学习提供理论支撑。"拓展阅读"则推荐与本章学习内容相关的图书,概述其主要内容和推荐理由,帮助学生进一步掌握相关学习内容。"思之篇"分为"案例讨论与思考"和"热点问题与讨论"两个板块。"案例讨论与思考"着眼于与本章教学内容相关的案例,并进行讨论,以启发学生的思考。"热点问题与讨论"则精选在社会上引起广泛关注的议题展开讨论,加深学生对历史的了解。"行之篇"分为"社会实践与行动"和"行动反思与品格塑造"两个板块。"社会实践与行动"提供与本章内容相关的实践方案,为学生提供实践活动的钥匙,帮助学生巩固所学内容。"行动反思与品格塑造"则充分发挥思政课作为落实立德树人根本任务关键课程的作用,引导学生在实践中强化理论思考,进而塑造更加健全的人格。本书尝试通过"读—思—行"三个环节的设计,对"中国近现代史纲要"知识点进行汇总解析,引导学生准确理解教材的基本内容和基本精神。

  本书体例完整,结构严谨,实效性强。其具有以下四个特点:一是系统性强。本书参考了大中小学不同学段的思政课内容,体现了大中小学思政课一体化建设的要求。二是内容丰富。本书不仅包括"中国近现代史纲要"课程的理论学习内容,也包括实践环节和行动反思与品格塑造,可为"中国近现代史纲要"课程实践活动的开展提供参考。三是理念新颖。本书的每一章节都贯彻了"大思政课"理念,将阅读、思考与实践有机结合,努力提升"中国近现代史纲要"课程的针对性和实效性。四是特色鲜明。注重指导性与资料性、可读性与启思性相结合,精益求精,几易其稿,确保质量和吸引力。

  本书的编写是在河海大学马克思主义学院李宁教授的召集下开展的,全书最后由李宁教授、李尹蒂副教授校勘统稿。参与编写的人员分别为:贺荣繁(第一章)、杜雪彤(第二章)、江紫玉(第三章)、马锐超(第四章)、高婧媛(第五章)、李林(第六章)、郎凯雯(第七章)、周红冰(第八章)、李尹蒂(第九章)、刘学坤(第十章)。本书也是江苏省教育科学"十三五"规划课题"高校思想政治理论课教学模式创新研究"(批准号 D/2020/01/31)的研究成果。在此,要特别感谢河海大学出版社朱婵玲社长的关心支持以及编辑老师们认真严谨的工作。编写组成员为保证本书的质量也尽了最大的努力,但因编写时间和水平有限,错漏之处在所难免,恳请广大读者不吝指正。

目录
Contents

第一章　进入近代后中华民族的磨难与抗争 …………………… 001
  【学习目标】 ……………………………………………………………… 003
  【知识要点】 ……………………………………………………………… 003

  读之篇 …………………………………………………………………… 003

  【经典阅读】 ……………………………………………………………… 003
    1. 中国革命和欧洲革命（节选） …………………………………… 003
    2. 对华战争（节选） ………………………………………………… 004
    3. 兴中会章程（节选） ……………………………………………… 005
    4. 中国革命和中国共产党（节选） ………………………………… 006
    5. 实现中华民族伟大复兴是中华民族近代以来最伟大的
       梦想（节选） ……………………………………………………… 007

  【拓展阅读】 ……………………………………………………………… 008
    1.《习近平关于实现中华民族伟大复兴的中国梦论述摘编》 … 008
    2.《复兴文库》（第一编第一卷） …………………………………… 009
    3.《从鸦片战争到五四运动（全本）》 ……………………………… 009
    4.《为什么是中国》 ………………………………………………… 010

  思之篇 …………………………………………………………………… 010

  【案例讨论与思考】 ……………………………………………………… 010
    案例1：中华文化的时代精华 ……………………………………… 010
    案例2：马戛尔尼访华 ……………………………………………… 012
    案例3：林则徐禁烟 ………………………………………………… 013
    案例4：三元里抗英 ………………………………………………… 014

【热点问题与讨论】 015
　　"汉服热" 015
　　"黄祸论"——最早的"中国威胁论" 017
　　"百年未有之大变局" 018

行之篇 019

【社会实践与行动】 019
　　方案一：微电影或舞台剧《南京条约》 019
　　方案二：读书报告(研读有关两次鸦片战争的图书) 020
　　方案三：社会调查 020
　　方案四：讨论与辩论——中国会不会自主走向现代化？ 021
　　方案五：特色思政课案例搜集和汇报 021
【行动反思与品格塑造】 021
【参考文献】 022

第二章　不同社会力量对国家出路的早期探索 025
【学习目标】 027
【知识要点】 027

读之篇 027

【经典阅读】 027
　　1. 天朝田亩制度(节选) 027
　　2. 中国记事(节选) 029
　　3. 早期官僚资产阶级与洋务运动 031
　　4. 从洋务、维新到资产阶级革命(节选) 032
　　5. 变法通议(节选) 036
　　6. 戊戌维新与学习西方(节选) 037
【拓展阅读】 040
　　1.《洋务运动史》 040
　　2.《戊戌变法史》 040
　　3.《回顾与思考："西化"与"中化"的百年论争》 041
　　4.《太平天国史纲》 041

思之篇 ········ 042

【案例讨论与思考】 ········ 042
案例1：马克思对太平天国的评价何以前后不同 ········ 042
案例2：洋务企业管理的腐朽性 ········ 043
案例3：明治维新与戊戌变法之比较 ········ 044

【热点问题与讨论】 ········ 045
近代民族资本主义经济与当代私营经济的不同之处 ········ 045
追求"自强"的早期中国的现代化 ········ 047
戊戌变法开启近代思想启蒙的大潮 ········ 049

行之篇 ········ 052

【社会实践与行动】 ········ 052
方案一：微电影或舞台剧《茶馆》 ········ 052
方案二：读书报告《近代中国社会的新陈代谢》 ········ 052
方案三：社会调查——当代大学生对中国现代化进程的了解情况 ········ 053
方案四：讨论与辩论——洋务运动是利大于弊，还是弊大于利？ ········ 053
方案五：特色思政课案例搜集和汇报 ········ 053

【行动反思与品格塑造】 ········ 054
【参考文献】 ········ 055

第三章 辛亥革命与君主专制制度的终结 ········ 057
【学习目标】 ········ 059
【知识要点】 ········ 059

读之篇 ········ 059

【经典阅读】 ········ 059
1. 革命军（节选） ········ 059
2. 《民报》发刊词 ········ 060
3. 《民报》与《新民丛报》辩驳之纲领 ········ 062
4. 关于辛亥革命的评价（节选） ········ 063

5. 在纪念辛亥革命110周年大会上的讲话(节选) ……………… 064
　【拓展阅读】 ……………………………………………………… 066
　　　1.《辛亥革命人物故事》 …………………………………… 066
　　　2.《黄兴大传:辛亥革命实干家的历程》 …………………… 066
　　　3.《辛亥革命与百年中国的社会变迁》 …………………… 067
　　　4.《辛亥革命与近代社会》 ………………………………… 067

思之篇 …………………………………………………………… 068

　【案例讨论与思考】 ……………………………………………… 068
　　　案例1:四川保路运动 ……………………………………… 068
　　　案例2:民国元年三月十一日公布的《中华民国临时约法》 …… 069
　　　案例3:在东京《民报》创刊周年庆祝大会的演说 ………… 071
　【热点问题与讨论】 ……………………………………………… 073
　　　辛亥革命改变的社会风俗 ………………………………… 073
　　　辛亥百年:中国影视出现"辛亥热" ……………………… 074
　　　习近平在纪念孙中山先生诞辰150周年大会上的讲话 …… 075

行之篇 …………………………………………………………… 077

　【社会实践与行动】 ……………………………………………… 077
　　　方案一:微电影或舞台剧《辛亥革命与社会变迁》 ……… 077
　　　方案二:读书报告《辛亥革命人物故事》 ………………… 077
　　　方案三:特色思政课案例搜集和汇报 ……………………… 078
　　　方案四:大学生讲思政课 …………………………………… 078
　　　方案五:社会调查 …………………………………………… 079
　【行动反思与品格塑造】 ………………………………………… 079
　【参考文献】 ……………………………………………………… 080

第四章　中国共产党成立和中国革命新局面 ………………… 081
　【学习目标】 ……………………………………………………… 083
　【知识要点】 ……………………………………………………… 083

　读之篇 ………………………………………………………… 083

　【经典阅读】 ……………………………………………………… 083
　　　1. 我的马克思主义观(节选) ……………………………… 083

2. 红色档案故事——1921年7月《中国共产党第一个纲领》 ······ 085
　　3. 敬告青年(节选) ······ 087
　　4. 在庆祝中国共产党成立一百周年大会上的讲话(节选) ······ 089
　　5. 中国共产党第二次全国代表大会宣言(节选) ······ 091

【拓展阅读】 ······ 093
　　1.《五四运动史：现代中国的知识革命》 ······ 093
　　2.《党员、党权与党争：1924—1949年中国国民党的组织形态》 ······ 093
　　3.《中国共产党历史·第一卷(1921—1949)》 ······ 094
　　4.《赵世炎文集》 ······ 094
　　5.《中国共产党成立史》 ······ 094

思之篇 ······ 095

【案例讨论与思考】 ······ 095
　　案例1：新文化运动与国民习性 ······ 095
　　案例2：中共一大代表的命运 ······ 096
　　案例3：中共二大创造了党的历史上八个"第一" ······ 097

【热点问题与讨论】 ······ 098
　　在五四青年节到来之际向全国广大青年致以节日的祝贺 ······ 098
　　中国共产党的丰功伟绩 ······ 099
　　读懂四层深意　弘扬伟大建党精神 ······ 100

行之篇 ······ 102

【社会实践与行动】 ······ 102
　　方案一：微电影或舞台剧《五四前夕》 ······ 102
　　方案二：读书报告《百年梦想》 ······ 103
　　方案三：社会调查——当代大学生对五四精神的了解和人生理想的树立 ······ 103
　　方案四：特色思政课案例搜集和汇报 ······ 104

【行动反思与品格塑造】 ······ 104

【参考文献】 ······ 106

第五章　中国革命的新道路 ……………………………………… 107

【学习目标】 …………………………………………………………… 109
【知识要点】 …………………………………………………………… 109

读之篇 …………………………………………………………… 109

【经典阅读】 …………………………………………………………… 109
 1. 星星之火，可以燎原（节选） …………………………………… 109
 2. 反对本本主义（节选） …………………………………………… 112
 3. 文艺战线上的关门主义（节选） ………………………………… 114
 4. 矛盾论（节选） …………………………………………………… 117
 5. 在纪念红军长征胜利 80 周年大会上的讲话（节选） ………… 119

【拓展阅读】 …………………………………………………………… 120
 1.《长征》 …………………………………………………………… 120
 2.《中国革命的乡村道路》 ………………………………………… 121
 3.《中国近代通史·第八卷·内战与危机（1927—1937）》 …… 121
 4.《魏斐德上海三部曲：1927—1937》 …………………………… 122

思之篇 …………………………………………………………… 122

【案例讨论与思考】 …………………………………………………… 122
 案例 1：英勇赴死、壮烈牺牲的不朽精神 ………………………… 122
 案例 2：入党誓词中第一次加入"永不叛党" …………………… 123
 案例 3：游击战争"十六字诀" …………………………………… 124

【热点问题与讨论】 …………………………………………………… 125
 遵义会议是党的历史上一个生死攸关的转折点 ………………… 125
 对长征精神的感悟 ………………………………………………… 126
 反对本本主义，要联系实际进行调查研究 ……………………… 127

行之篇 …………………………………………………………… 129

【社会实践与行动】 …………………………………………………… 129
 方案一：微电影或舞台剧 ………………………………………… 129
 方案二：读书报告或观后感 ……………………………………… 129
 方案三：重走长征路 ……………………………………………… 130
 方案四：特色思政课案例搜集和汇报 …………………………… 130

【行动反思与品格塑造】 131
【参考文献】 132

第六章 中华民族的抗日战争 133

【学习目标】 135
【知识要点】 135

读之篇 135

【经典阅读】 135
1. 中共中央为公布国共合作宣言 135
2. 迎接对日直接抗战伟大时期的到来(节选) 137
3. 论持久战(节选) 138
4. 战争和战略问题(节选) 140
5. 在纪念中国人民抗日战争暨世界反法西斯战争胜利七十五周年座谈会上的讲话(节选) 142

【拓展阅读】 144
1. 《西行漫记》 144
2. 《中流砥柱:中国共产党与全民族抗日战争》 144
3. 《苦难的人流——抗战时期的难民》 145
4. 《重读抗战家书》 145

思之篇 146

【案例讨论与思考】 146
案例1:坚贞不屈抗日救国的巾帼英雄赵一曼 146
案例2:于硝烟炮火中救助敌军孤女的仁义元帅聂荣臻 147
案例3:毁家纾难倾囊抗战的南侨总会 148

【热点问题与讨论】 150
如何看待"抗日神剧"现象 150
如何看待"红色旅游热" 151
如何看待"南京夏日祭"事件 152

行之篇 153

【社会实践与行动】 153
方案一:观影报告《血战台儿庄》 153

方案二：大学生讲思政课 …………………………………… 154
　　方案三：实地调研 …………………………………………… 154
【行动反思与品格塑造】 ……………………………………………… 155
【参考文献】 …………………………………………………………… 156

第七章　为建立新中国而奋斗　157

【学习目标】 …………………………………………………………… 159
【知识要点】 …………………………………………………………… 159

读之篇 ………………………………………………………………… 159

【经典阅读】 …………………………………………………………… 159
　1. 论联合政府(节选) ……………………………………………… 159
　2. 最后一次演讲(节选) …………………………………………… 160
　3. 对时局的声明 …………………………………………………… 161
　4. 论人民民主专政(节选) ………………………………………… 163
　5. 中国人民政治协商会议共同纲领(节选) ……………………… 165
【拓展阅读】 …………………………………………………………… 165
　1.《决战：东北解放战争 1945—1948》…………………………… 165
　2.《1945—1949：国共政争与中国命运》 ………………………… 166
　3.《民国时期中苏关系史(1917—1949)》………………………… 166

思之篇 ………………………………………………………………… 167

【案例讨论与思考】 …………………………………………………… 167
　案例1：从"五四指示"到《中国土地法大纲》………………… 167
　案例2：西柏坡时期党的政治建设经验 ………………………… 168
　案例3：解放战争为什么只用三年就取得彻底胜利？ ………… 170
【热点问题与讨论】 …………………………………………………… 173
　体会中国共产党领导的多党合作和政治协商制度 …………… 173
　感受红色文化基地参观热 ……………………………………… 174
　冲破羁绊获解放——解放战争时期的土地改革运动 ………… 175

行之篇 ………………………………………………………………… 178

【社会实践与行动】 …………………………………………………… 178
　方案一：微电影或舞台剧《啊！摇篮》…………………………… 178

方案二：读书报告《革命年代》 ……………………………… 179
　　　方案三：社会调查——当代大学生对解放战争历史了解情况
　　　　　 ……………………………………………………………… 179
　　　方案四：知识竞赛——党史知多少 …………………………… 180
　　　方案五：微党课——以笔为枪的后方战士们 ………………… 180
　【行动反思与品格塑造】 …………………………………………… 180
　【参考文献】 ………………………………………………………… 182

第八章　中华人民共和国的成立与中国社会主义建设道路的探索 …… 183
　【学习目标】 ………………………………………………………… 185
　【知识要点】 ………………………………………………………… 185

　读之篇 ………………………………………………………………… 185

　【经典阅读】 ………………………………………………………… 185
　　1. 中共中央关于党的百年奋斗重大成就和历史经验的决议（节选）
　　　　………………………………………………………………… 185
　　2. 伍修权在联合国安全理事会上控诉美国武装侵略中国领土
　　　 台湾的发言（节选） …………………………………………… 187
　　3. 目前合作化运动情况的分析与今后的方针政策（节选） …… 188
　　4. 中央统战部关于省、市人民代表大会和省、市人民政府委员会
　　　 中民主人士安排方案的意见（节选） ………………………… 189
　　5. 关于发展工业的几点意见（节选） …………………………… 190
　【拓展阅读】 ………………………………………………………… 192
　　1.《朝鲜战争》 …………………………………………………… 192
　　2.《毛泽东传（1949—1976）》 …………………………………… 193
　　3.《周恩来传（1898—1976）》 …………………………………… 193
　　4.《当代中国水利史（1949—2011）》 …………………………… 194

　思之篇 ………………………………………………………………… 194

　【案例讨论与思考】 ………………………………………………… 194
　　案例1：葛岘岭阻击战 …………………………………………… 194
　　案例2：钱学森与"苹果树" ……………………………………… 195
　　案例3：青蒿素是传统中医药送给世界人民的礼物 …………… 196

【热点问题与讨论】 197
　　如何理解"科学无国界，科学家有祖国" 197
　　如何理解大庆油田的发现摘掉了我国"贫油国"的帽子 198
　　如何理解《功勋》等红色影视剧的高分"出圈" 199

行之篇 199

【社会实践与行动】 199
　　方案一：微电影或舞台剧《开国大典》 199
　　方案二：读书报告《朝鲜战争》 200
　　方案三：社会调查——南京近现代史上的城市建设变化 200
　　方案四：讨论与辩论——要不要多喝热水 201
　　方案五：微党课——隐姓埋名的"两弹一星"参与者 201
【行动反思与品格塑造】 202
【参考文献】 203

第九章　改革开放与中国特色社会主义的开创和发展 205

【学习目标】 207
【知识要点】 207

读之篇 207

【经典阅读】 207
　　1. 完整地准确地理解毛泽东思想（节选） 207
　　2. 实践是检验真理的唯一标准（节选） 209
　　3. 对起草《关于建国以来党的若干历史问题的决议》的意见（节选） 210
　　4. 社会主义也可以搞市场经济（节选） 211
　　5. 坚持四项基本原则（节选） 213
【拓展阅读】 214
　　1.《中国共产党的一百年（改革开放和社会主义现代化建设新时期）》 214
　　2.《在庆祝改革开放40周年大会上的讲话》 214
　　3.《国家相册——改革开放四十年的家国记忆》 215
　　4.《中国如何治理？通向国家治理现代化的道路》 215

思之篇 216

【案例讨论与思考】 216
 案例1:天安门城楼上的毛主席像将永远保留下去 216
 案例2:"傻子瓜子" 217
 案例3:东南风吹西北暖 218

【热点问题与讨论】 220
 吴仁宝谈"实事求是" 220
 中国式现代化 221
 恢复高考,知识改变中国 223

行之篇 225

【社会实践与行动】 225
 方案一:微电影或舞台剧《1978》 225
 方案二:读书报告《改革开放简史》 226
 方案三:社会调查——改革开放前后家乡的变化 226
 方案四:特色思政课案例搜集和汇报 227
 方案五:大学生讲思政课 227

【行动反思与品格塑造】 228

【参考文献】 230

第十章　中国特色社会主义进入新时代 231

【学习目标】 233
【知识要点】 233

读之篇 233

【经典阅读】 233
 1. 中共中央关于党的百年奋斗重大成就和历史经验的决议(节选) 233
 2. 以史为鉴、开创未来　埋头苦干、勇毅前行(节选) 235
 3. 在深圳经济特区建立四十周年庆祝大会上的讲话(节选) 237
 4. 新时代党和人民奋进的必由之路 238
 5. 在庆祝中国共产党成立一百周年大会上的讲话(节选) 239

【拓展阅读】 ··· 241
 1.《论中国共产党历史》 ··· 241
 2.《高举中国特色社会主义伟大旗帜　为全面建设社会主义现代化国家而团结奋斗——在中国共产党第二十次全国代表大会上的报告》 ··································· 241
 3.《习近平新时代中国特色社会主义思想学习纲要(2023年版)》 ··································· 241

思之篇 ··· 242

【案例讨论与思考】 ··· 242
 案例1:5G+智慧旅游助力乡村振兴 ··································· 242
 案例2:为超级计算贡献青年力量 ··································· 244
 案例3:把每次训练都当作实战 ··································· 246

【热点问题与讨论】 ··· 247
 腐败低龄化、贪腐"35岁现象"？莫让年轻干部摔倒在起跑线 ··································· 247

行之篇 ··· 251

【社会实践与行动】 ··· 251
 方案一:微电影或舞台剧《青春的样子》 ··································· 251
 方案二:读书报告《初心集——百名英烈遗作选》 ··································· 252
 方案三:社会调查——新时代最美奋斗者的故事 ··································· 252

【行动反思与品格塑造】 ··· 253

【参考文献】 ··· 254

第一章

进入近代后中华民族的磨难与抗争

【学习目标】

通过对本章内容的学习,学生能够了解鸦片战争前的中国与世界,认识近代中国社会的半殖民地半封建性质;了解西方列强对中国侵略的主要方式,深刻剖析资本-帝国主义的侵略给近代中国造成的危害;了解近代中国人民抵御外来侵略的斗争历程,认识反侵略战争失败的原因;了解中国人民民族意识觉醒的历程,理解近代中国如何提出了中华民族伟大复兴的历史任务。

本章教学要求教师围绕近代中国人民英勇反抗外来侵略的光荣历史,把握近代中国人民反侵略斗争的意义,科学分析和总结历次反侵略斗争失败的原因与经验教训,帮助学生了解历次反侵略战争失败的原因,掌握中华民族自我意识觉醒的过程及其意义。

【知识要点】

1. 近代中国社会的性质
2. 西方列强侵略中国的主要方式
3. 民族危机激发中华民族的觉醒
4. 中华民族伟大复兴历史任务的提出

读之篇

【经典阅读】

1. 中国革命和欧洲革命(节选)

马克思

在1830年以前,中国人在对外贸易上经常是出超,白银不断地从印度、英国和美国向中国输出。可是从1833年,特别是1840年以来,由中国向印度输出的白银,几乎使天朝帝国的银源有枯竭的危险。因此皇帝下诏严禁鸦片贸易,结果引起了比他的诏书更有力的反抗。除了这些直接的经济后果之外,和私贩鸦片有关的行贿受贿完全腐蚀了中国南方各省的国家官吏。正如皇帝通常被尊为全中国的君父一样,皇帝的官吏也都被认为对他们各自的管区维持着这种父权关系。可是,那些靠纵容私贩鸦片发了大财的官吏的贪污行为,却逐渐破坏着这一家长制权威——这个庞大的国家机器的各部分间的唯一的精神联系。存在这种情况的地方,主要正是首先起义的南方各省。所以几乎不言而喻,随着鸦片日益成为中国人的统治者,皇帝及其周围墨守成规的大官们也就日益丧失自己的统治权。历史好像是首先要麻醉这个国家的人民,然后才能把他们从世代相传的愚昧状态中唤醒似的。

中国过去几乎不输入英国棉织品,英国毛织品的输入也微不足道,但从1833年对华贸易垄断权由东印度公司手中转到私人商业手中之后,这两种商品的输入便迅速地增加了。从1840年其他国家特别是我国也开始参加和中国的通商之后,这两项输入增加得更多了。这种外国工业品的输入,对本国工业也发生了类似过去对小亚细亚、波斯和印度所发生的那种影响。中国的纺织业者在外国的这种竞争之下受到很大的损害,结果社会生活也受到了相应程度的破坏。

中国在1840年战争失败以后被迫付给英国的赔款、大量的非生产性的鸦片消费、鸦片贸易所引起的金银外流、外国竞争对本国工业的破坏性影响、国家行政机关的腐化,这一切造成了两个后果:旧税更重更难负担,旧税之外又加新税。因此,1853年1月5日皇帝在北京下的一道上谕中,就责成武昌、汉阳南方各省督抚减缓捐税,特别是在任何情况下均不准额外加征;否则,这道上谕中说,"小民其何以堪?"

(来源:《马克思恩格斯文集》第二卷,人民出版社2009年版)

导读:这是马克思为《纽约每日论坛报》写的有关中国问题的评论。文章以辩证唯物主义和历史唯物主义的观点分析了中国社会的特点,揭露了资本主义强国对华战争的侵略本质和血腥暴行,特别是鸦片战争之后,白银大量流失、苛捐杂税加重,给中国带来巨大影响,导致各地农民起义爆发。文章有助于我们全面了解西方列强对中国的侵略是造成近代中国贫穷落后的总根源,认识鸦片战争前后的中国与世界,科学评析中国农民起义及其对欧洲革命的重要影响。中国革命将把火星抛到欧洲工业体系这个火药装得足而又足的地雷上,把酝酿已久的普遍危机引爆,紧接而来的将是欧洲大陆的政治革命。

2. 对华战争(节选)

列 宁

我国政府首先想使人相信,它并不是在同中国打仗,它只是在平定暴乱,制服叛乱者,帮助合法的中国政府恢复正常的秩序。虽然没有宣战,但是问题的本质并没有因此而有丝毫改变,因为战争毕竟是在进行。试问,中国人对欧洲人的袭击,这次遭到英国人、法国人、德国人、俄国人和日本人等等疯狂镇压的暴动,究竟是由什么引起的呢?主战派说,这是由"黄种人敌视白种人","中国人仇视欧洲的文化和文明"引起的。是的,中国人的确憎恶欧洲人,然而他们憎恶的是哪一种欧洲人呢?为什么要憎恶呢?中国人憎恶的不是欧洲人民,因为他们之间并无冲突,他们憎恶的是欧洲资本家和唯资本家之命是从的欧洲各国政府。那些到中国来只是为了大发横财的人,那些利用自己吹捧的文明来进行欺骗、掠夺和镇压的人,那些为了取得贩卖毒害人民的鸦片的权利而同中国作战(1856年英法对华的战争)的人,那些利用传教伪善地掩盖掠夺政策的人,中国人难道能不痛恨他们吗?欧洲各国资产阶级政府早就对中国实行这种掠夺政策了,现在俄国专制政府也参加了进去。这种掠夺政策通常叫做殖民政策。凡是资本主义工业发展很快的国家,都要急于找寻殖民地,也就是找寻一些工业不发达、还多少保留着宗法式生活特点的国家,它们可以向那里销售工业品,牟取重利。为了让一小撮资本家大发横财,各国资产阶级政府进行了连年不断的战争,把士兵整团整团地开到有损健康的热带国家去送命,耗费了从人民身上搜刮来的大量钱财,迫使当地居民奋起反抗,或者使他们濒于饿死的境地。我们不妨回忆一下印度土著的抗英起义和印度的饥荒,以及现在英国人对布尔人的战争。

(来源:《列宁选集》第一卷,人民出版社2012年版)

导读:写于1900年的《对华战争》,是列宁论述有关中国问题的最早的一篇文章,是列宁最早论述俄中关系思想的重要著作,也是列宁谴责沙俄侵华政策的经典之作。列宁满怀着对中国人民的深切同情,痛斥沙皇政府参与八国联军、镇压义和团起义、滥杀无辜的血腥罪行,号召俄国工人起来反对沙皇政府的掠夺政策,结束沙皇政府的专制统治。文中揭露了欧洲各国资产阶级政府,为了让一小撮资本家大发横财,进行了连年不断的战争,把士兵整团整团地开到有损健康的热带国家去送命,耗费了从人民身上搜刮来的大量钱财,使他们濒于饿死的境地,迫使当地居民奋起反抗。

3. 兴中会章程(节选)

孙中山

中国积弱,非一日矣!上则因循苟且,粉饰虚张;下则蒙昧无知,鲜能远虑。近之辱国丧师,蹙藩压境,堂堂华夏不齿于邻邦,文物冠裳被轻于异族。有志之士,能无抚膺!夫以四百兆苍生之众,数万里土地之饶,固可发奋为雄,无敌于天下;乃以庸奴误国,涂〔荼〕毒苍生,一蹶不兴,如斯之极。方今强邻环列，虎视鹰瞵，久垂涎于中华五金之富、物产之饶。蚕食鲸吞，已效尤于接踵；瓜分豆剖，实堪虑于目前。有心人不禁大声疾呼，亟拯斯民于水火，切扶大厦之将倾。用特集会众以兴中，协贤豪而共济，抒此时艰，奠我中夏。仰诸同志，盍自勉旃！谨订规条，胪列如下：

一、是会之设，专为振兴中华、维持国体起见。盖我中华，受外国欺凌，已非一日。皆由内外隔绝，上下之情罔通，国体抑损而不知，子民受制而无告。苦厄日深，为害何极！兹特联络中外华人，创兴是会，以申民志而扶国宗。

一、凡入会之人，每名捐会底银五元。另有义捐以助经费，随人惟力是视，务宜踊跃赴义。

一、凡会中捐助各银，皆为帮助国家之用，在此不得动支，以省浮费。如或会中偶遇别事要用小费者，可由会友集议妥允，然后支给。

一、凡新入会者，须要会友一位引荐担保，方得准他入会。

一、凡会内所议各事，当照舍少从多之例而行，以昭公允。

（来源：《孙中山选集》上，人民出版社2011年版）

导读：鸦片战争之后，清朝政府屡战屡败，割地又赔款，辱国丧师，孙中山看清了清朝统治阶级的腐朽无能。在这个腐朽政权给中华民族带来的空前严重危机面前，孙中山意识到尽快组织革命团体的重要性。他积极积蓄力量，扩大队伍，准备以革命的方式推翻这个腐朽政权。1894年，在檀香山召开的兴中会成立大会上，通过了由孙中山亲自草拟的《兴中会章程》。在章程中，孙中山疾呼"亟拯斯民于水火，切扶大厦之将倾"，喊出了"振兴中华"的口号，在兴中会会员的入会誓词里，把"驱除鞑虏，恢复中国，创立合众政府"作为全体会员必须信守不渝的目标。

4. 中国革命和中国共产党（节选）

毛泽东

中国封建社会内的商品经济的发展，已经孕育着资本主义的萌芽，如果没有外国资本主义的影响，中国也将缓慢地发展到资本主义社会。外国资本主义的侵入，促进了这种发展。外国资本主义对于中国的社会经济起了很大的分解作用，一方面，破坏了中国自给自足的自然经济的基础，破坏了城市的手工业和农民的家庭手工业；又一方面，则促进了中国城乡商品经济的发展。

这些情形，不仅对中国封建经济的基础起了解体的作用，同时又给中国资本主义生产的发展造成了某些客观的条件和可能。因为自然经济的破坏，给资本主义造成了商品的市场，而大量农民和手工业者的破产，又给资本主义造成了劳动力的市场。

事实上,由于外国资本主义的刺激和封建经济结构的某些破坏,还在十九世纪的下半期,还在六十年前,就开始有一部分商人、地主和官僚投资于新式工业。到了同世纪末年和二十世纪初年,到了四十年前,中国民族资本主义便开始了初步的发展。到了二十年前,即第一次帝国主义世界大战的时期,由于欧美帝国主义国家忙于战争,暂时放松了对于中国的压迫,中国的民族工业,主要是纺织业和面粉业,又得到了进一步的发展。

中国民族资本主义发生和发展的过程,就是中国资产阶级和无产阶级发生和发展的过程。如果一部分的商人、地主和官僚是中国资产阶级的前身,那末,一部分的农民和手工业工人就是中国无产阶级的前身了。中国的资产阶级和无产阶级,作为两个特殊的社会阶级来看,它们是新产生的,它们是中国历史上没有过的阶级。它们从封建社会脱胎而来,构成了新的社会阶级。它们是两个互相关联又互相对立的阶级,它们是中国旧社会(封建社会)产出的双生子。但是,中国无产阶级的发生和发展,不但是伴随中国民族资产阶级的发生和发展而来,而且是伴随帝国主义在中国直接地经营企业而来。所以,中国无产阶级的很大一部分较之中国资产阶级的年龄和资格更老些,因而它的社会力量和社会基础也更广大些。

(来源:《毛泽东选集》第二卷,人民出版社1991年版)

导读:《中国革命和中国共产党》是1939年冬,由毛泽东和其他几位在延安的同志合作写就的。该文于1940年春在《共产党人》发表,新中国成立后经毛泽东审定编入《毛泽东选集》。该文分析了中国社会的主要矛盾是帝国主义与中华民族的矛盾、封建残余与人民大众的矛盾,并且从中国革命的对象、任务、动力、性质、前途等方面,论证了中国共产党能够正确领导中国革命的必然性。指出"伟大的近代和现代的中国革命,是在这些基本矛盾的基础之上发生和发展起来的"。中国人民以不屈不挠的反抗精神,与外国侵略者及封建统治者展开斗争,如太平天国运动、戊戌变法、义和团运动、五四运动、五卅运动等都是例证。

5. 实现中华民族伟大复兴是中华民族近代以来最伟大的梦想(节选)

习近平

中华民族的昨天,可以说是"雄关漫道真如铁"。近代以后,中华民族遭受的苦难之重、付出的牺牲之大,在世界历史上都是罕见的。但是,中国人民从不屈服,不断奋起抗争,终于掌握了自己的命运,开始了建设自己国家的伟大进程,充分展示了以爱国主义为核心的伟大民族精神。中华民族的今天,正可谓"人间正道是沧桑"。改革开放以来,我们总结历史经验,不断艰辛探索,终于找到了实现中华民族伟大复兴的正确道路,取得了举世瞩目的成果。这条道路就是中国特色社会主义。中华民族的明天,可以说是"长风破浪会有时"。经过鸦片战争以来170多年的持续奋斗,中华民族伟大复兴展现出光明的前景。现在,我们比历史上任何时期都更接近中华民族伟大复兴的目标,比历史上任何时期都更有信心、有能力实现这个目标。

每个人都有理想和追求,都有自己的梦想。现在,大家都在讨论中国梦,我以为,实现中华民族伟大复兴,就是中华民族近代以来最伟大的梦想。这个梦想,凝聚了几代中国人的夙愿,体现了中华民族和中国人民的整体利益,是每一个中华儿女的共同期盼。历史告诉我们,每个人的前途命运都与国家和民族的前途命运紧密相连。国家好、民族好,大家才会好。实现中华民族伟大复兴是一项光荣而艰巨的事业,需要一代又一代中国人共同为之努力。空谈误国,实干兴邦。我们这一代共产党人一定要承前启后、继往开来,把我们的党建设好,团结全体中华儿女把我们国家建设好,把我们民族发展好,继续朝着中华民族伟大复兴的目标奋勇前进。

(来源:《习近平谈治国理政》第一卷,外文出版社2018年版)

导读:中华民族的昨天,可以说是"雄关漫道真如铁"。鸦片战争之后,中华民族遭受的苦难之重、付出的牺牲之大,在世界历史上都是罕见的。但是,中国人民从不屈服,不断奋起抗争。为了民族复兴,几代人魂牵梦萦,亿万人心结难解,历经上下求索,千辛万苦,中华民族终于在中国共产党的正确领导下,掌握了自己的命运,成立了新中国,确立了社会主义制度,开始了建设自己国家的伟大进程,"现在,我们比历史上任何时期都更接近中华民族伟大复兴的目标,比历史上任何时期都更有信心、有能力实现这个目标"。中国梦,指明了全党全国各族人民共同的奋斗目标。

【拓展阅读】

1.《习近平关于实现中华民族伟大复兴的中国梦论述摘编》

基本信息:中共中央文献研究室编;中央文献出版社,2013年。

主要内容:本书共分8个专题,收录146段论述,摘自习近平同志2012年11月15日至2013年11月2日期间的讲话、演讲、谈话、书信、批示等50多篇重要文献。习近平同志提出并深刻阐述了实现中华民族伟大复兴的中国梦中国梦生动形象表达了全体中国人民的共同理想追求,昭示着国家富强、民族振兴、人民幸福的美好前景,为坚持和发展中国特色社会主义注入新的内涵和时代精神。中国梦已经成为凝聚党心民心、激励中华儿女为实现中华民族伟大复兴而奋斗的强大精神力量。

推荐理由:1840年鸦片战争以后,中华民族蒙受了百年的外族入侵和内部战争,一而再、再而三地经历惨败。落后就要挨打,也是从鸦片战争开始。面对千年未有之变局,中国的先进分子和有识之士开始觉醒,意识到要向西方学习先进的工业、制度和文化,林则徐、魏源、康有为、严复、孙中山等人致力于中华民族的自强和复兴。通过阅读本书,学生可以了解中国人民民族意识觉醒的历程,认识民族觉醒在民族复兴中的重要意义。

2.《复兴文库》(第一编第一卷)

基本信息:李帆编;中华书局,2022年。

主要内容:《复兴文库》是一部以实现中华民族伟大复兴为主题,以思想史为基本线索编纂的大型历史文献丛书,系统反映了中华民族从积贫积弱走向伟大复兴的光辉历程。其中,第一编主要收录1840年至1921年即晚清、民初的历史文献,而第一卷共分三册:第一册收录龚自珍、魏源、包世臣等人主张"更法"、倡导经世实学的文献;第二册收录林则徐、魏源、徐继畬等有识之士介绍世界各大洲各地区基本情况以及"开眼看世界"方面的文献;第三册收录林则徐、魏源、阮元、包世臣、姚莹等人探寻御外之法、应对边疆危机的相关文献。

推荐理由:鸦片战争以后,列强发动的侵华战争以及中国反侵略战争的失败,极大地促进了中国人的思考、探索和奋起。本书全面介绍了鸦片战争之后,龚自珍、魏源、林则徐、包世臣等率先"开眼看世界",介绍西方在地理、军事、工业、制度等方面的情况和优势。通过阅读本书,学生能够全面了解鸦片战争前后的中国与世界,认识近代中国社会的半殖民地半封建性质。

3.《从鸦片战争到五四运动(全本)》

基本信息:胡绳著;华东师范大学出版社,2021年。

主要内容:本书以太平天国、义和团、辛亥革命这三次中国近代史上的革命高潮为中心,系统地叙述了从鸦片战争到五四运动时期,中国人民历次反侵略的斗争及奋发自强的救亡运动,分析和总结了历次运动失败的原因及中国的出路、开放与自强等重大问题,清晰地辨明了很多近代史上令人困惑的问题,是研究中国近代史的经典名著。

推荐理由：本书叙述了中国自1840年到1919年间的重大历史事件。作者对诸多广为人知的事件作了全新、独到的解读，如对太平天国运动、义和团运动推动历史发展的积极作用的肯定，对辛亥革命失败的总结，以及五四运动开启新的历史阶段的重大意义的论述等。深刻阐明了近代中国的社会性质、社会各阶层及他们之间关系的新变化，展示了近代中国深切的伤痛和中国人民反帝反封建斗争的历史全貌，开创了历史研究的新方向。本书奠定了中国近代通史体系，彰显了马克思主义史学家深厚的学术素养。

4.《为什么是中国》

基本信息：金一南著；北京联合出版公司，2020年。

主要内容：本书以历史为脉络，以从鸦片战争到中日甲午战争，再到形成21世纪世界新格局的历史事件为研究材料，寻道问路，深入分析近代中国破碎山河中的世道人心、歧路惶恐间的挣扎徘徊，解读阐释共产党人的伟大历史自觉、抗战胜利的能量密码，鸟瞰钩沉中国崛起征途中的博弈较量，理性瞻望改革强军的挑战与机遇、世界格局的未来走向。

推荐理由：本书以广阔全面的视野、一以贯之的犀利文笔、磅礴激昂的气势，向读者生动客观地阐述了中国从百年沧桑到民族复兴的辉煌道路。前半部分把近代中国所经历的屈辱历史作了串联回顾，后半部分展现了当代中国人民的自强不息精神。读完全书，我们将更加珍惜来之不易的发展成就，勇担历史使命，为实现中华民族的伟大复兴贡献智慧和力量。

思之篇

【案例讨论与思考】

案例1：中华文化的时代精华

中华文明延绵不断，已有五千多年的历史，具有深厚的历史与文化底蕴，与古代埃及文明、两河文明、印度文明并称为历史最悠久的世界四大文明。将这四大文明相比较，我们能够清楚地看出中华文明的延绵不断。在中华文明发展进程中，春秋战国时期的"百家争鸣"具有十分重要的地位。儒家、道家、法家、阴阳家、名家、墨家、纵横家、兵家、杂家、农家，还有在街头巷尾讲故事的"小说家"等，诸子百家让中华文明迸发出耀眼光芒。"百家之学"渗透着溯本求源的辩证精神、天人合一的和谐精神、注重人格养成的道德精神、博采众家之长的文化会通精神、以天下为己任的经世致用精神以及奋发图强、生生不息的自强精神等。尤其是儒家创始人孔子把"人"作为理论探讨的中心，在中国思想文化史上首次系统地论述关于人的价值、人的理想、人的完善、人的道德、人际关系、人与自然的关系等问题。儒家最早提出君子"人格"概念，提倡敬老、养老、救济孤独残疾、勤劳勇敢等美德以及大同理想等，这些已成为中华民族的宝贵精神财富。

浩如烟海的中华文献典籍承载着延绵不断、传承发展的中华文明。习近平总书记对中华文献有过这样的评价："中国古代大量鸿篇巨制中包含着丰富的哲学社会科学内容、治国理政智慧，为古人认识世界、改造世界提供了重要依据，也为中华文明提供了重要内容，为人类文明作出了重大贡献。"这里以儒家"十三经"为例来作一简要说明。儒家经书被誉为"经天纬地之作"，西汉时朝廷设五经博士之官，当时的"五经"指《诗》《书》《礼》《易》《春秋》；东汉时"五经"加《孝经》《论语》成为"七经"。唐时《礼》扩为《周礼》《仪礼》《礼记》，《春秋》分为《左传》《公羊传》《穀梁传》，和《周易》《尚书》《诗经》并称"九经"；后唐人刻石经，在当时流行的"九经"之外，又增加《论语》《孝经》《尔雅》，成为"十二经"。到宋代，"十二经"加上《孟子》，形成"十三经"。儒学从"五经"到"十三经"的发展，反映并适应了中国古代社会的政治和文化需要。这些经书具有"经世致用"的鲜明特色，对个人道德修养以及个人对家庭、社会、国家的责任有明确论述，在传统社会起到了以文化人的作用。（张岂之，《人民日报》，2021年4月7日，有改动）

案例与问题讨论：

中华民族是一个有着优良传统的民族，中华优秀传统文化是中华儿女共同的精神基因，也是中华民族发展壮大的强大精神力量，浩如烟海的中华文献典籍承载着绵延不断、传承发展的中华文明。有人认为，传统文化影响了近代中国的发展。请结合案例材料，谈谈你对中华文化的理解以及对这一观点的认识，并思考中西方文化的区别。查阅相关资料，尝试分析中华传统文化的特点。

案例2：马戛尔尼访华

英国人发现除了鸦片，能卖到中国的东西寥寥无几，中国人似乎什么都不需要。当时，清政府只允许广州一口对外通商，所有的对外贸易都被清政府特许经营的商行——广州十三行垄断。英国商人认为，一定是十三行从中作梗，让他们无法深入中国市场，了解中国老百姓的喜好，才导致商品屡屡滞销。如果能绕过十三行，直接面对中国百姓，英国货绝不会卖不出去。

1791年前后，曾在英国东印度公司担任过监督委员会主席的邓达斯出任英国外相。上任不久，他便邀请马戛尔尼领导使节团出使中国。出发前，邓达斯向马戛尔尼提出了七个目标：一、开辟新的通商口岸；二、获得一块租借地或小岛，让英国商人常年居住，并由英国行使司法权；三、废除广州现有体制中的滥用权力；四、在中国特别是北京开辟新市场；五、通过双边条约为英国贸易打开远东市场；六、向北京派常驻使节；七、在不引起中国人怀疑的条件下，在中国多走走看看，对中国的实力作出评估。

1793年7月22日，英国使节团的船队抵达大沽口外。围绕"贡物"还是"礼品"，以及使节"磕不磕头"的问题，使节团与清廷产生了摩擦，最后，乾隆皇帝准许马戛尔尼行英国礼仪——单膝跪。不恭顺的英使还是让乾隆大为不满，这次觐见之后，他紧接着就下谕旨：取消英使其他活动，万寿节过后，尽快打发他们上路。马戛尔尼曾提出，请大将军福康安观赏一下他带来的欧洲新式火器的威力。福康安颇为冷淡地说："看亦可，不看亦可，这火器操法谅来没什么稀罕。"

马戛尔尼收到乾隆皇帝关于六项请求的答复：以上所谕各条，原因尔使臣之妄说，尔国王或未能深悉天朝体制，并非有意妄干……况尔国王僻处重洋，输诚纳贡，朕之锡予加优，倍于他国。今尔使臣所恳各条，不但于天朝法制攸关，即为尔国王谋，亦俱无益难行之事……尔国王当仰体朕心，永远遵奉，共用太平之福。

在从北京前往广州的一路上，马戛尔尼一行成功收集到许多有关中国的第一手情报。他们对中国的地理地貌、山川河流、动植物种、经济状况、社会组织形式、科技水平、军事实力、国民心态等诸多方面进行了深入的考察和研究。

为了彰显天朝武力，乾隆皇帝特意指示沿途军队操演，令其观看军威。可马戛尔尼一眼便看出了大清军队的腐败和落后。清军身着宽衣大袖的军服，既未受过军事教育，所持兵器也大多是刀枪弓矢之类的冷兵器。"有几个士兵的手里除了武器之外,还拿着扇子。"士兵竟然拿着扇子,马戛尔尼大为吃惊,他一眼便窥知了中国军队的虚弱本质。(黄加佳,《北京日报》,2018年10月16日,有改动)

案例与问题讨论:

许多读过马戛尔尼访华历史的人,都会为乾隆皇帝的无知、自负、保守、僵化而扼腕叹息,也为马戛尔尼通过此次出访,深入了解了清政府的军事、经济、社会组织、地理等信息而感到无奈。有人说,乾隆皇帝对英国使团要求开辟通商口岸和加强经贸交流的拒绝,使当时的中国错过了最后一次追赶世界的机会。乾隆盛世也埋下了日后衰败的种子。对于中国近代的屈辱历史,乾隆皇帝难辞其咎。请谈谈你的观点和依据。

案例3:林则徐禁烟

鸦片战争是林则徐引发的吗?

道光帝的理由貌似理直气壮:当初派林则徐去广东禁烟,明确的训令是"鸦片务须杜绝,边衅决不可开"。只让你禁烟,谁让你打仗?

但不打仗,能禁得了烟吗?众所周知,鸦片战争爆发前的中国,虽然在政治、经济、文化、科技与军事诸领域已全面落后于英国,但因为自给自足的农业文明特征,通过占世界90%的茶叶出口,中国与英国的贸易长期处于顺差,英国的商品很难打开中国市场,直至鸦片这个罪恶的商品成为突破口。白花花的银子潮水般流出去,留下一群行尸走肉般的瘾君子,已经直接威胁到了大清帝国的核心利益。

有些人一厢情愿地想象:假如林则徐禁烟不那么"狠",多满足一些英国人的需求,也许就没有鸦片战争了。得出此论者,是完全不了解19世纪的大英帝国。19世纪堪称"英国人的世纪"。在这100年当中,英国完成了工业革命,并通过大肆军事侵略完成了殖民扩张:在亚洲,英国完全征服了缅甸和马来亚;在非洲,英国夺取了南非的荷兰殖民地;在大洋洲,英国占领了许多岛屿,并侵占了新西兰,把它们统统并入了大不列颠帝国的版图……通过武力,一个庞大的英帝国出现了,号称"日不落"帝国。

1801年,进入19世纪第二年,英国合并爱尔兰,英国的正式名称成为大不列颠及爱尔兰联合王国。除了针对中国的第一次、第二次鸦片战争,英国人还在世界各地大打出手:1839年,英国入侵阿富汗;1854年,英国和法国对俄国宣战,卷入克里米亚战争……这么一个侵略成性的国家,为了维护自己的利益,自然会选择武力。哪是林则徐引发了鸦片战争?给中国带来无穷灾难与屈辱的"潘多拉魔盒",是英国人打开的。(关山远,《新华每日电讯》,2018年8月17日,有改动)

案例与问题讨论:

鸦片走私日益泛滥,白花花的银子潮水般流出去,留下一群行尸走肉般的瘾君子,已经直接威胁到了大清帝国的核心利益。在此背景下,道光皇帝派林则徐去广东禁烟,虎门销烟也成为鸦片战争的导火索。有人认为,鸦片战争是林则徐引发的,假如林则徐禁烟不那么"狠",也许就没有鸦片战争了。学者蒋廷黻评价鸦片战争时曾说过:"以中国的国力及国情,用文忠(林则徐)的方法尚有一线之望,不用则全无禁烟的希望。"请谈谈你对这两种观点的看法,并说明依据。

案例4:三元里抗英

三元里抗英斗争是第一次鸦片战争时期广州人民自发的武装抗英斗争。

道光二十一年(1841)5月29日上午,盘踞广州城北四方炮台的小股英军窜到三元里抢掠并调戏妇女,杀人放火,甚至盗坟掘墓,搜劫陪葬品,激起乡民的奋起反抗,他们联合起来打死英军数名。

为防英军报复,乡民随即在三元里古庙前集会,宣誓齐心御敌,以三星旗为令旗,"旗进人进,旗退人退,打死无怨",地方士绅萧冈举人何玉成,以怀清社学领导人身份,向南海、番禺、增城诸路各村发出"飞柬",请各村集合壮丁,准备战斗。下午,附近103乡代表会聚牛栏冈,议定诱敌围歼之策,以三星旗为总指挥旗,各乡自成一个作战单位,不正面进攻,诱敌深入至主力埋伏的牛栏冈围歼。

5月30日晨,一队武装乡民佯攻四方炮台,英军司令卧乌古率1000余名官兵下山反扑,被诱至牛栏冈。埋伏在此的数千群众手持刀、矛、锄、耙,从四面八方包围英军,展开厮杀。妇女儿童送茶送饭,呐喊助威。中午时分,大雨倾盆,英军枪支火药湿透失灵,加以满地泥泞,步履艰难,得仓皇逃窜。31日,番禺、南海等县数万人与三元里乡民包围四方炮台。清军统帅奕山派广州知府余保纯及南海、番禺知县出城,强迫群众解散队伍,英军才得以解围。(广东省情网,2020年6月15日,有改动)

案例与问题讨论:

英国发动侵略中国的鸦片战争时,中国人民奋起抵抗。英军在三元里一带的淫掠暴行,激起当地乡民的奋起反抗,数千群众手持刀、矛、锄、耙,从四面八方包围英军,展开厮杀。这是中国近代史上中国人民第一次自发的大规模的反侵略武装斗争,显示了中国人民敢于斗争的英雄气概。结合材料,你认为三元里人民抗英取得胜利的因素有哪些?三元里人民抗英斗争的胜利给我们哪些启示呢?

【热点问题与讨论】

"汉服热"

汉服为古代中国赢得"衣冠上国""礼仪之邦""锦绣中华"等诸多美誉。狭义的汉服断代三百余载,即使枝节在今天依然巧夺天工、价值连城。包括南京云锦木机妆花手工织造技艺、蚕桑习俗等在内的入选联合国教科文组织非遗名录的服饰类项目达12项,列入国家级的则达225项。

从2003年"穿汉服出街第一人",到如今汉服相关产业的融资、汉服与影视IP(成名文创作品的统称)的合作,汉服文化热度持续走高。汉服似乎正在撕下"小众文化"的标签,拥抱更多受众。

进入新时代，中国大力推动中华优秀传统文化创造性转化、创新性发展，实施中华优秀传统文化传承发展工程，对中华优秀传统文化的重视程度达到前所未有的高度。大众对中华民族文化、精神、气节的认同和回归直线上升，"汉服热"也随之一路高歌猛进。截至2020年10月，抖音上排名第一的汉服话题视频累计播放422.9亿次；微博上"汉服"话题阅读量41亿；B站（哔哩哔哩网站）汉服频道精选视频的播放量累计11亿次；包括海外用户在内的潜在汉服用户达4.15亿人。

汉服的复兴已初见端倪，它意味着人民群众过上更加美好的生活：一是更优物质生活的获得。在人类文明视域下，衣食住行，衣排首位。汉服不仅是裹体御寒的衣服，更是讲究面料、做工、格调的人体第二款皮肤。二是更高精神文化生活的享有。汉服的回归不是穿越，而是在认知、礼仪、节庆等方面与历史的真正打通，是文化生活的丰富、审美素养的提升、精神品位的强化。

《2019—2021年中国汉服产业数据调查、用户画像及前景分析报告》显示，从汉服消费者的购买动机来看，有47.2%的消费者是出于对汉服文化的喜欢，也有40.3%的消费者是出于对流行时尚的追求。2021年，针对汉服同袍展开的一项调查显示，希望能在日常生活中穿汉服的人为60.19%，比前一年有明显上升；而选择在传统节日和活动中穿汉服的人分别为10.06%和14.32%，均比前一年有所下降。

汉服中的每一种服饰都是中国传统文化的历史积淀，一丝一绸里蕴藏的都是衣冠里的华夏。汉服不仅体现了中国人的审美情趣，也将中国的礼仪、宗教、文化观念积淀于其中。汉服之风韵体现了古代中国人独特的精神气质。

在业内人士看来，不管汉服自身承载了多少文化意义，归根结底还是一件服饰，"破圈"之路上亟待解决的问题，依然是如何让汉服更加普适化。如何兼顾传统汉服形制与现代人的日常习惯，让汉服克服穿脱不便、裙摆曳地的"硬伤"，成为日常通勤着装的另一种选择，将直接决定"汉服热"能持续多久。（光明网，2021年11月29日；李梦馨，《大众日报》，2021年5月24日，有删改）

请同学们结合"汉服热"现象，谈一谈如何保护和传承中华优秀传统文化。

"黄祸论"——最早的"中国威胁论"

一些国家鼓噪"中国威胁论",实际上并不是遇到了实际的威胁,而是别有用心。美国鼓噪"中国威胁论"由来已久。其实要说中国军队对美国构成威胁,实在有点牵强,因为美国军力远在中国之上。它之所以那么不遗余力地宣扬"中国威胁论",除了想遏制中国外,还有一个重要原因是想借此进一步发展其军工产业,这可是美国的支柱产业;也想以此为由动员有关国家和地区特别是与中国相邻的国家和地区购买美制武器装备。揭开美国鼓噪"中国威胁论"的面纱,露出了遏制中国、发展军火的真容。日本是近年来鼓噪"中国威胁论"最凶的国家,那是安倍政府为了推行其右翼政策,妄想改变二战以后建立的国际秩序,通过扩充军备、扩大军队使用权限、取消发展军国主义限制,而蓄意找借口、造舆论。日本甚至不惜制造事端,上演"国家收购钓鱼岛"的闹剧来刺激中国,当中国作出正当反应和回击时,又借此作为"中国威胁论"的佐证,真是用心不良、居心险恶。有些国家由于存在与中国的海洋权益争端,为了争取自身利益和国际同情,近来也频发"中国威胁论"。看看美国的侦察机频频到中国家门口抵近侦察,却说中国军机作出的正常反应构成了"威胁"。

从历史上考察,其实"中国威胁论"并不是今天才有。新中国刚成立不久,西方舆论声称"没有哪一个中国政府能解决中国人的吃饭问题"——此话倒有一些根据,近代军阀混战、民不聊生,国民党统治期间也天灾人祸不断,电影《一九四二》生动反映了这一点,但接着后面一句话让我们听了很难接受:"当一个国家有这么多人没有饭吃的时候,他们什么事都干得出来。"由于中国人是黄种人,西方舆论经常出现两个字——"黄祸",也就是说中国太穷对世界构成了"威胁"。随着改革开放和现代化建设的全面展开及深入发展,中国的经济实力快速增长,这头曾经昏睡的雄狮开始苏醒,西方舆论声称"没有哪一个大国的崛起不改变政治格局的",用"国强必霸"的逻辑推导宣扬"中国威胁论",也就是说中国富强了对世界构成了威胁。如此看来,无论中国怎么样,或贫弱或富强,或生乱或安定,都对世界构成威胁,除非中国不走自己的路,跟着西方设计的道路走,按照西方提出的要求做。应当说,中国正在崛起是一个不争的事实,而中国在历史上曾占据世界中心舞台的时间比任何一个国家都长,在中华文化的基因里没有"国强必霸"的逻辑,中国历来倡导"和而不同"和"己所不欲,勿施于人",中国是维护世界和平的重要力量也是不争的事实。想当年郑和下西洋,所率船队堪称"巨无霸",发现了不少新大陆,将带去的丝绸、茶叶、陶瓷等华夏特产送给当地土著民,以示我"泱泱中华,富庶一方",未占一寸土地就返航了。如果考察一下西方列强称霸的历史,从荷兰、葡萄牙、西班牙等海上争雄、殖民扩张,到大英"日不落"帝国的崛起;从第一次世界大战、第二次世界大战,到战后一些大国强国力量的此消彼长,美国成为当今世界唯一的超级大国,倒是无一不例证了"国强必霸"的逻辑。历史是最好的教科书,我们从中不难看出,"中国威胁论"是西方按照自己的发展史实和逻辑推理作出的判断,这真是有点儿以小人之心度君子之腹的味道。(蒋乾麟,《光明日报》,2015年7月15日,有改动)

同学们是如何看待"中国威胁论"论调的?

"百年未有之大变局"

中国的第一次"历史大变局"发端于公元前221年左右,代表性事件是秦统一六国。在这一过程中,中国在农业上进入铁犁牛耕时代,在经济上瓦解井田制,在政治上分封制被君主专制的中央集权制取代,在文化上从百家争鸣到思想的统一,在社会形态上完成从奴隶社会向封建社会的转变。大变局的结局是中国形成大一统的政治体、经济体、文化体,而大一统带给中国的是崇尚国家统一、民族团结、社会安定,它是中华民族文化的内核和灵魂。

中国的又一次"历史大变局"发端于19世纪中后期洋务思潮的"变局论",结局是20世纪上半叶中国人民掀起了风起云涌的革命浪潮,结束了2000多年的封建帝制,中华民族迎来了浴火重生的曙光,成立了新中国,从而开启了实现国家富强、民族振兴、人民幸福的伟大征程。

当前国际秩序和国际规则正在持续改写。现行国际秩序和国际规则是在二战以后逐步形成的,从联合国以及各类国际组织的成立,再到形形色色的国际协议、制度、议事决策规则的制定,一并构成了全球治理体系,总体上维持了世界和平与发展。但现行国际秩序也存在着诸多不公正、不合理的地方,与广大发展中国家所认可的、以国际关系准则为基础的国际秩序相距甚远。今后,"自由贸易何去何从?""国际组织如何发挥作用?""政治制度孰优孰劣?"等问题,都在挑战着我们对二战之后形成的国际秩序的认知。

以习近平同志为核心的党中央主动作为担当。"百年未有之大变局"是党中央对国际局势的深刻判断和对自身发展的正确认识。正是因为以习近平同志为核心的党中央有强烈的忧患意识和历史担当,要尽早把我们带入社会主义现代化强国,所以对迈向强国进程中所面对的复杂局势和可能经历的困难强调得比较多。如果没有这种强烈的责任感和使命感,我们可能也就不会有这么强烈的忧患意识,也不会对当前局势有这种判断。因此,对"百年未有之大变局"的认识要放到当前中国所处的历史方位和中国共产党人所持的政治担当的背景下考虑。(杜庆昊,《学习时报》,2019年3月11日,有删改)

请同学们谈一谈,面对"百年未有之大变局",如何做好个人发展规划。

行之篇

【社会实践与行动】

方案一:微电影或舞台剧《南京条约》

1. 实践目标

通过剧本创作,锻炼学生的文字表达能力;通过微电影拍摄或舞台剧表演,锻炼学生的团队协作能力,并让学生感受思政课实践环节的趣味性。同时,利用学校地理位置优势,参访《南京条约》签订地,查阅相关史料等;通过拍摄微电影,更加全面地了解《南京条约》签订的时代背景,加深对近代第一个不平等条约的认识。

2. 实践设计

第一步,与队员商量,构思故事,拟定写作大纲;第二步,向任课教师汇报,确定所选主题,讨论写作的剧本的可行性,继而分配角色,着手拍摄或表演;第三步,分场景拍摄或排练;第四步,后期剪辑与处理。需要注意的是,微电影或舞台剧需以史实为依据,表演手法及呈现形式可幽默、可深邃、可平铺、可起伏,主题突出、引人深思,通过动态的画面或表演来表现鲜为人知的历史瞬间。

3. 实践成果

形成一部8~10分钟的微电影或舞台剧。

同学们也可以自拟题目来编写一个微电影脚本或舞台剧的剧本。

方案二：读书报告(研读有关两次鸦片战争的图书)

1. 实践目标

通过读书的方式,认识清朝的军费、兵力、准备、训练水平,以了解西方新敌面前一个真实的"天朝"旧容、两次鸦片战争中的外交,以及若干重要的战例,如虎门之战等,揭示历史进程中的偶然与必然。

2. 实践设计

第一步,提出问题:鸦片战争发生的背景是什么？为什么会失败,是偶然还是必然？制订读书计划,包括个人读书与集体讨论的次数和安排。第二步,落实读书计划,及时做好读书笔记。第三步,撰写读书报告,先对所读的书进行简单介绍,尤其是论析该书的创新之处和不足,继而小组成员谈论读书心得,主要从学习、人生启示等角度予以分享,再进行总结,并附参考文献及团队建设情况。

3. 实践成果

形成一份不少于2000字的读书报告,制作一份用于汇报的PPT。

同学们可以写下自己感兴趣的阅读书单,并简单说一说自己的推荐理由。

方案三：社会调查

1. 实践目标

深入走访南京各老街、博物馆、老门东等地,深入走访各位同学家乡有代表性的地方,充分了解家乡传统文化、传统工艺的发展和保护现状,从而分析归纳出家乡传统文化,如儒家文化、武术文化、戏曲文化等的发展历程和特点。在传统工艺如苏绣、蜀锦、景德镇瓷器等方面,面对机器工业大生产,思考如何做好传承保护和发展创新,以及对未来发展提出一些建议和对策。

2. 实践要求

(1) 根据实践主题,确定活动方案。

(2) 问卷调查与访谈相结合;搜集更多的第一手资料,为结果分析提供有力支撑。

(3) 以小组为单位,合理分工,相互协作,共同完成调研。

3. 实践成果

(1) 调研报告一份,字数不少于2000字。

(2) 汇报PPT一份。

了解某一地区传统文化的发展状况,请以传统手工业、工艺的保护和发展为主题,自拟一个社会调查题目并开展调研。

方案四:讨论与辩论——中国会不会自主走向现代化?

1. 实践目标

正反方辩论:在没有外来侵略的背景下,中国是否会自主走向现代化?

2. 实践要求

(1) 文献精读。

(2) 团队合作。

(3) 导师指导。

同学们也可以自拟辩论题目,并尝试写出辩题选题的基本依据。

方案五:特色思政课案例搜集和汇报

1. 实践目标

结合所学专业特色,针对河海大学发展的历史和杰出校友的实际情况等,搜集有价值的案例进行分析、讲解。

2. 实践要求

(1) 明确人员分工。

(2) 根据选题,搜集整理史实资料。

3. 实践成果

形成不少于2000字的案例报告。

【行动反思与品格塑造】

1. 传统文化可能以隐性的方式影响着每一个人。请同学们尝试分析一下哪些传统文化(如儒家思想、诗词歌赋等)影响了自己,并将自己的分析记录下来。

2.请同学们查阅相关资料,谈一谈鸦片给清末中国各方面带来的危害,说一说我国当前在禁毒方面的政策和法规。

3.请同学们认真结合学习和调查实践结果,谈一谈西学东渐的发展历程及其影响,并列出关键词。

【参考文献】

[1] 马克思恩格斯文集(第二卷)[M].北京:人民出版社,2009.

［2］毛泽东选集(第二卷)[M].2版.北京:人民出版社,1991.

［3］习近平.习近平谈治国理政(第一卷)[M].北京:外文出版社,2018.

［4］胡绳.从鸦片战争到五四运动(全本)[M].上海:华东师范大学出版社,2021.

［5］李帆.复兴文库(第一编第一卷)[M].北京:中华书局,2022.

第二章

不同社会力量对国家出路的早期探索

【学习目标】

通过本章内容的学习,学生能够掌握太平天国运动爆发的原因与农民斗争的意义和局限性;了解洋务派与资产阶级维新派对国家出路的探索与实践,并正确理解洋务运动与戊戌变法失败的原因与教训;了解中国近代知识分子的爱国情操与救国主张在中国近代史中的历史地位与作用;认识到农民阶级、地主阶级和资产阶级都不可能使中国真正实现民族独立和国家富强。尽管种种尝试均以失败告终,但是这些尝试的意义是不容忽视与抹杀的。

【知识要点】

1. 太平天国运动的起落
2. 洋务运动的兴衰
3. 戊戌维新运动的兴起和夭折
4. 太平天国运动失败的原因及教训
5. 洋务运动的历史作用及失败原因
6. 戊戌维新运动的意义及教训

读之篇

【经典阅读】

1. 天朝田亩制度(节选)

凡分田照人口,不论男妇,算其家口多寡,人多则分多,人寡则分寡,杂以九等,如一家六人,分三人好田,分三人丑田,好丑各一半。凡天下田天下人同耕,此处不足则迁彼处,彼处不足则迁此处。凡天下田丰荒相通,此处荒,则移彼丰处以赈此荒处,彼处荒,则移此丰处以赈彼荒处,务使天下共享天父上主皇上帝大福,有田同耕,有饭同食,有衣同穿,有钱同使,无处不均匀,无人不饱暖也。凡男妇每一人自十六岁以尚,受田多逾十五岁以下一半,如十六岁以尚分尚尚田一亩,则十五岁以下减其半,分尚尚田五分,又如十六岁以尚分下下田三亩,则十五岁以下减其半,分下下田一亩五分。

凡天下树墙下以桑,凡妇蚕绩缝衣裳。凡天下每家五母鸡,二母彘,无失其时。凡当收成时,两司马督伍长,除足其二十五家每人所食可接新谷外,余则归国库。凡麦豆苎麻布帛鸡犬各物及银钱亦然。盖天下皆是天父上主皇上帝一大家,天下人人不受私,物物归上主,则主有所运用,天下大家处处平匀,人人饱暖矣。此乃天父上主皇上帝特命太平真主救世旨意也。

凡二十五家中设国库一,礼拜堂一,两司马居之。凡二十五家中所有婚娶弥月喜事俱用国库,但有限式,不得多用一钱。如一家有婚娶弥月事给钱一千,谷一百斤,通天下皆一式,总要用之有节,以备兵荒。凡天下婚姻不论财。凡二十五家中陶冶木石等匠俱用伍长及伍卒为之,农隙治事。凡两司马办其二十五家婚娶吉喜等事,总是祭告天父上主皇上帝,一切旧时歪例尽除。其二十五家中童子俱日至礼拜堂,两司马教读《旧遗诏圣书》《新遗诏圣书》及《真命诏旨书》焉。凡礼拜日,伍长各率男妇至礼拜堂,分别男行女行,讲听道理,颂赞祭奠天父上主皇上帝焉……凡设军,每一万三千一百五十六家先设一军帅,次设军帅所统五师帅,次设师帅所统五旅帅,共二十五旅帅;次设二十五旅帅各所统五卒长,共一百二十五卒长;次设一百二十五卒长各所统四两司马,共五百两司马;次设五百两司马各所统五伍长,共二千五百伍长;次设二千五百伍长各所统四伍卒,共一万伍卒。通一军人数共一万三千一百五十六人。

凡天下每一夫有妻子女约三四口或五六七八九口,则出一人为兵;其余鳏寡孤独废疾免役皆颁国库以养。

(来源:中国史学会主编,中国近代史资料丛刊《太平天国》一,上海人民出版社2000年版)

导读:《天朝田亩制度》是太平天国时期颁发的一部纲领性文件,是洪秀全根据《原道救世歌》《原道醒世训》等著作中阐述的平等思想提出来的。从《天朝田亩制度》中,人们可以明显地看到它的平分土地的方案,是对封建地主土地所有制的彻底否定。《天朝田亩制度》的颁布,反映了农民千百年以来渴望得到自己的一份土地的根本要求,而且以磅礴的气魄、明确的主张规定下来,这在中国历史上是空前的。太平天国运动是中国近代旧民主主义革命时期的农民革命运动,这个历史时期的根本任务之一就是反封建。虽然这个农民平均主义的方案具有浓厚的空想色彩与阶级和时代条件带给它的落后色彩,但无可否认,反对封建地主体现了其革命性。本节选有助于学生理解《天朝田亩制度》中的平均主义,帮助学生更好地了解太平天国这段历史。

2. 中国记事(节选)

卡·马克思

在桌子开始跳舞以前不久,在中国,在这块活的化石上,就开始闹革命了。这种现象本身并不是什么特殊的东西,因为在东方各国,我们经常看到社会基础不动而夺取到政治上层建筑的人物和种族不断更迭的情形。运动一开始就带着宗教色彩,但这是一切东方运动的共同特征。运动发生的直接原因显然是:欧洲人的干涉,鸦片战争,鸦片战争所引起的现存政权的震动,白银的外流,外货输入所引起的经济平衡的破坏,等等。看起来很奇怪的是,鸦片没有起催眠作用,反而起了惊醒作用。实际上,在这次中国革命中奇异的只是它的体现者。除了改朝换代以外,他们没有给自己提出任何任务。他们没有任何口号。他们给予民众的惊惶比给予老统治者们的惊惶还要厉害。他们的全部使命,好像仅仅是用丑恶万状的破坏来与停滞腐朽对立,这种破坏没有一点建设工作的苗头。为了描写这些"灾星",我们把夏福礼先生(宁波的英国领事)给北京英国公使普鲁斯先生的信摘录如下[①]。

夏福礼先生写道:宁波落入革命太平军之手已经三个月了。这里同这些强盗们统辖的任何地方一样,破坏是唯一的结果。此外他们就没有别的目的了。在他们看来,使自己拥有无限的胡作非为的权力确实同杀人一样重要。太平军的这种观点,同传说太平军将"解放中国","复兴中国","拯救人民"和"推行基督教"的英国传教士们的幻想实在不相符合。10年来他们的喧嚣一时的毫无意义的活动,把什么都破坏了,而什么都没有建设起来。

夏福礼先生继续写道:不错,太平军同外国人正式交往时,比清朝的官吏要好些,他们做事比较直爽,态度坚决认真,但他们的优点仅限于此。

太平军如何供养自己的军队呢?他们的兵士没有饷,靠战利品生活。如果太平军夺得的城市富,兵士们就吃饱喝足;如果穷,他们就表现出模范的忍耐态度。夏福礼先生问过一个穿着很好的太平军兵士,问他喜欢不喜欢自己的职业。那个兵士回答说:"为什么不喜欢?我喜欢什么,我就拿什么,谁要是抗拒,那就……"——他做了一个手势,表示砍头的样子。这的确不是空话。在太平军看来,一个人头并不比一个菜头贵。

革命军的核心是由正规军——服务多年并且久经战斗的党羽们构成的。其余的部分则是一些年轻的新兵或出掠时抓来的农民。在某个被征服的省

---

① 原文译者注:夏福礼此信发表在1862年6月17日"泰晤士报"上,信的内容与事实不符。

份里征集的军队，统领们总是把他们派赴其他遥远的省份。例如在宁波，叛乱者们现在就操着 40 种不同的方言，而宁波方言此刻也第一次传到了遥远地区。在每个地区，所有的地痞无赖和流氓都自愿地归附太平军，军纪只要求在执行任务时服从命令。太平军禁止结婚和吸鸦片，违者处以死刑。只有到"天下太平"的时候才可以结婚。

引起恐惧，是太平军的全部战术。他们的成功完全是由于这种妙计的效用。他们吓人的方法，首先是在某一个地方一下子出现大批人马。他们先派探子秘密探路，散布惊人的谣言，到处放火。这些探子如果被清朝官吏抓住处死，那末马上就由别人来代替，直到清朝官吏同城市的居民一起逃出城市；或者像占领宁波时有过的情况一样，直到已经发生的惊惶现象能帮助叛乱者获得胜利。

主要的吓人方法，是太平军穿着五色相杂的丑角服装。这种服装只能引起欧洲人的大笑，而对中国人来说却有一种奇效。因此，这种丑角服装在作战的时候给予叛乱者们的好处，是线膛炮也比不上的。此外，他们还有一头又长又黑或者染黑的乱发，一双凶狠的眼睛，他们发出惨叫，装出凶恶发狂的样子——这就足以把规矩的、温顺的、拘谨的中国老百姓吓死。

在探子散布了惊惶消息之后，便出现了故意从乡下赶出来的难民，他们也夸大就要到来的军队的人数、实力和凶猛。当城里起火，城市守军在这种可怕的场面下出动的时候，远远就看到一些吓人的五色相杂的怪物，吓得他们魂不附体。到了适当的时机，成千成万的太平军就拿着大刀、长矛和猎枪，狂叫着向吓得半死的敌军冲去，只要不遇到抵抗就一路上扫荡个干干净净，像不久前在上海发生过的情形那样。

夏福礼先生最后说："太平军实质上是一种没有任何内容（nothingness）的大怪物。"

显然，太平军就是中国人的幻想所描绘的那个魔鬼的 in persona〔化身〕。但是，只有在中国才能有这类魔鬼。这类魔鬼是停滞的社会生活的产物。

（来源：《马克思恩格斯全集》第十五卷，人民出版社 2016 年版）

导读：马克思关于太平天国运动的评论文章一共有七篇，其中前六篇均肯定了太平天国运动的革命性质，"中国连绵不断的起义已延续了十年之久，现在已经汇成了一个强大的革命"。而在第七篇文章——《中国记事》中，马克思却有了不同的看法。阅读这篇文章，学生可以了解到马克思对于太平天国运动的看法，探究马克思对太平天国运动态度转变的原因，从多角度去评价太平天国运动。

3. 早期官僚资产阶级与洋务运动

林增平

不少研究者认为，洋务运动是清王朝投靠列强并与之结合，以谋求稳定其反动统治的产物。洋务派是封建统治集团中接受外国侵略者扶植的当权派别。洋务运动除了起到配合外国侵略者加快加深中国社会的半殖民地化的作用外，并无其他积极意义。笔者原来同意上述看法。但近年联系中国资产阶级的发生和发展进行考察，就渐次持不同见解。洋务运动包括各个方面的内容，而究其对中国社会的影响，则应首推兴办一系列官办、官督商办的军用和民用企业。而官办、官督商办民用企业基本上是近代资本主义企业。在中国，谁有可能较早地积累起稍多的财富，并首先产生办新式企业的意识呢？这无疑取决于同外国侵略者关系的亲疏和本身权势的大小。据此，因镇压太平天国而发迹的军阀官僚和在各通商口岸暴富的买办，比一般的地主、官僚、商人条件更优越。十九世纪六十年代，兴办近代企业的契机，已在一些买办、官僚的动向中显露出来。洋务派有权势，但聚敛的货币财富仍不足，买办势力则早就有依托权贵来兴办企业牟取利润的愿望。这样，当资本主义企业产生的条件具备的时候，两者就结合起来了。十九世纪七十年代先后举办的几个较大的官督商办企业，就清楚地显露了这种结合的痕迹。在中国资本主义兴起阶段（一八七二至一八九四年），官办、官督商办一类民用企业，在全部近代企业中占绝对优势。这些企业实为洋务派所依存的经济基础之一，是被作为洋务新政的杠杆的。李鸿章、张之洞等人的所作所为，实际上是在领着一部分地主、官僚和商人（买办）开始担负向资产阶级转化的历史任务。把洋务运动视为中国资本主义发展中的一个阶段，应该说是符合历史实际的。然而，洋务运动并不意味着民族资本主义的兴起和成长，而是以中国早期官僚资本主义的产生和初具规模为其内容的。洋务派，则堪称早期官僚资产阶级的政治代表。把洋务企业定为早期官僚资本，在我国学术界大体没有异议，分歧在于如何看待它的社会历史作用。要作出答案需要剖析：（一）官督商办是当时有助于新式企业在中国兴办的一种形式。否则，资本主义在中国的发生也许要更迟缓更微弱。但由于封建统治者不能改变其专制贪婪本性，从这方面说，官督商办又不啻是抑制和损害资本主义的牢笼。不过，权衡利弊，前者是主要的，后者是次要的。（二）不能认为，洋务派的军、民用企业都是专门为镇压和防范人民起义，徒然产生配合外国侵略者变中国为半殖民地的效验。笼统把洋务军事工业一概视为对外屈服、对内镇压的事物是不妥当的。

洋务民用企业虽然成效不著,但也不能否认,大部分也都对外国侵华活动有所抵制。当然,洋务军用企业确有不少是基于镇压人民而设置的,它和民用企业都或多或少具有买办性。但比较起来,前者是第一位的,后者是第二位的;尤其是对七十年代以后的洋务工业,更应这样评判。(三)讲究洋务在当时是一种进步事业,至于对外妥协投降,并非洋务新政的过错,那是因为包括洋务派在内的整个封建统治者的腐朽无能和奉行的是"攘外必先安内"的反动政策。在帝国主义的侵略下,倡洋务以求富强的方案终于宣告破产。洋务派只是开始显示了向官僚资产阶级转化的趋势,而不能说他们已变成了一个官僚资产阶级集团。(阮方纪摘自中华书局一九八一年出版《中华学术论文集》,原题《近代中国资产阶级论略》。全文四部分,约三万三千余字,所摘是第二部分。)

(来源:《历史研究》,1982年第4期)

导读:轰轰烈烈的洋务运动最终以北洋舰队的全军覆没而告终。大多数人评价洋务运动时,往往认为它是清王朝为求自保而开展的自救运动,也有很多人觉得洋务运动除加快加深中国社会半殖民地化的程度外,并无其他积极意义。在这篇文章中,林增平则从早期官僚资本的产生和发展的角度出发,分析洋务运动的社会历史作用,认为洋务派只是开始显示了向官僚资产阶级转化的趋势,而不能说他们已变成了一个官僚资产阶级集团。

4. 从洋务、维新到资产阶级革命(节选)

李时岳

中国是以半殖民地的屈辱地位被强制拉入资本主义世界体系的,落后使中国挨了打。当欧洲出现资本主义曙光的时候,中国仍然沉睡在封建主义的漫漫长夜里,封建统治者妄自尊大,固步自封,闭目塞听,闭关锁国,造成了对世界的愚昧无知。鸦片战争前,地主阶级中出现了以林则徐、龚自珍、魏源等为代表的一些人,他们提倡通经致用,揭露政治危机,讲求兴利除弊。这些有识之士,被称为改革派。但是,他们的改革主张仍然拘囿于古老的圣经贤传,并不能适应正在酝酿着巨大变化的中外形势。终于鸦片战争爆发了,堂堂天朝上国竟被不知从何而来的外夷小丑打得惨败。旷古未闻的奇耻大辱促使人们发愤图强。改革派开始认识了在当时世界潮流下改革的主要方向:"师夷之长技以制夷。"不过,改革派人单力薄,在权贵的压抑下不能有所作为。鸦片战争后,封建统治阶级仍然歌舞升平,醉生梦死,昏昏然不思振作。"师夷之长技以制夷"的主张只不过成为一种珍贵的思想资料在历史文库里闪闪发光。

紧接着是轰轰烈烈的太平天国农民战争。广大农民奋起用武器批判封建统治阶级的残暴和昏聩,打乱了整个封建统治秩序。全国规模的阶级大搏斗,使得地主阶级改革派也投入了镇压农民战争的反革命行列。林则徐死于前往广西镇压农民起义的途中。魏源在江苏高邮州举办团练,抵抗太平天国。他们的后继者曾国藩、左宗棠、李鸿章之流纷纷崛起,成为农民战争最厉害的敌人。

在历代农民战争中,地主阶级改革派的动向是十分值得注意的问题。这些人原则上反对农民战争,但又和权贵势力有矛盾。在一定条件下,他们可能投靠起义农民一边,和权贵势力作斗争,利用农民战争作为改朝换代的工具;也可能独树一帜,利用农民和权贵势力厮杀得精疲力竭的时机,"削平群雄"而建立新王朝;还可能站在旧王朝一边,在镇压农民战争的过程中,或多或少地排挤权贵势力,使自己成为新的权贵,从事某些改革以缓和农民和地主阶级之间的矛盾。太平天国农民战争时期出现的是最后一种情况。单纯农民战争以最后失败而告终是历史的必然,因为农民不能创建新社会。这就使得地主阶级改革派能够借助于农民战争而在历史发展中扮演重要的角色。

曾国藩、左宗棠、李鸿章等人对他们的前辈林则徐、龚自珍、魏源等是十分钦仰的。例如,左宗棠就曾说过:"所有天下士粗识道理者类知敬慕(林)宫保(则徐)";"道光朝讲经世之学者推(魏)默深(源)与(龚)定盦(自珍)"。他们一般原属于地主阶级的中、下层,所谓"多非殷实之家","起于草莽、出自行间"。为了挽救整个地主阶级垂危的命运,他们互相联结,标榜"不要钱、不怕死、不恋官",从举办团练以保卫自家、控制地方权柄到出省作战,逐步由权贵们手里夺得更大方面的军政大权。他们参劾庸懦猥鄙,严剔浮收中饱,调整地主阶级内部以及地主与自耕农之间的关系,"选将、练兵、修船、制炮、筹厘、榷税",对吏治、财政、兵制、武备等各方面进行整顿,为镇压太平天国建立了政治、经济和军事基础,最后终于扑灭了农民战争的燎原烈火。

历史于是出现了转折。

农民战争打击了腐朽的权贵势力,给予地主阶级改革派掌握权柄的机会;掌握了权柄的改革派镇压了农民战争,成为新的权贵。新权贵们懂得"师夷长技"的必要,洋务运动于是发轫。旧权贵势力没有铲除,于是发生了洋务派和顽固派的斗争。洋务运动蹒跚跛行。洪仁玕向西方学习的方案《资政新篇》,尽管得到洪秀全批准,但在太平天国只是一纸空文,而恰恰是镇压太平天国的刽子手们却将《资政新篇》的主要内容如兴办近代工业、矿业、铁路、航运、电讯等付诸实施。历史的发展就是这样矛盾、迂回的。

有什么办法呢？农民不能建立新社会，资产阶级还没有诞生，昏聩腐朽的封建顽固势力无所作为，中国越落在世界后面就越有亡国灭种的危险。在这种情况下，地主阶级改革派从实际经验中认识到外国"战舰之精"、"机器之利"，主张"师其所长而用之"，积极地从外国引进新式的军事装备，引进机器生产，引进科学技术，难道能够因为他们镇压过农民战争，因为他们的动机并不十分高尚而全盘否定吗？

义愤不能成为掩盖事实的理由。

洋务运动从来具有对内、对外的双重目的。对内是借用外洋盔甲以保护封建躯体，镇压革命；对外是"夺其所恃"以"绝其觊觎"，防止新的冲突，避免殖民地化。随着农民战争的逐渐平息和帝国主义侵略的日益紧迫，对外的需要也就逐渐突出起来。一般地说，洋务派是对外妥协派，他们的纲领是"和戎、变法"，他们是接受半殖民地统治秩序的。但"和"也需要一定的实力。洋人贪得无餍，肆意要挟，没有一定的实力就可能"和"不成，半殖民地秩序就可能被破坏而完全殖民地化，中国就可能灭亡。"不战"、"不守"也就不能"和"，只会像叶名琛那样被抓去当俘虏，所以必须讲求"自强"。用李鸿章的话说，就是"各国条约已定，断难更改"（半殖民地地位已无法改变），但"明是和局而必阴为战备"，"彼族或以万分无礼相加，不得已而一应之"（防止殖民地化）。维护现存统治秩序，从事枝节的改革，正是一切改良主义的共同特征。"一般说来，改良主义就在于，人们只限于提倡一种不必消除旧有统治阶级的主要基础的变更，即是同保存这些基础相容的变更。"（《几个争论问题》，《列宁选集》第二卷，第四一七页）无论对内或对外，洋务运动都是地主阶级的改革运动，半殖民地半封建中国的改良主义运动，本质上是反动的。不过，在当时的历史条件下，枝节的改革也比顽固地守旧好些。听听当时顽固派的议论吧：什么"以忠信为甲胄、礼义为干橹"呀，什么"奇技淫巧败坏世道人心"呀，什么"耕织机器夺农工之业"呀，什么"师事洋人，可耻孰甚"呀。按照他们的逻辑，中国的固有文明已经好得不能再好了，终有一天"外夷"会拜倒在中国文明之前，"用夏变夷"，根本不需要，也不应该向外国学习什么东西。对比之下，洋务派承认中国在军事装备、机器生产、科学技术等方面的落后，承认有向外国学习某些东西的必要，不是较为"开明"或"进步"吗？

正是在洋务派主持下，中国拥有了第一批机器生产的兵工厂、造船厂、纺织厂、钢铁厂以及煤、铁矿场，创办了第一个轮船公司，铺设了第一条铁路、电线,建立了第一支海军舰队,开设了第一批外语、科技学校,派遣了第一批留美、留欧学生,翻译了第一批科技书籍,出现了第一代科技人才和在本国厂矿里的产业工人,在"官督商办"、"官商合办"的企业里一些地主、官僚、商人逐渐向资产阶级转化。所有这些,至少在客观上使封建坚冰出现了裂口,从而为开通资本主义的航道准备了某些必要的条件。自然,洋务派主观上并不想发展资本主义。他们严密控制军事工业,力图控制民用企业,并企图用封建性的垄断排斥自由竞争,越到后来就越显示出阻碍民族资本主义发展的反动的一面。但是,坚冰既经破裂,江水奔腾向前就是势所必至了,事物发展的客观规律不是洋务派主观所能控制得了的。

过高估计洋务运动在抵制帝国主义侵略方面的作用自然是不恰当的,但把洋务运动完全说成是适应帝国主义侵略的需要,仅仅起了加速中国半殖民地化进程的作用,也是不符合事实的。洋务派兴办的军事工业,规模最大的是江南制造总局和福州船政局,后者专造船舰,前者也兼造船舰,显然是为了"夺洋人之所恃"。洋务派兴办的民用企业,在一定程度上和一定时期内也多少具有和洋商争夺市场、挽回利权的意义。北洋海军的建立更不能说是出于对内镇压人民的需要。震惊于"数千年来未有之变局"和"数千年来未有之强敌",洋务派积极从外国引进军事装备和机器生产,"自强"、"求富",不能说完全是出于标榜。由于中国的落后,最初开办的工矿企业,从机器到原料,从工程师到技工,从设计、施工到经营管理,几乎都要依靠外国,从而不可避免地要遭受外国的愚弄、盘剥,乃至被外国人把持、操纵,这是无可奈何的事。它不完全是洋务派的罪过,因为当时中国自己在这些方面几乎一无所知、一无所有。自然,由于洋务派以维护封建统治、保持"中外和好"为前提,和广大人民尖锐对立,他们所从事的枝节改革不可能使中国真正富强起来,成功地抵制帝国主义的侵略,不可能阻止中国继续向半殖民地、殖民地的方向沉沦。而且,外国侵略者还千方百计地企图通过洋务运动来加速扩展他们在中国的侵略势力。客观上中国确实太落后,主观上对洋人又深怀恐惧,因此,每当帝国主义恃强侵凌,洋务派往往忍让退缩、妥协投降。正是在对外战争中的避战求和,军事上和外交上的失败,证明了洋务运动不能救中国,从而宣判了洋务运动的破产。

(来源:《历史研究》,1980年第1期)

导读: 1840年至1919年,中国经历了农民战争、洋务运动、维新运动和资产阶级革命四个阶段,各阶级先后登上历史舞台,前一阶段孕育着后一阶段的因素,前后紧密相连。它们的发生反映了中国近代社会的急剧变化,标志着近代中国历史前进的脉络。作者在这篇文章中回顾了百年来中国社会救亡的艰难历程，呼吁大家以历史的态度认真总结前人所做的努力，吸取历史的经验教训，承担相应的责任。

5. 变法通议（节选）

梁启超

天下之为说者，动曰一劳永逸，此误人家国之言也。今夫人一日三食，苟有持说者曰：一食永饱，虽愚者犹知其不能也。以饱之后历数时而必饥，饥而必更求食也。今夫立法以治天下，则亦若是矣。法行十年或数十年、或百年而必敝，敝而必更求变，天之道也。故一食而求永饱者必死，一劳而求永逸者必亡。今之为不变之说者，实则非真有见于新法之为民害也，夸毗成风，惮于兴作，但求免过，不求有功。又经世之学，素所未讲，内无宗主，相从吠声。听其言论，则日日痛哭；读其词章，则字字孤愤；叩其所以图存之道，则眙然无所为，对曰：天心而已，国运而已，无可为而已。委心袖手，以待覆亡。噫，吾不解其用心何在也！

要而论之，法者，天下之公器也；变者，天下之公理也。大地既通，万国蒸蒸，日趋于上。大势相迫，非可阏制。变亦变，不变亦变。变而变者，变之权操诸己，可以保国，可以保种，可以保教；不变而变者，变之权让诸人，束缚之，驰骤之，呜呼，则非吾之所敢言矣！是故变之途有四：其一，如日本，自变者也；其二，如突厥，他人执其权而代变者也（埃及、高丽等国皆是）；其三，如印度，见并于一国而代变者也（越南、缅甸等国皆是）；其四，如波兰，见分于诸国而代变者也。吉凶之故，去就之间，其何择焉？《诗》曰："嗟我兄弟，邦人诸友，莫肯念乱，谁无父母！"《传》曰："嫠妇不恤其纬，而忧宗周之霣，为将及焉。"此固四万万人之所同也。彼犹太之种，迫逐于欧东；非洲之奴，充斥于大地。呜呼，夫非犹是人类也欤！

（来源：侯宜杰选注，《新民时代——梁启超文选》，百花文艺出版社2002年版）

导读：维新变法前夕，梁启超撰写了一组议论文章，共十四篇，总称为《变法通议》。这一系列文章系统宣传了变法理论，明确提出了全面学习西方政治和文化等制度。本文节选自《变法通议》正文部分的第一篇《论不变法之害》，以日本战败之后因变法而变强的事实，来反驳认为当时国家太虚弱而无力变法的谬论，从清朝自身的统治史，即得国于"变前代之法"和"变本朝之法"来说明变法的好处与拒绝变法的害处。

6. 戊戌维新与学习西方(节选)

汤志钧

西方之书卷帙浩繁,西方之学门类众多,维新派是否什么都学,什么都要呢？不是,他们是有所取舍选择的。

首先,他们认为应该"译西方有用之书","用西方有用之才"。早在十九世纪六十年代,洋务官僚就开设同文馆、广方言馆,培养翻译人才,译印西方书籍,也引进了一些科学技术,在阴霾闭塞的空气中,为我国西学的传播和科技的发展提供了一定的条件。但"所谓洋务中人,介于达官市侩之间",经营不当,管理不善,维新派就曾痛抉弊病,加以针砭,说是"所聘用西人者,半属无赖之工匠,不学之教士",并非专门人才。他们"设学之始","不过责之以译人传语,为交涉之间所有事","仅学西文",仅识"外国之语言","稍涉范篱",未窥门径,草率从事,翻译成书。这样,所译之书未必有用；而译书之人又"仅识文字",自然不能"达意寻恉"。即如京师译署等虽已译书数百种,也"驳杂迁讹,为天下识者鄙夷而讪笑",以致"中国效西法三十年矣",而"效之愈久,而去之愈远"。

其次,他们认为要译西方最新之书,而不是陈旧之书；要引进西方最新科技成果,而不是西方"吐弃不屑道"之"旧论"。梁启超说："译出各书,多二十年之旧籍,彼中人士已吐弃不道,且屡经笔舌,每失其意。"又说："今以西人每年每国新著之书,动数万卷,举吾所译之区区置于其间,其视一蚁一虻不如矣。况所译者未必为彼中之善本也。即善本矣,而彼中群学,日新月异,新法一出,而旧论辄废,其有吾方视为瑰宝,而彼久吐弃不屑道者,比比然也。"西方各国也是经历多年才形成一些成果的,他们又不断更新,日新月异,因而,只有学习西方的最新成果,才能缩短实现近代化的时间进程。康有为说："泰西自培根变法,政艺之学日新而奥,阅今五百年,乃成此治体。东方各国若舍而自讲,亦非阅五百年不能成,今但取资各国,十年可毕。"

洋务"新政"搞了三十年,为什么学了西方,还要遭受西方国家的欺侮呢？为什么西方的工艺不能给衰朽的封建躯干催生,改变中国贫穷落后的面貌呢？这不能不引起维新派的深思。所译之书不尽可用,所用之人不尽有才,所引进的技术又有早为西方"吐弃不足道者"。过去的覆辙不能重蹈了。应该承认,西方资本主义国家是进步的,西方资产阶级的那些东西是值得学习的,但洋务派那样"学西方"是不行了。应该怎样学习西方呢？

本来,在如何对待西方的政治制度和科学技术上,当时清朝统治阶级有着两种态度：一种是深闭固距，"视西学如仇"；一种以"自强自富"自诩，不敢触及政治制度的根本改革。所谓"近人言洋学者，尊之如帝天；鄙洋学者，斥之为夷狄"，正是这两派的写照。

维新派对这两种情况是深加诋斥的。他们批评"鄙洋学者"的"闭关自大"态度，指出："以万国既通，则我旧日闭关自大，但为孤立一隅之见，其政治学识亦为一隅之见，而自以为天下一统，无与比较，必致偷安怠惰，国威衰微也。既知万国并立，则不得谓人为夷，而交际宜讲，当用彼此通流之法；既知比较宇内大势，其国体宜变，而旧法全除。"对"尊之如帝天"的"言洋学者"，他们讥讽道："接见西官，栗栗变色，听言若闻雷，睹颜若谈虎"，揭露了他们的媚外丑态；并指责他们"稍言变法，而成效莫睹，徒增丧师割地之辱者，不知全变之道。或逐末而舍本，或扶东而倒西，故愈治愈棼，万变而万不当也"。

早在1888年，康有为就认为对待西方或"尊"或"斥"，都"未尝深知其故"。他认为"中西之本末绝异者二，一曰势，二曰俗"。所谓"势"，是指中国系"一统之国，地既广邈，君亦日尊"，"长驾远驭，势有所限。其为法也守，其为治也疏"。而西方则"列国争雄竞长，地小则精神易及，争雄则人有愤心，君虚己而下士，士尚气而竞功，下情近而易达，法变而日新"。所谓"俗"，是指"中国义理，先立三纲"，而西方则"君民有平等之俗"。由于"势""俗"之异，中国"虑难统一"，"于是繁其文法以制之，极其卑贱以习之，故一衙门而有数人，一人而兼数差"，"官既冗多，俸又极薄"。这样"中饱粉饰"自多。而西方则"政事皆出于议院，选民之秀者与政，以为不可则变之，一切与民共之，任官无二人，不称职则去，故粉饰者少。无宗族之累，无妾姬之靡，无仪节之文，精考而厚禄之，故中饱者少"。可见康有为注意了"近人言洋学"之"未尝深知其故"，考察了"中西相异之故"，归结到中国"君权"与西方"民主"的差异。他们的过人之处，在于不是简单地认为西方的先进仅仅在于船坚炮利，而是从社会制度方面比较中西的差异及其实质，认识到"泰西之强，不在炮械军兵"，而"在政体之善也"。"购船置械，可谓之变器，不可谓之变事；设邮便，开矿务，可谓之变事矣，未可谓之变政；改官制，变选举，可谓之变政矣，未可谓之变法。日本改定国宪，变法之全体也"。他们已经感受到了资本主义与封建主义的本质差别，从而冥思苦索，设想出从政治体制上根本改革的方案，憧憬着"君民共主"的资本主义君主立宪制度。

应该说，维新派这种以全球眼光对世界各国进行横向比较，从"势""俗"来分析中学和西学的差异，认识到中国是大国、弱国，"国势危蹙，祖陵奇变"，不能不变法图强了,不能不借鉴西方,"改变成宪"了,也不能只学西方的"器艺"而忽视"西政"了。他们也感到在中西的对比中,彼此有"异"有"同",而"异"中不是没有"同","异"中也不是不可借鉴。经过仔细分析,觉察到俄国和日本过去受西方侵略"与我同",而后来的"盛强"却"与我异",从而提出"择法俄、日以定国是"的改革主张。康有为在《上清帝第五书》中说:"昔彼得为欧洲所摈,易装游法,变政而遂霸大地。日本为俄、美所迫,步武泰西,改弦而雄视东方。此二国者,其始遭削弱与我同,其后底盛强与我异。闻日本地势近我,政俗同我,成效最速,条理尤详,取而用之,尤易措手。"

康有为选择俄、日两国为"择法"对象,也是从中西异同中考察得来的。"俄地三万里为大",与中国同是大国,"大彼得知时从变","用是数十年而文明大辟","已见治功"。日本是小国"与我异",遭受西方侵略则"与我同",又与我"同文""同俗",能"效欧、美,以三十年而摹成治体","鉴其行事之得失,去其弊误,取其精华,在一转移间,而欧、美之新法,日本之良规,悉发现于我神州大陆矣"。更重要的是这两个国家都是君主立宪国家,中国也是君主世袭,"一姓之国"。在当今的潮流中,不开放民权不行,而要实行西方那样的民主一时还办不到,于是主张君主立宪。只要君主"虚己而下士",使"下情"得以"上达","中国之治强,可计日以待"的。所以他说:"凡数百年一姓之国,既危既弱矣,宜鉴于斯。"

因而,康有为在《上清帝第五书》中吁请"择法俄、日以定国是"后,正式提出了国事付国会议行,并请颁行宪法。说:"伏愿皇上因胶警之变,下发愤之诏,先罪己以励人心,次明耻以激士气,养群材咨问以广圣听,求天下上书以通下情。明定国是,与海内更始。自兹国事付国会议行,纡尊降贵,延见臣庶,尽革旧俗,一意维新。大召天下才俊,议筹款变法之方,采择万国律例,定宪法公私之分;大校天下官吏贤否,其疲老不才者,皆令冠带退休;分遣亲王大臣及俊才出洋,其未游历外国者,不得当官任教,统算地产人工,以筹岁计预算;察阅万国得失,以求进步改良,罢去旧例,以济时宜;大借洋款,以举庶政。"

照此说来,维新派吸取过去"学西方"的教训,比较中西学的异同,采法俄国、日本的改革,提出变法维新的主张,他们是审慎地"学习西方",并注视了中国的国情。

(来源:《历史研究》,1988年第4期)

导读: 戊戌维新,是"维"资本主义之"新","改"封建主义之"旧"。要"维"资本主义之"新",就要学习西方,讲求西学。戊戌时期的维新人物是怎样学习西方的？他们要学习西方的哪些东西？有人认为变法时期"凡西方的东西都学"，"舍弃旧学，搬用西学，不注意中国国情"，事实是否真的如此？对于这些问题，作者在这篇文章中通过具体分析维新运动领导人康有为、梁启超等人"学习西方"的主张，提出了自己的看法。

【拓展阅读】

1.《洋务运动史》

基本信息：夏东元著；华东师范大学出版社，2010年。

主要内容：《洋务运动史》是一本政论性历史书籍。全书共分十九章，内容包括：洋务文化教育的开端；洋务路线的改善及战略性转变；采煤工业的兴办和发展；近代海军的筹建等。像所有事物有它们自己发生发展到衰亡的过程一样，洋务运动也有它的发生发展到结束的过程。这一过程，不是各个事件的堆积，而是遵循着一定的规律发展的。因而洋务运动是有规律可循的。洋务运动既有规律可循，那么对于它以及洋务运动时期的人物、事件、工厂企业等一切构成洋务运动这一整体的"零件"，我们都应放在规律中来加以评述。

推荐理由：本书带领着读者从全新的角度重新审视历史，观点既新颖又深刻，引人深思。对于洋务运动的历史评价，多数人认为洋务运动是失败的，而本书对洋务运动的历史作用给予了更为辩证、客观的评价。同学们在阅读本书的过程中可以明显地感受到作者思想中传递出的思考独立性和客观辩证性。

2.《戊戌变法史》

基本信息：汤志钧著；上海社会科学院出版社，2015年。

主要内容：本书系统论述了百年前由康有为、梁启超领导的戊戌维新运动发生、发展及其失败的全过程，用马克思主义观点对主要维新人物及相关者进行分析、研究，将戊戌变法时期各地变革之人物、事件，变革思想及历史要素详细呈现，涵盖变法时期的经济、政治、军事、文化、思想等各个层面，全面系统地展示了一百多年前那段波澜壮阔的历史。

推荐理由：本书涉及清朝内部权力斗争、两条变法路线的斗争、思想启蒙运动、教育变革、制度变革、变革余波等多个方面，收录变法期间众多重要信件、奏折、日记、书札、往来票据和报纸文章等，内容丰富，史料翔实。

3.《回顾与思考:"西化"与"中化"的百年论争》

基本信息:俞可平著;《新华月报》2011年第24期。

主要内容:自从洋务运动启动了中国的现代化之航程后,中国的现代化进程就从未完全中断过,也从未一帆风顺,而是断断续续,一直到现代,已经有一个半世纪了。本文将中国的现代化进程分为三个阶段,即从19世纪中叶到1911年清政府领导的现代化、从1912年到1948年国民党领导的现代化、1949年以后特别是20世纪80年代改革开放后中国共产党领导的现代化。本文介绍了这三种现代化与三种不同的政治框架相结合的情况,并指出了一个令人感兴趣同时又发人深省的事实:尽管这三种不同模式的现代化之间存在着根本性的差异,但是在它们的背后有一条共同的内在逻辑,即从"西化"到"中化","中化"和"西化"之间不断地相互冲突和相互交融。这篇文章呈现了每一个现代化阶段中"西化"与"中化"的论争,并表明了走出传统的"中西之争"才是新时代对待中国现代化的正确态度,也是中国新型文化的重要特征。

推荐理由:本文观点新颖,角度独特,从三个阶段来介绍中国的现代化进程。阅读此文章有利于学生了解中国的现代化的发展脉络,探寻中国的现代化发展背后的内在逻辑,树立新时代对中国现代化的正确态度。

4.《太平天国史纲》

基本信息:罗尔纲著;岳麓书社,2013年。

主要内容:本书是一部关于太平天国历史的著作。全书共8章,主要内容包括太平天国革命的背景、革命的酝酿及爆发、十五年战争的经过、《天朝田亩制度》下的社会之展望、革命的性质及其失败的原因以及革命的影响。本书虽为"史纲",但其内容十分丰富。

推荐理由:这本历经岁月淬炼而成的著作,对太平天国的历史进行了真实还原,微言中蕴大义,字少却涵丰。作为一部描写细腻入微、真实可信的历史巨著,《太平天国史纲》为我们提供了深度思考的空间。

思之篇

【案例讨论与思考】

案例 1：马克思对太平天国的评价何以前后不同

马克思关于"太平天国"的评价文章一共有 7 篇，其中有 6 篇写于 1853—1858 年，而最后一篇写于 1862 年，距第一篇已经 9 年多。前 6 篇都是肯定"太平天国"的。1853 年 5 月 20 日，他就写了《中国革命和欧洲革命》一文，热情地肯定了它的革命性质，文中说，"中国连绵不断的起义已延续了十年之久，现在已经汇成了一个强大的革命"，"可以大胆预言，中国革命将把火星抛到现代工业体系的即将爆发的地雷上，使酝酿已久的普遍危机爆发"。1856 年 10 月 17 日，他在《欧洲的金融危机》（又名《货币流通史片段》）中，又一次称"太平天国"运动为"中国的起义"。接着，他在 1857 年 3 月 2 日写的《俄国的对华贸易》中，重申了起义的观点，说中国产茶区的通路"为起义部队所占领"。同月 22 日，在《英人在华的残暴行动》一文里，他说"太平天国"是"在中国爆发成了愤怒的烈火"。1858 年 9 月 3 日，在《鸦片贸易史》中，他重申"鸦片战争""使中国发生起义"的看法。在该年 9 月 10 日的《英中条约》中，他再次强调了"太平天国"是"中国革命"的说法。

但是，只隔了几年工夫，马克思的态度就发生了质的变化。1862 年 6 月，马克思在最后一次涉及"太平天国"的文章《中国记事》中说，"运动一开始就带着宗教色彩"，"除了改朝换代以外，他们没有给自己提出任何任务"，并一针见血地指出："他们给予民众的惊惶比给予老统治者们的惊惶还要厉害。他们的全部使命，好像仅仅是用丑恶万状的破坏来与停滞腐朽对立"。经过一番分析后，他总结性地指出"显然，太平军就是中国人的幻想所描绘的那个魔鬼的化身"，而"这类魔鬼是停滞的社会生活的产物"。

马克思关于"太平天国"前后不同的评价，都是有道理的、正确的。当运动处于萌芽或初期尚有革命性的时候，他就热情地赞扬它、肯定它；而当它蜕化变质以致彻底失败，他又正确地指出其原因和必然性。这才是真真正正的实事求是，也真正符合认识论的基本原则。（屈超耘，《北京日报》，2013 年 2 月 25 日，有删改）

案例与问题讨论：

阅读上述材料，总结马克思在不同时期对太平天国运动的评价，并分析促使这种转变的原因。

案例2：洋务企业管理的腐朽性

洋务运动的产品成本高昂、质量低劣，逼得李鸿章不得不继续购买外国装备来建设中国国防，原因何在？一是采购大吃回扣。当时商人贿赂官员成风；洋商与中国官员打过几回交道，也"入乡随俗"了。克虏伯进入中国不久，就学会了在合同金中划出专门比例送回扣。痛心疾首的李鸿章专门出台规定：所有采购都要经总办（总负责人）以及采买、支应、会计三个有关部门共同签字才能生效。但上有政策下有对策，李大人此举见效甚微。二是人力成本高，来华工作的洋人工资远比本国工人要高。中国没有技术骨干，只能求助于洋人。问题在于，很多有关系的中国人想方设法挤进这些"有钱途"的洋务单位。19世纪70年代初，江南制造局只有40个官员负责管理；到19世纪70年代末，就有80个官员"吃拿卡要"了。这一情况并非李鸿章的江南制造局独有，左宗棠创办的福建船政局问题更为严重：高价买来的木材、煤炭和金属材料居然"不堪使用"；拖欠工人工资现象也是见怪不怪；局中职员多系福建达官显宦的亲友，连官居二品的船政大臣沈葆桢处理人事问题时也深感"棘手"。江南制造局和福建船政局，一处上海，一处福州，相距上千里，风土虽迥异，贪腐却雷同，不能不让人扼腕叹息。

案例与问题讨论：

阅读此材料，分析洋务运动所创办的新式企业中出现严重贪腐现象的原因。

案例3：明治维新与戊戌变法之比较

第一，两者的前提条件不同。进行资产阶级改革的前提条件是推翻封建制度。在这方面，中国的封建势力比日本的封建势力要强大得多，而资产阶级势力却比日本要弱得多。日本明治维新前，封建制度危机四伏，封建营垒急剧分化。顽固势力德川幕府的统治在农民起义的多次打击下，已经摇摇欲坠，分崩离析。其他西南各藩，从藩主、大名到下层武士以及一批宫廷贵族都背离了幕府，向资本主义转化。这样，新兴的地主、商人、中下层武士组成倒幕联盟，主张推翻幕府统治，并拥有军队，其势力远远超过以德川幕府为代表的封建顽固势力。明治政府实际上是一个地主资产阶级联合专政的政权，因此代表资产阶级利益的新政是可能实现的。而在中国戊戌变法时，延续了两千年的封建制度，在政治、经济、文化等各个领域都占有绝对统治地位，形成了完整的封建体系，根深蒂固。在中国，要冲破这个封建主义罗网无疑比在日本要困难得多。当时以慈禧为首的顽固派仍然掌握着大权，封建制度根本没有触动。况且，当时资本主义经济基础很薄弱，民族资产阶级十分弱小，具有软弱性，缺乏彻底反帝反封建的勇气。

第二，两者改革的方法、途径不同。日本的维新派懂得以暴力摧毁旧的封建政权，他们利用下层人民的力量，通过国内战争，推翻了德川幕府的封建统治，建立起地主资产阶级联合专政的新政权，然后运用政权的力量，进行自上而下的改革。这实际上是一次不彻底的资产阶级革命。相反，中国的维新派不懂得暴力的重要，根本没有自己的武装，又敌视和害怕人民革命。所以，戊戌变法只是少数资产阶级知识分子的孤立的活动，没有依靠人民群众的力量，没有农民起义的配合，没有发动对顽固势力的武力讨伐。他们手中没有一兵一卒，危急之时，只得求助于封建军阀袁世凯，结果又被出卖。相反，慈禧却以武力为后盾，发动宫廷政变，轻而易举地囚禁光绪，捕杀维新派，帝党和改良派无力还击，只得束手待毙。

第三，两者所处的国际环境也不相同。日本的明治维新处于较为有利的国际环境下。当时，世界资本主义还处在自由资本主义阶段。美国南北战争刚刚结束，拿不出力量来干涉日本内政；英国和法国把自己在远东的重点放在中国，为镇压太平天国革命，从日本调走了他们的驻军；其他西方列强对日本又有各自的打算，因而未能采取联合干涉的行动。日本维新派抓住这个有利时机，可以说，几乎是在没有多大外界阻力的情况下，比较顺利地进行了维新运动。而中国的戊戌变法所处的国际环境是极端险恶的。当时，世界资本主义已进入帝国主义阶段,甲午战争进一步打开了中国的大门,帝国主义蜂拥而至,掀起瓜分中国的狂潮。在这种形势下,中国政局发生的任何变动,都会触动帝国主义的在华利益,他们绝不会袖手旁观。因此,中国的戊戌变法遇到了极大的外部阻力,即使不遭到封建顽固派的镇压,也会受到帝国主义的干涉,因为帝国主义不会放弃在中国已获得的政治、经济、外交权力,不会让中国成为民族独立、主权完整的国家。(张琪,《西安联合大学学报》,2002年第3期,有删改)

案例与问题讨论:
(1) 分析并概括明治维新与戊戌变法的不同之处。
(2) 分析并论述二者成功、失败的原因和经验教训。

【热点问题与讨论】

近代民族资本主义经济与当代私营经济的不同之处

(1) 产生的社会历史条件不同。近代民族资本主义经济产生于半殖民地半封建社会的历史时期,当代私营经济则产生于社会主义社会这一新的历史时期。在半殖民地半封建社会时期,资本主义生产方式具有其先进性,能够极大地促进社会生产力的发展,但由于外国资本和官僚资本的排挤,民族资本主义经济未能有机会获得充分的发展,生长势头较弱。在新中国成立之前,民族工商业的主要特征就是为追求利益最大化而不择手段,对雇佣劳动者的剥削以及对资源的占有和对环境的破坏都会对社会发展产生不利的影响。

在完成社会主义改造后的新中国现代化建设时期,公有制主体地位已得到确立,而当代私营经济由于处于公有制占绝对优势的情况下,具有新的规定性，使私营经济能够充分体现出其优点。此时的私营企业与其他公有制企业一样，均位于国家的宏观调控下。国家在微观层面上对私营企业的生产销售、经营管理不作直接控制，但是国家制定的宏观政策、中长期发展规划、各类经济杠杆、法律法规都对私营企业有着必要的约束力，使私营经济能够与公有制经济一起在国民经济运行系统中和谐共生、良好运转。改革开放政策使得私营经济获得重生，从最初的占国民经济极为微小的比例到后来逐渐起到对国民经济的有益补充作用，再到如今私营经济成为国民经济的重要补充部分，私营经济在新时期经济社会发展过程中的重要性越来越突出。当代私营经济的发展有利于促进市场机制的完善，并将不断推动国民经济发展，发挥其积极作用。

（2）发展过程和获得结果不同。近代民族资本主义工商业企业之所以积累财富、进行扩张，都是基于对无产者劳动成果的掠夺，是通过榨取劳动者的剩余价值获得的。在资本积累的过程中，资本主义工商业主与雇佣工人的关系紧张，企业的管理体制机制难以做到"以人为本"，劳动环境较为恶劣，这些都反映出资本主义发展初期的特征，其发展结果是贫富差距的急剧扩大。

当代私营经济的发展背景与近代民族资本主义经济大为不同，它所处的时代是一个崭新的时代。新中国在社会主义改造过程中，已消灭了剥削阶级，私营企业家与其雇佣工人具有同等的政治地位，都是社会主义国家中的劳动者，国家既保护企业主的利益，同时也维护工人的合法权益不受侵害。工人不再由失去土地的雇佣农转变而来，而大多是原本就拥有土地经营权的农民，他们在向非农业产业转移的过程中，国家和社会都积极提供帮助和支持，使他们能够通过技能培训等获得就业机会。

当代私营经济的迅速发展不但为私营企业主带来财富的增加，也提高了雇员的收入，并且有利于增加国家税收、提高就业率、促进城乡交流以及繁荣市场。当代私营经济的生产活动不仅追求企业效益的提升，同时还兼顾考虑全社会的物质文化需求。这一点，是当代私营经济与近代资本主义条件下的资本家企业具有显著区别的地方。一些私营企业家在创办企业过程中，其经营企业的目的已超越了对利润最大化的追求，在国家各项方针政策的影响和引导下，逐渐建立起通过创建民族品牌以实业振兴中华的使命感，对于中国企业走出国门、迈向世界具有长远的意义。（邹美美，《改革与开放》，2018年第23期，有改动）

请同学们根据材料分析近代民族资本主义经济与当代私营经济的异同。

追求"自强"的早期中国的现代化

中国是一个拥有 5000 多年悠久文明的国度，它的辉煌历史有其内生的发展动力，而"现代化"意识则是在与西方的比照之中形成的。这种比照使人们产生"我不如人"的危机感，对后来的历史影响深远。

1842 年 8 月签订的《南京条约》，开启了近代中国与列强的不平等关系。1895 年《马关条约》和 1901 年《辛丑条约》的签订，又使中国陷入被列强瓜分的危机。近代的屈辱历史，促使先进的中国人"开眼看世界"，进而走上追寻现代化之路。这种追寻在晚清时期经历了"求富自强""变法自强""立宪自强"的演进过程。

从近代历史进程看，随着不平等条约的签订，中国与西方列强矛盾不断激化，中国人民反抗侵略与瓜分的革命运动兴起，深刻改变了中国社会的主要矛盾。1939 年毛泽东在《中国革命和中国共产党》一文中指出："帝国主义和中华民族的矛盾，封建主义和人民大众的矛盾，这些就是近代中国社会的主要的矛盾。……而帝国主义和中华民族的矛盾，乃是各种矛盾中的最主要的矛盾。"寥寥数语，深刻揭示出近代中国社会主要矛盾的本质与重心。

历史进程本质上是各种矛盾交织的变迁过程，中国近代以来的现代化观念演变，同样也是诸多社会矛盾刺激使然。被视为近代中国追求现代化早期尝试的洋务运动，正是在内忧外患的社会矛盾压力下兴起。《天津条约》等不平等条约签订后，地主阶级开明派为应对时局，以"自强""求富"为口号，推行洋务运动。洋务派创办了一些军用与民用企业，放宽了社会商业活动，确实可以看作近代中国现代化进程的早期表现，但其出发点主要在于维持封建王朝统治。王韬就说洋务只不过是"强中以驭外之法"，郑观应也说"欲制西人以自强，莫如振兴商务"。将洋务运动当作清王朝续命的策略，不但是清廷贵肯对"自强"的期待，也是社会士绅的"自强"意图。洋务运动根本上还是服务于清王朝统治，而不是着眼于中华民族的长远发展，更不是为了谋求广大人民群众的根本利益。

现代化是一个系统性工程，并不局限在产业制造、商业营运等经济层面，工业化只不过是现代化的基础。洋务运动鼓吹以创办新式产业为手段"求富自强"，试图达到图存自保的目的，其成果却几乎在甲午战争中尽数瓦解。洋务运动的失败，证明它根本无法化解中国社会的主要矛盾，也提醒人们对现代化进行更加深入的反思。中国社会主要矛盾的加深以及社会危机的进一步恶化，旋即反映在甲午战争后签订的《马关条约》所引发的西方列强瓜分中国的狂潮上。在这种背景下，维新运动试图以政制变革救亡图存，在不触动清王朝统治的前提下，将中国现代化问题提升到制度变革层面。

由洋务运动"求富自强"转向维新运动"变法自强"，是中国现代化进程迈出的艰难一步。维新运动提出的变法举措，从政制、官制、吏治、军务、商务、产业，到科考、学堂、报馆、书局，都是力图消除种种制度弊端与社会危机。康有为在《上清帝第六书》中提出开设"制度局"，变革中央官制，便是这种应对的体现。变法大多参照西方政治学理论，反映了维新运动追赶西方现代化的意图。随着戊戌政变的发生，"新法"实践宣告终结。

维新变法失败后，义和团运动很快爆发，随之而来的是列强逼迫清廷签订《辛丑条约》，其丧权辱国程度"为世界独立国未有之奇局"。中华民族与帝国主义矛盾加深，国内革命风潮涌起，清廷不得不重启"新政"。"新政"实际上"并没有超出百日维新的范围"。随着日俄战争结束，无论是清廷还是社会人士，都越发意识到国政已到了不得不改革的时候，"不数月间，立宪之议，遍于全国。盖至是而中国立宪之机，直如火然泉达，有不能自已之势焉"。清廷迫于内外压力，在1906年颁布"预备立宪"上谕，以图"立宪自强"，但又以"目前规制未备，民智未开，若操切从事，涂饰空文，何以对国民而昭大信"为由，施行"仿行宪政"来应付。"仿行宪政"最终没有也不可能挽回封建王朝覆灭的命运。

晚清三个阶段的现代化以及相应的改革举措，都是在因应西方列强给中国社会带来的政治经济压力，同时回应国内的社会矛盾。然而，追求"自强"的早期现代化无法改变清王朝覆灭的最终命运。中国早期现代化仅仅是清廷及部分社会精英主导的有限变革，不可能真正解决社会主要矛盾带来的种种危局，因而不可能实现中国现代化的长远发展。（郭若平，《历史研究》，2023年第1期，有删改）

结合材料,谈谈对追求"自强"的早期中国现代化探索的理解。

戊戌变法开启近代思想启蒙的大潮

一场深刻的思想启蒙运动

甲午战争对中国来说,是巨大不幸,刚刚起步的现代化,被这场突如其来的战争所打断,几十年发展几乎一切归零,从头开始。

不过,这场战争从大历史来看也给中国一次巨大的历史机会,在先前几十年洋务新政中,中国人始终没有认清西方科学技术的意义,不太清楚工业革命究竟会给人类带来什么样的不一样。中国知识精英将西方近代简化为坚船利炮、声光电化,视为一切物质性的、形而下的东西。正是因为如此区分,那时的中国人才有一种不自觉的自大,以为西方的坚船利炮、声光电化只是暂时领先于我中国,只要中国人发奋努力,这些形而下的东西并不难学。这个思想一方面激励中国人学西方,另一方面规范了中国人向西方学习的范围。这就为后来的变局预留了伏笔。

甲午战败让中国知识精英第一次意识到先前对中西文明的看法可能不对,第一次意识到十八世纪工业革命的真正意义是"数千年未有之巨变",是从农业文明向工业文明转型。中国固有文明不是不优秀,而是不合时宜,不合乎工业社会的需要。在这批最早觉醒者看来,先前几十年的洋务新政之所以成效有限,不足以抗衡日本,主要是因为中国在整体上还处于农业文明的历史阶段,尚未有意识实现跨越,向工业化转型。

基于这样的认识,重新理解《马关条约》签订之后中国迅速发生的维新运动,可以很清楚地看到这场运动的本质就是思想启蒙,就是要将中国从沉睡的农业文明中唤醒,就是要建构一个新的历史阶段,一个与工业化、城市化相匹配的社会结构、意识形态、上层建筑。

实事求是说,中国人谨记知耻而后勇的古训,失败并不可怕,失败之后重新开始并不是问题,失败是成功之母,因而回望《马关条约》之后至戊戌那三年，中国在政治改造，经济体制调整，社会功能释放，近代军事体制重构，媒体重建，政治团体、社会团体创建等方面，都取得了非常重要的巨大进步，特别是以湖南为代表的地方自治尝试，大胆推进，为全国范围的改革提供了正反两方面的经验。中国已经迈进"维新时代"，一个全新的自由资本主义体制就在那个微妙的时间点成为事实。

思想启蒙成为政治变革、社会变革的先导，不论是北方的《中外纪闻》《国闻报》，还是南方的《时务报》《湘报》，也不论是严复的《论世变之亟》《救亡决论》，谭嗣同的《仁学》，梁启超的《变法通议》，还是严复翻译的《天演论》，这一系列作品开启了近代中国思想启蒙的第一次大潮。这是历史大转型时期必须完成的思想转折。

这些思想对早前的洋务思想、富强思想、中体西用思想都有深刻反省与批判，启蒙思想不再站在传统的中国农业文明立场上说变革，说改造，而是以工业革命的结果为起点，探讨中国社会应该有的发展方向。假如不发生重大意外，中国沿着甲午后维新路径走下去，一个全新的政治、社会、文化架构要不了很多年就会建立起来。

不幸的政治干扰

历史总是充满着意外，平静的发展方案总是被这些突如其来的意外所干扰、打断，甚至粉碎。《马关条约》开启的维新运动、维新思潮平稳进行了三年，却因德国强占胶州湾而被打断。

德国强占胶州湾有复杂背景、原因，中德两国稍后达成的胶州湾租借协议也并非全无是处，清政府照着这个模式迅速与法国、俄国、英国达成广州湾、旅顺大连湾以及威海的租借协议，在一定程度上说明清政府并非完全反对以租借的方式解决经济大发展中的中外困扰、困难。只是政府实在太傲慢了，清政府对于这系列租借协议的背景、理由、利弊，始终不愿意向公众作出解释。这场不幸的政治干扰带给中国无穷的困扰，戊戌年初，不论是北京，还是外埠，均群情激愤，亡国的阴影笼罩在人们心头，救亡压倒了启蒙，如何在大局极端恶化的情形下为中国保留复兴的种子，成为康有为、梁启超、严复、谭嗣同等一大批启蒙思想家的头等大事，"亡后之图"、国家主义，成为这批启蒙思想家的新意识。

外交危机让政治变革迅速提上日程，一系列租借协议签订不久，恭亲王去世，在朝野内外压力下，光绪帝于1898年6月11日发布《明定国是诏》，戊戌百日维新由此开始。

《明定国是诏》以及此后百日发布的一系列变革文件，其主旨都是加快甲午已经开始的全方位变革,过去几十年议来议去而始终没有得到解决的新教育问题、科举制度改造问题、商人地位及商会建设问题、知识产权保护问题,特别是随着中国资本主义发展、中国资产阶级出现,私有财产保护、政治权力分享、皇权边界认定、议政机构设置等,都是百日维新应有之义,清政府在光绪帝大刀阔斧主导下,确实发布了许多极有意义的政令。

然而,这场改革仅仅进行了一百天,就因为另一场政治干扰而中断,甚至一百天中已经发布的许多改革措施也因此而取消。

系统研究戊戌政变来龙去脉的文章已经很多了,大致上说人们渐渐认同这场意外的政治干扰实在不应该。康有为对政治不进步的急切、焦灼情绪可以理解,但试图以非和平的手段去解决和平变革中的问题,无论如何都是欲速则不达,揠苗助长,得不偿失。用严复的话说,康梁是1898年戊戌失败最重要的责任人:"吾国自甲午、戊戌以来,变故为不少矣。而海内所奉为导师,以为趋向标准者,首屈康、梁师弟。顾众人视之,则以为福首;而自仆视之,则以为祸魁。何则?政治变革之事,蕃变至多,往往见其是矣,而其效或非;群谓善矣,而收果转恶。是故深识远览之士,愀然恒以为难,不敢轻心掉之,而无予智之习。而彼康、梁则何如?于道徒见其一偏,而由言甚易。……今夫亡有清二百六十年社稷者,非他,康、梁也。何以言之?……而康乃踵商君故智,卒然得君,不察其所处之地位为何如,所当之沮力为何等,卤莽灭裂,轻易狷狂,驯至于幽其君而杀其友,己则销匿海外,立名目以敛人财,恬然不以为耻。"严复这段话说得很尖刻,但大致反映了戊戌年的情形。120年前的戊戌,我们一方面应该记住康有为、梁启超、严复、谭嗣同等为思想启蒙、政治变革付出的心血、智慧,乃至生命,另一方面对知识人如何介入政治必须有一反省,有一超越,尊重专业,各司其职,让政治的归政治,学术的归学术,重建一个现代国家,可能是我们对戊戌最好的纪念与超越。(马勇,《深圳特区报》,2018年6月19日,有删改)

结合材料,思考戊戌变法是如何开启近代思想启蒙的大潮的。

行之篇

【社会实践与行动】

方案一:微电影或舞台剧《茶馆》

1. 实践目标

通过剧本写作,锻炼学生的文字表达能力和想象力;通过微电影拍摄或舞台剧表演,锻炼学生的团队协作能力,并让学生感受思政课实践环节的趣味性;让学生感受戊戌变法、军阀混战和新中国成立前夕三个时代近半个世纪的社会风云变化,感受近代中国社会的黑暗腐败、光怪陆离,了解这个社会中的芸芸众生。

2. 实践设计

第一步,与队员商量,构思故事,拟定写作大纲;第二步,向任课教师汇报,确定所选主题,讨论写作的剧本的可行性,继而分配角色,着手拍摄或表演;第三步,分场景拍摄或排练;第四步,后期剪辑与处理。需要注意的是,微电影或舞台剧的价值取向必须积极,符合社会主义核心价值观,在剧目结尾点明中心,与实际结合,升华主题,起到发人深省的效果。

3. 实践成果

形成一部20~30分钟的微电影或在舞台上进行表演。

同学们也可以自拟题目来编写一个微电影或舞台剧的剧本。

方案二:读书报告《近代中国社会的新陈代谢》

1. 实践目标

通过读书的方式,了解近代中国社会结构的演变,从经济、政治结构到城乡基层组织的变化,分析总结深刻影响社会的政治、哲学思想及其他各种社会思潮。

2. 实践设计

第一步,制订读书计划,包括个人读书与集体讨论的次数和安排;第二步,落实读书计划,及时做好读书笔记;第三步,撰写读书报告,先对所读的书进行简单介绍,从一个章节入手进行重点解读,继而附上小组成员读书心得,再进行总结,并附参考文献及团队建设情况。

3. 实践成果

形成一份不少于 2000 字的读书报告,制作一份用于汇报的 PPT。

同学们可以写下自己感兴趣的阅读书单,并简单说一说自己的推荐理由。

方案三:社会调查——当代大学生对中国现代化进程的了解情况

1. 实践目标

让大学生了解中国近现代史,了解中国现代化进程及相关历史事件,明白其中的重要问题。

2. 实践要求

(1) 根据实践主题,确定活动方案。

(2) 问卷调查与访谈相结合;搜集更多第一手数据资料,为结果分析提供有力支撑。

(3) 以小组为单位,合理分工,相互协作,共同完成调研。

3. 实践成果

(1) 调研报告一份,字数不少于 2000 字。

(2) 汇报 PPT 一份。

同学们对中国现代化进程中的哪一个历史事件比较感兴趣,请自拟一个社会调查题目。

方案四:讨论与辩论——洋务运动是利大于弊,还是弊大于利?

1. 实践目标

通过正反方辩论,在矛盾冲突中正确规划大学生活。

2. 实践要求

(1) 文献精读。

(2) 团队合作。

(3) 导师指导。

同学们也可以自拟辩论题目,并尝试写出辩论选题的基本依据。

方案五:特色思政课案例搜集和汇报

1. 实践目标

请同学们结合中国近现代史纲要的教学内容,以"中国近代化探索"为切入点,选取一个自己感兴趣的方面,进行资料搜集和知识点的讲解。

2. 实践设计

第一步,确定授课主题,撰写授课目标与大纲;第二步,根据大纲,进行资料的搜集和整合;第三步,制作 PPT,熟悉讲课内容,安排课程环节;第四步,进行授课;第五步,根据老师的意见进行修改,撰写课后反思。

3. 实践成果

制作 PPT,讲授 15～20 分钟的特色思政课,要体现出主题和自己的思考。

【行动反思与品格塑造】

1. 同学们是否参观过历史博物馆?回忆一下自己在博物馆的所见所闻,并谈谈自己的感受。

2. 请同学们搜集和整理有关"中国近代化探索"的资料,并根据自己的感悟进行分享汇报。

3. 同学们在搜集和整理资料的过程中,产生了哪些困惑,遇到了哪些困难?

【参考文献】

[1] 马克思恩格斯全集(第十五卷)[M].北京:人民出版社,2016.
[2] 中国史学会.太平天国[M].上海:上海人民出版社,2000.
[3] 史景迁.太平天国[M].桂林:广西师范大学出版社,2011.
[4] 中国史学会.戊戌变法[M].上海:上海书店出版社,2021.
[5] 章开沅,朱英.中国近现代史[M].郑州:河南大学出版社,2009.

第三章

辛亥革命与君主专制制度的终结

第三章　辛亥革命与君主专制制度的终结

【学习目标】

通过本章内容的学习,了解辛亥革命爆发的历史条件、基本过程,正确认识进行资产阶级民主革命的必然性;了解孙中山的三民主义和资产阶级共和国的建国方案;掌握辛亥革命失败的原因和教训,正确认识资产阶级领导的旧民主主义革命让位于无产阶级领导的新民主主义革命是历史发展的必然趋势。

【知识要点】

1. 辛亥革命爆发的历史条件
2. 三民主义的主要内容
3. 辛亥革命的历史意义
4. 辛亥革命失败的原因和教训

读之篇

【经典阅读】

1. 革命军(节选)

邹　容

吾于是沿万里长城,登昆仑,游扬子江上下,溯黄河,竖独立之旗,撞自由之钟,呼天吁地,破颡裂喉,以鸣于我同胞前曰:呜呼! 我中国今日欲脱满洲人之羁缚,不可不革命;我中国欲独立,不可不革命;我中国欲与世界列强并雄,不可不革命;我中国欲长存于二十世纪新世界上,不可不革命;我中国欲为地球上名国、地球上主人翁,不可不革命。革命哉! 革命哉! 我同胞中,老年,中年,壮年,少年,幼年,无量男女,其有言革命而实行革命者乎? 我同胞其欲相存相养相生活于革命也。吾今大声疾呼,以宣布革命之旨于天下。

革命者,天演之公例也;革命者,世界之公理也;革命者,争存争亡过渡时代之要义也;革命者,顺乎天而应乎人者也;革命者,去腐败而存良善者也;革命者,由野蛮而进文明者也;革命者,除奴隶而为主人者也。

革命,革命,我四万万同胞,今日为何而革命?

近世革新家,热心家,常号于众曰:"中国不急急改革,则将蹈印度后尘,波兰后尘,埃及后尘,于是印度波兰之活剧,将再演于神州。"等词,腾跃纸上。

有野蛮之革命,有文明之革命。

野蛮之革命,有破坏,无建设,横暴恣睢,适足以造成恐怖之时代,如庚子之义和团,意大利之加波拿里,为国民增祸乱。

文明之革命,有破坏,有建设,为建设而破坏,为国民购自由平等独立自主之一切权利,为国民增幸福。

革命者,国民之天职也;其根底源于国民,因于国民,而非一二人所得而私有也。今试问吾侪何为而革命?必有障碍吾国民天赋权利之恶魔焉,吾侪得而扫除之,以复我天赋之权利。是则革命者,除祸害而求幸福者也。为除祸害而求幸福,此吾同胞所当顶礼膜拜者也。为除祸害而求幸福,则是为文明之革命,此更吾同胞所当顶礼膜拜者也。

欲大建设,必先破坏,欲大破坏,必先建设,此千古不易之定论。

吾侪今日所行之革命,为建设而破坏之革命也。虽然,欲行破坏,必先有以建设之。善夫!意大利建国豪杰玛志尼之言曰:"革命与教育并行。"

吾于是鸣于我同胞曰:"革命之教育。"更译之曰:"革命之前,须有教育,革命之后,须有教育。"

(来源:邹容著,《革命军》,民智书局1928年版)

导读:《革命军》是由我国著名的资产阶级革命宣传家、演说家邹容在1903年5月出版的著作,一共分为七章。邹容在此书中直接、热情地讴歌了革命,阐述了在近代中国进行革命的必要性,宣传了建立民主共和国的思想。该书对封建制度的批判力度与深度都是空前的,是中国资产阶级革命史上的重要著作。该书启迪了很多爱国志士转向革命,例如炸清政府五大臣的著名烈士吴樾,得到《革命军》后"三读不置",该书对他的思想产生了深刻的影响。鲁迅对《革命军》也有很高的评价,"倘说影响,则别的千言万语,大概都抵不过浅近直截的'革命军马前卒邹容'所做的《革命军》"。由此可见,《革命军》一书在当时着实影响广泛。

2.《民报》发刊词

孙中山

近时杂志之作者亦夥矣。姱词以为美,嚣听而无所终,摘埴索涂不获,则反复其词而自惑。求其斟时弊以立言,如古人所谓对症发药者,已不可见,而况夫孤怀宏识、远瞩将来者乎?夫缮群之道,与群俱进,而择别取舍,惟其最宜。此群之历史既与彼群殊,则所以掖而进之之阶级,不无后先进止之别。由之不贰,此所以为舆论之母也。

余维欧美之进化,凡以三大主义:曰民族,曰民权,曰民生。罗马之亡,民族主义兴,而欧洲各国以独立。洎自帝其国,威行专制,在下者不堪其苦,则民权主义起。十八世纪之末,十九世纪之初,专制仆而立宪政体殖焉。世界开化,人智益蒸,物质发舒,百年锐于千载,经济问题继政治问题之后,则民生主义跃跃然动,二十世纪不得不为民生主义之擅场时代也。是三大主义皆基本于民,递嬗变易,而欧美之人种胥冶化焉。其他旋维于小己大群之间而成为故说者,皆此三者之充满发挥而旁及者耳。

今者中国以千年专制之毒而不解,异种残之,外邦逼之,民族主义、民权主义殆不可以须臾缓。而民生主义,欧美所虑积重难返者,中国独受病未深,而去之易。是故或于人为既往之陈迹,或我为方来之大患,要为缮吾群所有事,则不可不并时而弛张之。嗟夫!所陟卑者其所视不远,游五都之市,见美服而求之,忘其身而未称也,又但以当前者为至美。近时志士舌敝唇枯,惟企强中国以比欧美。然而欧美强矣,其民实困,观大同盟罢工与无政府党、社会党之日炽,社会革命其将不远。吾国纵能媲迹于欧美,犹不能免于第二次之革命,而况追逐于人已然之末轨者之终无成耶!夫欧美社会之祸,伏之数十年,及今而后发见之,又不能使之遽去。吾国治民生主义者,发达最先,睹其祸害于未萌,诚可举政治革命、社会革命毕其功于一役。还视欧美,彼且瞠乎后也。

翳我祖国,以最大之民族,聪明强力,超绝等伦,而沈梦不起,万事堕坏;幸为风潮所激,醒其渴睡,旦夕之间,奋发振强,励精不已,则半事倍功,良非夸嫚。惟夫一群之中,有少数最良之心理能策其群而进之,使最宜之治法适应于吾群,吾群之进步适应于世界,此先知先觉之天职,而吾《民报》所为作也。抑非常革新之学说,其理想输灌于人心而化为常识,则其去实行也近。吾于《民报》之出世觇之。

(来源:《孙中山选集》上,人民出版社 2011 年版)

导读:《民报》是中国同盟会的机关刊物,是当时革命派影响最大的刊物。1905 年 10 月 20 日,孙中山以本人名义在《民报》上发表了非常具有影响的文章——《〈民报〉发刊词》,第一次正式提出了民族主义、民权主义、民生主义。该文章深刻地剖析了社会现实中存在的问题,指出欧美各国是由于民族、民权、民生三民主义的兴起而加速了社会的进化发展,现在的中国面临着内忧外患的窘境,要改变这种现状也必须以三民主义为"革新之学说",输灌于人心而化为常识。此外,该文章的语言十分规范准确、通俗易懂,使广大读者能够更好地理解并接受其思想。

3.《民报》与《新民丛报》辩驳之纲领

近日《新民丛报》将本年《开明专制论》、《申论种族革命与政治革命之得失》诸篇合刊为《中国存亡一大问题》。本报以为中国存亡诚一大问题,然使如《新民丛报》所云,则可以立亡中国。故自第四期以下,分类辩驳,期与我国民解决此大问题。兹先将辩论之纲领,开列于下,以告读者:

一、《民报》主共和;《新民丛报》主专制。

二、《民报》望国民以民权立宪;《新民丛报》望政府以开明专制。

三、《民报》以政府恶劣,故望国民之革命;《新民丛报》以国民恶劣,故望政府以专制。

四、《民报》望国民以民权立宪,故鼓吹教育与革命,以求达其目的;《新民丛报》望政府以开明专制,不知如何方副其希望。

五、《民报》主张政治革命,同时主张种族革命;《新民丛报》主张政府开明专制,同时主张政治革命。

六、《民报》以为国民革命,自颠覆专制而观,则为政治革命,自驱除异族而观,则为种族革命;《新民丛报》以为种族革命与政治革命不能相容。

七、《民报》以为政治革命,必须实力;《新民丛报》以为政治革命,只须要求。

八、《民报》以为革命事业专主实力,不取要求;《新民丛报》以为要求不遂,继以惩警。

九、《新民丛报》以为惩警之法,在不纳租税与暗杀;《民报》以为不纳租税与暗杀,不过革命实力之一端,革命须有全副事业。

一〇、《新民丛报》诋毁革命而鼓吹虚无党;《民报》以为凡虚无党,皆以革命为宗旨,非仅以刺客为事。

一一、《民报》以为革命所以求共和;《新民丛报》以为革命反以得专制。

一二、《民报》鉴于世界前途,知社会问题,必须解决,故提倡社会主义;《新民丛报》以为社会主义,不过煽动乞丐流民之具。

以上十二条,皆辩论之纲领。《民报》第四号刻日出版,其中数条,皆已解决。五号以下,接连辟驳,请我国民平心公决之。

(来源:中国史学会主编,中国近代史资料丛刊《辛亥革命》二,上海人民出版社2000年版)

导读:《〈民报〉与〈新民丛报〉辩驳之纲领》是革命派与改良派进行辩论的纲领,在《新民丛报》将改良派的《开明专制论》等文章合刊为《中国存亡一大问题》后,《民报》决定从第四期起,对改良派的观点展开分类辨驳。双方争论的焦点集中于:在民族主义方面,革命派主张政治革命与种族革命并举,改良派则认为二者不相容;在政治革命方面,革命派主张共和,改良派主张立宪;在社会革命方面,革命派提倡民生主义,改良派则认为这只是煽动流民的宣传。这次论战划清了革命和改良的界限,资产阶级民主革命思想也得到了广泛的传播,越来越多的人赞同革命,促进了全国革命形势的发展。

4. 关于辛亥革命的评价(节选)

毛泽东

利用这个机会,讲一点对于辛亥革命的评价问题。有相当一部分朋友对我们讲"辛亥革命是资产阶级民主革命"觉得不妥,在感情上有些过不去。但从社会发展历史上说,辛亥革命确实是一次资产阶级性质的民主革命。

在人类历史上,有过几次性质不同的大的革命。

第一次,是奴隶主推翻原始共产主义社会,使人类的生产和社会大进一步。

第二次,是封建地主革掉奴隶主的命。

第三次,是资产阶级革封建地主阶级的命,也就是民主主义革封建主义的命。在中国,就是辛亥革命。

孙中山及其一派人领导的辛亥革命,是人类历史上资产阶级民主革命中的一次。在辛亥革命以前,中国还有过改良派。对改良派也应该估计有进步的一面。戊戌变法在当时受压迫,为什么?就是因为它有进步性,它受到顽固派的仇恨。孙中山比改良派又更进一大步,他公开号召实行资产阶级民主革命,推翻了清朝的统治,结束了中国两千多年的封建帝制,建立了中华民国和临时革命政府,并制定了一个《临时约法》。辛亥革命以后,谁要再想做皇帝,就做不成了。所以我们说它有伟大的历史意义。我本人也曾经参加了这次民主革命,当了一名战士,吃七块二。当时程潜先生就参加了,他是师长,虽不是我的顶头上司,但地位比我高。

辛亥革命没有成功,失败了。为什么失败?就是因为孙中山的领导集团犯了错误,有缺点。关于这一点,孙中山有过自我批评,国民党第一次全国代表大会通过的宣言上曾经说,当时向袁世凯妥协是不对的。国民党在第一次代表大会上都做了批评,现在我们就不能批评吗?

我们在座的各位是不是圣人?要说是圣人嘛,圣人就多得很;要说不是圣人嘛,我看圣人也就一个没有。人总是有缺点的,总是要犯错误的,只是不要错得太多就是了。比如当主席,说十句话错了六句,错了百分之六十,那他的主席就当不成了。要说一句话都不错,没有那回事。写文章,总是改来改去,如果不错,何必改呢?做一篇文章,往往要犯很多错误。过去我到过上海,上海那个地方很复杂,我经常走错路,总是犯错误。凡是我有了错误,希望能及时得到朋友们的批评和纠正。一个人总是会有许多缺点的。如果觉得自己一点缺点也没有,"老虎屁股摸不得",那就不好了。要做到"言者无罪,闻者足戒"。我们是靠老实吃饭,不靠摆架子吃饭。当然,在帝国主义面前,在艾德礼等人面前,还是可以"摆摆架子"的,但靠摆架子吃饭就不好了。如果共产党的领袖人物就说不得,各民主党派、人民团体的领导人物就说不得,那就不好了。对孔夫子,自董仲舒以来就说不得了,"非圣诬法,大乱之殃"。我们不能这样,我们要实事求是。我们对一切事情都要加以分析:好,就肯定;不好,就批评。

(来源:《毛泽东文集》第六卷,人民出版社1999年版)

导读: 本文是1954年9月毛泽东在中央人民政府委员会临时会议上的讲话。毛泽东在这篇讲话中进一步阐释了辛亥革命的资产阶级民主性质,指出辛亥革命是资产阶级革封建地主阶级的命,也就是民主主义革封建主义的命,实质上是人类历史上资产阶级民主革命中的一次。此外,毛泽东还鼓励大家对辛亥革命作出正确评价。辛亥革命是失败了的,孙中山本人也对此作过反思、作过自我批评,现在对辛亥革命进行正确认识也需要实事求是,好的地方就肯定,不好的地方就要批评,但是批评也要正确。同学们可以联系所学知识,想想辛亥革命的缺陷在何处,为什么说辛亥革命是一场失败的革命。

5. 在纪念辛亥革命110周年大会上的讲话(节选)

习近平

1911年10月10日,武昌城头枪声一响,拉开了中国完全意义上的近代民族民主革命的序幕。辛亥革命极大促进了中华民族的思想解放,传播了民主共和的理念,打开了中国进步潮流的闸门,撼动了反动统治秩序的根基,在中华大地上建立起亚洲第一个共和制国家,以巨大的震撼力和深刻的影响力推动了中国社会变革,为实现中华民族伟大复兴探索了道路。

孙中山先生和辛亥革命先驱为中华民族建立的历史功绩彪炳千秋!在辛亥革命中英勇奋斗和壮烈牺牲的志士们名垂青史!辛亥革命永远是中华民族伟大复兴征程上一座巍然屹立的里程碑!

历史发展总是螺旋式上升、波浪式前进的。由于历史进程和社会条件的制约,由于没有找到解决中国前途命运问题的正确道路和领导力量,辛亥革命没有改变旧中国半殖民地半封建的社会性质和中国人民的悲惨境遇,没有完成实现民族独立、人民解放的历史任务。辛亥革命之后,在这场革命中接受洗礼的中国人民和中国先进分子继续探寻救国救民道路。十月革命一声炮响,给中国送来了马克思列宁主义,促进了中国人民的伟大觉醒,在马克思列宁主义同中国工人运动的紧密结合中,中国共产党应运而生。中国共产党一经诞生,就把为中国人民谋幸福、为中华民族谋复兴确立为自己的初心和使命,点亮了实现中华民族伟大复兴的灯塔。

中国共产党人是孙中山先生革命事业最坚定的支持者、最忠诚的合作者、最忠实的继承者。中国共产党在成立之初就提出反帝反封建的民主革命纲领,并同孙中山先生领导的中国国民党携手合作,帮助国民党完成改组,建立最广泛的革命统一战线,掀起轰轰烈烈的大革命,给北洋军阀反动统治以沉重打击。

孙中山先生逝世后,中国共产党人继承他的遗愿,同一切忠于他的事业的人们继续奋斗,不断实现和发展了孙中山先生和辛亥革命先驱的伟大抱负。中国共产党团结带领中国人民浴血奋战、百折不挠,打败国内外一切反动势力,取得了新民主主义革命伟大胜利,建立了人民当家作主的中华人民共和国,完成了民族独立、人民解放的历史任务,开启了中华民族发展进步的历史新纪元。

新中国成立后,中国共产党团结带领中国人民,自力更生、发愤图强,创造了社会主义革命和建设的伟大成就;解放思想、锐意进取,创造了改革开放和社会主义现代化建设的伟大成就;自信自强、守正创新,统揽伟大斗争、伟大工程、伟大事业、伟大梦想,创造了新时代坚持和发展中国特色社会主义的伟大成就。

抚今追昔,孙中山先生振兴中华的深切夙愿,辛亥革命先驱对中华民族发展的美好憧憬,近代以来中国人民梦寐以求并为之奋斗的伟大梦想已经或正在成为现实,中华民族迎来了从站起来、富起来到强起来的伟大飞跃,中华民族伟大复兴进入了不可逆转的历史进程!

(来源:《在纪念辛亥革命110周年大会上的讲话》,新华社,2021年10月9日)

导读:本文节选自习近平总书记于2021年10月9日在纪念辛亥革命110周年大会上的讲话。这篇重要讲话高度评价了辛亥革命的历史功绩和重大意义,回顾总结了中国共产党继承孙中山先生革命事业、团结带领人民不懈奋斗的光辉历程,深刻阐述了辛亥革命的历史启示。阅读本篇,既能够对辛亥革命有更深刻的了解,也可以进一步理解"中国共产党人是孙中山先生革命事业最坚定的支持者、最忠诚的合作者、最忠实的继承者",对我们现在继承辛亥革命精神、拥护中国共产党的领导有着重要的现实意义。

【拓展阅读】

1.《辛亥革命人物故事》

基本信息:张飙编著;中国纺织出版社,2014年。

主要内容:本书是著名书法家张飙先生以其近9000字的长文——《辛亥革命人物赋》和八集广播专题片《辛亥故事》为基础,广泛搜集和阅读相关史料而创作出的一部热情讴歌辛亥革命先烈的著作。全书一共分为八章,第一章概括了孙中山和黄兴的革命历程以及优秀人格,作者称他们为"天才的理想家与伟大的实干家";第二章介绍了以杨衢云、蒋翊武、赵声、季雨霖、张难先为代表的辛亥革命的领袖们,作者将他们称为"熠熠生辉的群星";第三章介绍了一批勇于牺牲的思想家们,如邹容、章太炎、陈天华、禹之谟、于右任,他们舍生唤起民众,用鲜血和生命为民主启蒙;第四、五章介绍了陆皓东、史坚如、彭家珍、唐才常、马福益、秋瑾等为了中华民族的振兴而牺牲的英雄们;第六章通过一些书信,介绍了黄花岗起义以及在这场起义中牺牲的英雄们,如林觉民、方声洞等,他们永远昭示着伟大;第七章介绍了在武昌起义中燃烧自己、照亮征途的英雄们,如彭楚藩、刘复基、杨洪胜等;第八章介绍了蔡锷、吴禄贞等人的故事,彰显了这些英雄以天下为己任的宝贵品质。

推荐理由:本书语言通俗易懂,通过一系列故事生动形象地描绘了辛亥革命中英雄们的群像,并且借由孙文、黄兴、杨衢云、陈少白等一百多位志士的故事,来让更多人了解辛亥革命志士的爱国精神、奋斗精神、牺牲精神,使之成为振兴中华的精神力量。

2.《黄兴大传:辛亥革命实干家的历程》

基本信息:雷蕾、兰晓丽编著;华中科技大学出版社,2011年。

主要内容:本书主要介绍了辛亥革命实干家黄兴的人生历程。与先前出版的种种黄兴的传记不同,本书是一本写作更加温和的黄兴传记。不管一个人作出了多么大的贡献,归结到本身,仍然是宏大理想中的个人选择。在这个过程中,黄兴遭遇了诸多的艰难和快乐,经历着人与人之间的欣赏和背叛,经历着理想因现实而幻灭的过程,也经历着一个想象的统一中国在各种地方势力下支离破碎的过程。在这一过程中,他的选择或对或错,或积极或消极,或主动或被动,但建设一个民主共和国的初衷却一直未变,他本人也从未放弃这一目标。

推荐理由:辛亥革命中,孙中山和黄兴是两个最有影响力的领袖,世人习惯并称其"孙黄"。中国同盟会成立之后,孙黄一直携手并进。黄兴绝大部分的时间在战场上,他承担的都是艰难而直接的军事行动,为中国革命立下汗马功劳。阅读本书,我们可以更深入地了解这位辛亥革命实干家的人生历程,也能进一步学习有关辛亥革命的历史。

3.《辛亥革命与百年中国的社会变迁》

基本信息:林家有著;广东人民出版社,2013年。

主要内容:林家有,现为中山大学孙中山研究所教授、博士生导师,中国孙中山研究会理事、孙中山基金会顾问、民革中央孙中山研究会常务理事等,主要从事孙中山与辛亥革命、孙中山与国共关系、近代中国政治与思想史研究。本书是林家有教授研究孙中山与辛亥革命学术论文的结集。这些学术论文主要阐明了孙中山成为辛亥革命领袖的时代意义、孙中山对中国社会变革道路的反思与设想、辛亥革命对于中华民族自觉实体形成的影响、辛亥革命与中国共和政治制度的开创等内容,涉及辛亥革命对于中国社会的重大影响,从政治、经济、思想、文化、教育、民族等方面较全面地论述了辛亥革命的历史意义。此外,本书还涉及广东在辛亥革命中的历史地位和作用、丁未黄冈起义的重要意义、朱执信和宋庆龄等人的历史贡献等内容,对于全面地了解、研究广东成为民主革命策源地的原因很有帮助。

推荐理由:本书高度评价了辛亥革命的历史意义,指出辛亥革命是20世纪中国具有标志性意义的重大事件,它的意义在于结束了中国的一个旧时代,开辟了一个新时代,它的一个明显的效果是促进了中国社会观念的更新和民风民俗的改变以及人民的觉醒。这样高度的评价有力地批驳了否定孙中山和辛亥革命的观点,对于我们现在正确地认识、评价辛亥革命具有重要的启发作用。

4.《辛亥革命与近代社会》

基本信息:章开沅著;华中师范大学出版社,2011年。

主要内容:本书一共收录了二十篇文章,阐述了作者对辛亥革命前后一些人物、历史事件的看法和评价,其中既有对辛亥革命时期社会思潮的解析,也有对辛亥革命时期社会环境的研究,还有对太平天国运动、"二次革命"、张勋复辟等事件的独特思考。作者还着重研究了辛亥革命前后一些重要人物以及这些人物之间关系的历史影响,比如张謇和翁同龢的关系、"康梁"和肃亲王之间的关系。在本书所选的文章中,作者呈现了多种研究辛亥革命与近代社会的视角。

推荐理由:本书作者章开沅是享誉国际的中国辛亥革命史研究会、华中师范大学历史研究所(现中国近代史研究所)和中国教会大学史研究中心的创办人和领导人。作为研究辛亥革命的专家,章开沅撰写的这本书内容丰富,涉及辛亥革命时期的很多历史人物和历史事件,对于我们现在研究辛亥革命和近代社会具有重要的参考价值。

思之篇

【案例讨论与思考】

案例1:四川保路运动

1903年12月,清政府颁布了《重订铁路简明章程》,明确表示各省官商只要经过政府批准都可以修筑铁路。该政策的颁布促使国内掀起了建设铁路的高潮。

四川地区为了修筑铁路,从全省百姓的租税中抽取一定比例作为铁路建设资金,虽然百姓的赋税更重了,但是为了修筑铁路,四川人民还是支持着当地的铁路建设。如此一来,四川百姓成为川汉铁路的最大股东。

可是清政府迫于帝国主义的压力,要将百姓自办的铁路收归国有,所以清政府于1911年5月9日下达了"干路均归国有"的"上谕",并且打算于5月20日正式与英、法、德、美四国正式签署以铁路权为交换的借款协议。"干路均归国有"的政策引起了民众的强烈不满,湖南、湖北、广东、四川等地的民众纷纷表示抗议。6月13日,丧权辱国的"四国借款合同"寄到成都,即使是原来赞成"铁路国有"的立宪派们看到此合同后都转向了"保路"的立场。为了维护铁路主权,他们在四川建立了"保路同志会",民众纷纷响应。但此时的清政府不仅没有安抚民众,还派遣赵尔丰来到四川。新上任的川督赵尔丰诱捕了立宪派的蒲殿俊、罗纶、邓孝可等人,并血腥镇压了请愿的群众,造成了骇人听闻的成都血案。

当赵尔丰的大屠杀开始后,同盟会会员用木片制成"水电报",投入锦江,传警各地。成都附近十余州县以农民为主体的同志军,在同盟会会员和哥老会的率领下,纷纷揭竿而起,开始了轰轰烈烈的保路同志军的起义。革命火焰迅速蔓延,很快遍及四川。清政府为了镇压四川省的人民起义,从湖北、湖南等地抽调兵力增援四川,导致了武昌城头空虚。

1911年10月10日,武昌起义爆发,全国各地人民纷纷响应,革命已成不可阻挡之势。最终,辛亥革命一举推翻了腐朽落后的清政府。

案例与问题讨论:

有人认为辛亥革命爆发是偶然的,请联系以上材料,分析辛亥革命爆发的偶然性,并结合所学知识,阐明辛亥革命的爆发是否具有历史必然性。如果有,请说明理由。

案例2:民国元年三月十一日公布的《中华民国临时约法》

第一章 总纲

第一条 中华民国由中华人民组织之。

第二条 中华民国之主权,属于国民全体。

第三条 中华民国领土为二十二行省、内外蒙古、西藏、青海。

第四条 中华民国以参议院、临时大总统、国务员、法院,行使其统治权。

第二章 人民

第五条 中华民国人民一律平等,无种族阶级宗教之区别。

第六条 人民得享有左列(编者注:下列)各项之自由权:

一 人民之身体,非依法律,不得逮捕、拘禁、审问、处罚。

二 人民之家宅,非依法律不得侵入或搜索。

三 人民有保有财产及营业之自由。

四 人民有言论、著作、刊行及集会、结社之自由。

五　人民有书信秘密之自由。

六　人民有居住、迁徙之自由。

七　人民有信教之自由。

第七条　人民有请愿于议会之权。

第八条　人民有陈诉于行政官署之权。

第九条　人民有诉讼于法院,受其审判之权。

第十条　人民对于官吏违法损害权利之行为,有陈诉于平政院之权。

第十一条　人民有应任官考试之权。

第十二条　人民有选举及被选举之权。

第十三条　人民依法律有纳税之义务。

第十四条　人民依法律有服兵之义务。

第十五条　本章所载人民之权利,有认为增进公益、维持治安或非常紧急必要时,得依法律限制之。

第三章　参议院

第十六条　中华民国之立法权,以参议院行之。

第十七条　参议院以第十八条所定各地方选派之参议员组织之。

第十八条　参议员每行省、内蒙古、外蒙古、西藏各选派五人,青海选派一人;其选派方法,由各地方自定之。参议院会议时,每参议员有一表决权。

第十九条　参议院之职权如左(编者注:如下):

…………

十一　参议院对于临时大总统,认为有谋叛行为时,得以总员五分四以上之出席,出席员四分三以上之可决弹劾之。

十二　参议院对于国务员,认为失职或违法时,得以总员四分三以上之出席,出席员三分二以上之可决弹劾之。

…………

第四章　临时大总统副总统

第二十九条　临时大总统、副总统由参议院选举之。以总员四分三以上出席,得票满投票总数三分二以上者为当选。

…………

第五章　国务员

…………

第四十七条　国务员受参议院弹劾后,临时大总统应免其职,但得交参议院覆议一次。

第六章　法院

第四十八条　法院以临时大总统及司法总长分别任命之法官组织之。法院之编制及法官之资格,以法律定之。

············

第五十一条　法官独立审判,不受上级官厅之干涉。

············

第七章　附则

············

案例与问题讨论：

对于《中华民国临时约法》,毛泽东曾经评价道："民国元年的《中华民国临时约法》,在那个时期是一个比较好的东西；当然,是不完全的、有缺点的,是资产阶级性质的,但它带有革命性、民主性。"请结合《中华民国临时约法》的内容,谈谈你对毛泽东这句话的理解。

案例3：在东京《民报》创刊周年庆祝大会的演说

今天诸君踊跃来此,兄弟想来,不是徒为高兴,定然有一番大用意。今天这会,是祝《民报》的纪元节。《民报》所讲的是中国民族前途的问题,诸君今天到来,一定是人人把中国民族前途的问题横在心上,要趁这会子大家研究的。兄弟想《民报》发刊以来已经一年,所讲的是三大主义：第一是民族主义,第二是民权主义,第三是民生主义。

……民族主义,并非是遇着不同族的人便要排斥他,是不许那不同族的人来夺我民族的政权。

至于民权主义,就是政治革命的根本。将来民族革命实行以后,现在的恶劣政治固然可以一扫而尽,却是还有那恶劣政治的根本,不可不去。中国数千年来都是君主专制政体,这种政体,不是平等自由的国民所堪受的。要去这政体,不是专靠民族革命可以成功。……研究政治革命的工夫,煞费经营。至于著手的时候,却是同民族革命并行。我们推倒满洲政府,从驱除满人那一面说是民族革命,从颠覆君主政体那一面说是政治革命,并不是把来分作两次去做。讲到那政治革命的结果,是建立民主立宪政体。照现在这样的政治论起来,就算汉人为君主,也不能不革命。佛兰西大革命及俄罗斯革命,本没有种族问题,却纯是政治问题;佛兰西民主政治〔体〕,已经成立,俄罗斯虚无党也终要达这目的。中国革命之后,这种政体最为相宜,这也是人人晓得的。

闻得有人说,民生主义是要杀四万万人之半,夺富人之田为己有;这是他未知其中道理,随口说去,那不必去管他。解决的法子,社会学者所见不一,兄弟所最信的是定地价的法。比方地主有地价值一千元,可定价为一千,或多至二千;就算那地将来因交通发家。价涨至一万,地主应得二千,已属有益无损;赢利八千,当归国有,这于国计民生,皆有大益。少数富人把持垄断的弊窦自然永绝,这是最简便易行之法。……行了这法之后,文明越进,国家越富,一切财政问题断不至难办。现今苛捐尽数蠲除,物价也渐便宜了,人民也渐富足了。把几千年捐输的弊政永远断绝,漫说中国从前所没有,就欧美日本虽说富强,究竟人民负担租税未免太重。中国行了社会革命之后,私人永远不用纳税,但收地租一项,已成地球上最富的国。这社会的国家,决非他国所能及的。我们做事,要在人前,不要落人后,这社会革命的事业,定为文明各国将来所取法的了。

总之,我们革命的目的,是为众生谋幸福,因不愿少数满洲人专利,故要民族革命;不愿君主一人专利,故要政治革命;不愿少数富人专利,故要社会革命。这三样有一样做不到,也不是我们的本意。达了这三样目的之后,我们中国当成为至完美的国家。(节选自《孙中山选集》上,人民出版社,2011年)

案例与问题讨论:

本文节选自孙中山在东京《民报》创刊周年庆祝大会上的演说,在这次演说中,孙中山对三民主义作了具体的阐释。请结合材料的具体内容和所学知识,分析孙中山提出的三民主义有什么理论缺陷。

【热点问题与讨论】

辛亥革命改变的社会风俗

1. 剪去长辫

1912年,《大总统令内务部晓示人民一律剪辫文》颁布,明确规定"兹查通都大邑,剪辫者已多,至偏乡僻壤,留辫者尚复不少。仰内务部通行各省都督,转谕所属地方一律知悉。凡未去辫者,于令到之日,限二十日,一律剪除净尽;有不遵者,以违法论。"该规定一出,各地都掀起剪辫风潮。不过剪去辫子让人们一时之间难以适应,于是当时还掀起了戴帽子之风。

2. 更换服饰

辛亥革命后,孙中山感到西服穿着不便,也不能满足实用要求,而当时我国盛行的长衫等传统服饰既不能表现推翻帝制后中国人民奋发向上的精神面貌,也不能克服使用不便的缺点,所以孙中山自行设计了"中山服"。该服饰上衣把立领改成直翻领,前身开四个口,装上四个兜,每个兜上加一个"倒山形"的兜盖。"中山服"保留了西服的一些长处,又具有中国民族风格,还克服了之前服饰在实用方面的缺点,所以在中国受到了普遍欢迎。

3. 废止缠足

中国古代女子有着缠足的习俗,尤其是宋朝以后,随着纲常礼教束缚的加强,缠足便成为妇女应普遍遵守的规矩。这种习俗对妇女来说是一种极大的迫害,因此放足也就成为妇女从封建桎梏下解放出来的重要标志之一。1912年南京临时政府成立,孙中山颁布《大总统令内务部通饬各省劝禁缠足文》,指出:"当此除旧布新之际,此等恶俗,尤宜先事革除,以培国本。"从此,女子缠足恶俗逐渐废绝。

4. 提倡平等

辛亥革命后,封建帝制被推翻,如果继续沿用封建社会中的"老爷""大人"等称呼则不能显示出官厅"人民之公仆"的本色,也不适用于共和政体,更不利于民主的发展,因此孙中山规定以后"各官厅人员相称,咸以官职,民间普通称呼,则曰先生,曰君,不得再沿前清官厅恶称"。

除了称呼外,跪拜之礼也显示了一种人格上的不平等,与民主、平等、自由等思想相抵触,因此,在南京召开的各省代表会议上,孙中山提出了废止跪拜礼,以鞠躬取而代之。

此外,辛亥革命冲破了封建宗法观念,带来了婚姻观念的变革。传统的

"三妻四妾"、包办婚姻等行为受到了抵制。辛亥革命后,主张婚姻自由、提倡一夫一妻的思想逐渐传播开来,这对于推动女性解放、倡导男女平等都有着促进作用。

5. 采用公元纪年

孙中山当选大总统后,为与以往封建习俗相区别,决定改用新的纪年方式。虽然有些人持反对态度,但最终孙中山的提议获得了大多数人的认同,改用阳历的提案通过。1912年1月2日,政府发布了《改历改元通电》,强调共和政体业已成立,应改用阳历以示大同。此后,中国采取阳历,与世界接轨。

请联系材料和现实状况,分析辛亥革命产生的深远的社会影响。如果你还知道辛亥革命带来的其他社会习俗的变迁,请写下来。

辛亥百年:中国影视出现"辛亥热"

大型文献片《辛亥革命》于2011年10月4日在中央电视台首播。在此之前,电影《辛亥革命》9月23日上映,电视剧《辛亥革命》9月27日播出,动画电影《民的1911》9月29日公映,电影《第一大总统》9月30日放映……观众发现,近期大银幕、小荧屏被一股"辛亥热"所包围。

这样的同一题材影视热,今年以来只在"七一"中国共产党成立90周年时出现过。而纪念辛亥革命百年,超越了地域限制和意识形态的差别,成为全球华人的集体回忆。

电影《辛亥革命》总导演发现,用近两小时篇幅将血染黄花岗、海外募款、武昌起义、阳夏保卫战、南北和谈、创建共和制、清帝退位等历史事件,一一呈现真的很难。他说:"在创作中我们也逐渐清晰地认识到,想要反映出历史绝对的真实是不可能的,历史的叙述存在无穷的可能性,关键是给观众呈现什么样的历史人物形象。"

在以打造人物形象为核心的创作思路下,黄兴与徐宗汉的爱情,蔡锷与小凤仙的传奇,黄花岗七十二烈士之一林觉民与妻子陈意映的诀别,孙中山与陈粹芬革命爱情的首次呈现……都使这部电影有了更广阔的创作空间。

"辛亥热"也让身处其中的演员自身受益良多。在影片《辛亥革命》中饰黄兴的演员笑称自己未接拍该片时,对辛亥革命这段历史并不熟:"我只知道有黄花岗七十二烈士和孙中山,最多再加上袁世凯。接了该片才知道黄兴很重要。"

电视剧《辛亥革命》中孙中山的扮演者马少骅称,自己前期所有的表演都是在为这一次出演做准备,这是一次前所未有的挑战。(记者马海燕,中新社北京 2011 年 10 月 4 日电,有删改)

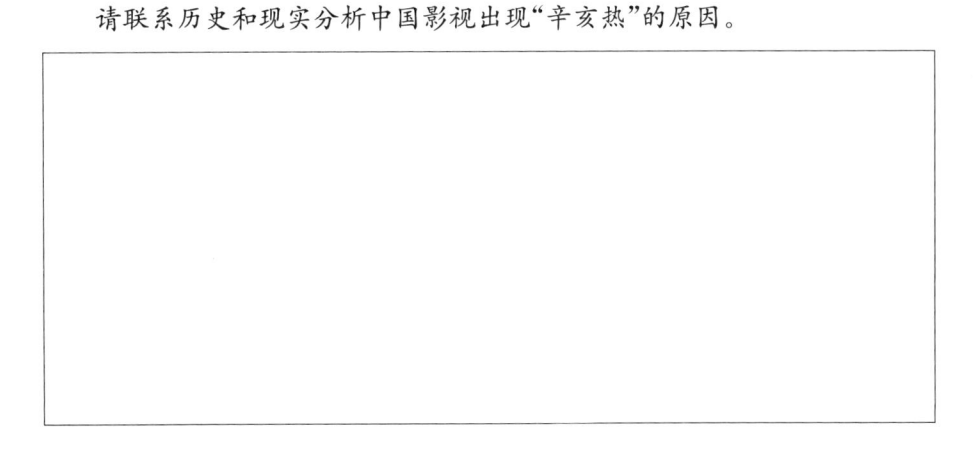

请联系历史和现实分析中国影视出现"辛亥热"的原因。

习近平在纪念孙中山先生诞辰 150 周年大会上的讲话

1911 年,在他领导和影响下,震惊世界的辛亥革命取得成功,推翻了清王朝统治,结束了统治中国几千年的君主专制制度。由于历史进程和社会条件的制约,辛亥革命虽然没有改变旧中国半殖民地半封建的社会性质,没有改变中国人民的悲惨命运,没有完成实现民族独立、人民解放的历史任务,但开创了完全意义上的近代民族民主革命,打开了中国进步闸门,传播了民主共和理念,极大推动了中华民族思想解放,以巨大的震撼力和影响力推动了中国社会变革。

孙中山先生的伟大,不仅在于他领导了辛亥革命,而且在于他为了实现革命理想,与时俱进完善自己的革命理念和斗争方略,毫不妥协同逆时代潮流而动的各种势力进行斗争。他坚决反对军阀分裂割据,坚定维护民主共和制度和国家完整统一。十月革命爆发后,马克思列宁主义传入中国,为孙中山先生认识世界和中国打开了新的视野。中国共产党成立后,孙中山先生同中国共产党人真诚合作,在中国共产党帮助下,把旧三民主义发展为新三民主义,实行联俄、联共、扶助农工三大政策,改组中国国民党,推动北伐战争取得胜利,把反帝反封建的民主革命推向前进。毛泽东同志把三民主义纲领、统一战线政策、艰苦奋斗精神并称为孙中山先生"留给我们的最中心最本质最伟大的遗产",是"对于中华民族最伟大的贡献"。

我们对孙中山先生最好的纪念,就是学习和继承他的宝贵精神,团结一切可以团结的力量,调动一切可以调动的因素,为他梦寐以求的振兴中华而继续奋斗。

——我们要学习孙中山先生热爱祖国、献身祖国的崇高风范。孙中山先生最大的特点是热爱祖国,一生追求实现民族独立和发展振兴的理想,对此矢志不移、无比坚定。

——我们要学习孙中山先生天下为公、心系民众的博大情怀。孙中山先生有着深厚的为民情怀,一生坚持以"天下为公"为最高思想境界,致力于"除去人民的那些忧愁,替人民谋幸福",对此矢志不移、无比坚定。

——我们要学习孙中山先生追求真理、与时俱进的优秀品质。孙中山先生眼界宽广、胸襟开阔,一生追求真理、坚持真理,对此矢志不移、无比坚定。

——我们要学习孙中山先生坚韧不拔、百折不挠的奋斗精神。孙中山先生"致力国民革命凡四十年",一生坚持"吾志所向,一往无前,愈挫愈奋,再接再厉",对此矢志不移、无比坚定。(节选自《习近平在纪念孙中山先生诞辰150周年大会上的讲话》,新华社,2016年11月11日电)

请联系讲话内容,分析孙中山先生对于中国革命的贡献,以及我们现在应该如何传承孙中山先生的宝贵思想。

行之篇

【社会实践与行动】

方案一：微电影或舞台剧《辛亥革命与社会变迁》

1. 实践目标

通过创作微电影或舞台剧剧本，锻炼学生的文字表达能力和想象力；通过微电影拍摄或舞台剧表演，锻炼学生的团队协作能力，并且让学生能够自主学习了解辛亥革命的社会影响，体会到思政课实践环节的趣味性。同时，让学生切实感受到辛亥革命给社会生活带来的巨大变化，对这场影响深远的革命有更直观的感受，也能够更好地理解辛亥革命的意义。

2. 实践设计

第一步，与队员商量，构思故事，拟定写作大纲，突出辛亥革命前后社会的变化；第二步，向任课教师汇报，确定所选主题，讨论写作的剧本的可行性，继而分配角色，开始拍摄或排练；第三步，后期剪辑或表演，学生以及任课教师观看、点评。

微电影或舞台剧的价值取向必须正面、积极，符合社会主义核心价值观，表演手法及呈现形式不限。

3. 实践成果

形成一部8～10分钟的微电影或在舞台上进行表演。

同学们也可以自拟题目来编写一个微电影或舞台剧的剧本。

方案二：读书报告《辛亥革命人物故事》

1. 实践目标

通过读书的方式，使学生感受到参与辛亥革命的人物是如何在历史发生剧变的紧要关头抓住机会，与君主制度决裂，走上民主共和的道路的。并结合所学知识，进一步体悟辛亥革命发生的原因、意义等内容。学生也可以以小组为单位，自行寻找与辛亥革命有关的书目或文献进行阅读，或者围绕某个主题进行讨论，例如，围绕"孙中山在辛亥革命时期的外交思想"进行讨论，也可以研究"辛亥革命之前资产阶级政党的组织建设经验""南京临时政府的国际地位""革命党人的资金来源""南京临时政府的财政来源""辛亥革命时期的女性地位"等。

2. 实践设计

第一步,确定读书书目,制订读书计划。第二步,落实读书计划,及时做好读书笔记。第三步,撰写读书报告,先简要介绍作者以及书的主要内容,继而小组成员谈论读书心得,主要从知识收获、人生启示等角度予以分享。第四步,其他同学参与讨论,老师参与点评,并总结该活动。

3. 实践成果

形成一份不少于2000字的读书报告,制作一份用于汇报的PPT。

同学们可以写下自己感兴趣的阅读书单,并简单说一说自己的推荐理由。

方案三:特色思政课案例搜集和汇报

1. 实践目标

学生根据自己所学专业及所在地区特色,结合中国近现代史纲要的教学内容,搜集与辛亥革命相关的有价值的案例,并与大家分享。

2. 实践设计

第一步,搜集并分析案例,确定分享的内容;第二步,根据分享的内容,确定汇报题目和汇报提纲;第三步,撰写汇报稿,并制作PPT;第四步,在课堂上进行分享,其他同学认真听取汇报内容并参与讨论,老师参与点评,并总结该活动。

3. 实践成果

学生制作汇报课件,进行10~15分钟的汇报,要体现团队合作。

方案四:大学生讲思政课

1. 实践目标

为树立正确的世界观、人生观、价值观,切实增强学生对思政课学习的兴趣,引导学生深化对思政课教学内容的认识和思考,学生可以自由组队,选择本章中的某一知识点,进行10分钟左右的思政课讲解并录制视频。

2. 实践设计

第一步,选择本章中的某一知识点,确定讲课的主要内容以及团队分工;第二步,根据讲课的主要内容,确定讲课题目和讲课提纲;第三步,根据提纲,确定详细的讲课内容,并制作PPT;第四步,录制讲思政课视频。

3. 实践成果

形成一段10分钟左右的大学生讲思政课的视频,要求视频画面清楚,不抖动,不倾斜,像素不低于720×576PIX。视频片头部分请标注展示课程题目来源章节以及团队成员的基本信息。

方案五:社会调查

1. 实践目标

请同学们思考自己的家乡与辛亥革命的关系,通过考察当地的历史博物馆或建筑了解辛亥革命时期的历史及人物。例如,考察镇江、成都、武汉、广州等地在辛亥革命时期的状况。又如,考察南京总统府,通过查阅资料和实地考察,了解中华民国政府的构成及各部门的运转情况。另外,如果同学们有在海外学习的朋友或同学,也可以通过访谈向他们了解辛亥革命在海外的影响或者了解辛亥革命时期的人物当时在海外的活动情况。通过社会调查的方式,学生深刻体会到辛亥革命广泛、深远的影响。

2. 实践设计

第一步,确定考察地点或访谈对象,制定好考察方式或访谈大纲,并与老师沟通,形成切实可行的方案;第二步,进行实地考察或者访谈,记录考察结果或访谈内容;第三步,形成考察报告或访谈记录,与班级同学分享,老师点评。

3. 实践成果

形成一份不少于2000字的考察报告或者访谈记录与心得,制作一份用于汇报的PPT。

同学们可以自行拟定社会调查或访谈题目,并写出社会调查或访谈心得。

【行动反思与品格塑造】

1. 请同学们回忆自己在进行微电影或舞台剧创作时遇到的知识难点,并记录自己是如何解决这些知识难点的。

2.同学们在阅读辛亥革命相关书籍以及学习相关知识的时候,有没有被哪位辛亥革命烈士的精神所感染?请大家分享一位辛亥革命烈士的故事,并记录下该人物对自己的触动。

3.请认真观察和思考,同学们对于辛亥革命有哪些认识或了解,以及如何引导同学们正确评价辛亥革命。

【参考文献】

[1] 纪念辛亥革命110周年大会在京隆重举行[N].人民日报,2021-10-10(1).

[2] 习近平.在纪念孙中山先生诞辰150周年大会上的讲话[N].人民日报,2016-11-12(2).

[3] 邹容.革命军[M].上海:民智书局,1928.

[4] 章开沅.辛亥革命与近代社会[M].武汉:华中师范大学出版社,2011.

[5] 张飙.辛亥革命人物故事[M].北京:中国纺织出版社,2014.

第四章

中国共产党成立和中国革命新局面

【学习目标】

了解中国的先进分子在十月革命以后怎样经过比较、探求选择了马克思主义,明确十月革命的意义及对中国的影响。了解新文化运动与五四运动对中国的影响,正确认识中国共产党成立的历史必然性,全面了解工人阶级政党的成立是近代中国社会发展和革命发展的客观要求,是中国历史上开天辟地的大事变;理解中国共产党的初心和使命,增强对共产党先进性的认识,坚定跟共产党走的信念。明确"伟大建党精神"是中国共产党的精神之源。

【知识要点】

1. 新文化运动的兴起及其意义
2. 五四运动的历史特点及其意义
3. 中国共产党成立的历史背景及其意义
4. 中国共产党成立后中国革命呈现的新面貌
5. 认识大革命失败的原因及其教训

读之篇

【经典阅读】

1. 我的马克思主义观(节选)

李大钊

一个德国人说过,五十岁以下的人说他能了解马克思的学说,定是欺人之谈。因为马克思的书卷帙浩繁,学理深晦。他那名著《资本论》三卷,合计二千一百三十五页,其中第一卷是马氏生存时刊行的,第二第三两卷是马氏死后他的朋友昂格思替他刊行的。这第一卷和二三两卷中间,难免有些冲突矛盾的地方,马氏的书本来难解,添上这一层越发难解了。加以他的遗著未曾刊行的还有很多,拼上半生的工夫来研究马克思,也不过仅能就他已刊的著书中,把他反复陈述的主张得个要领,究不能算是完全了解"马克思主义"的。我平素对于马氏的学说没有什么研究,今天硬想谈"马克思主义"已经是僭越的很。但自俄国革命以来,"马克思主义"几有风靡世界的势子,德奥匈诸国的社会革命相继而起,也都是奉"马克思主义"为正宗。"马克思主义"既然随着这世界的大变动,惹动了世人的注意,自然也招了很多的误解。我们对于"马克思主义"的研究,虽然极其贫弱,而自一九一八年马克思诞生百年纪念以来,各国学者研究他的兴味复活,批评介绍他的很多。我们把这些零碎的资料,稍加整理,乘本志出"马克思研究号"的机会,把他转介绍于读者,使这为世界改造原动的学说,在我们的思辨中,有点正确的解释,吾信这也不是绝无裨益的事。万一因为作者的知能谫陋,有误解马氏学说的地方,亲爱的读者肯赐以指正,那是作者所最希望的。

马克思的唯物史观有二要点:其一是关于人类文化的经验的说明;其二即社会组织进化论。其一是说人类社会生产关系的总和,构成社会经济的构造。这是社会的基础构造。一切社会上政治的、法制的、伦理的、哲学的,简单说,凡是精神上的构造,都是随着经济的构造变化而变化。我们可以称这些精神的构造为表面构造。表面构造常视基础构造为转移,而基础构造的变动,乃以其内部促他自己进化的最高动因,就是生产力,为主动,属于人类意识的东西,丝毫不能加他以影响,他却可以决定人类的精神、意识、主义、思想,使他们必须适应他的行程。其二是说生产力与社会组织有密切的关系。生产力一有变动,社会组织必须随着他变动。社会组织即社会关系,也是与布帛菽粟一样,是人类依生产力产出的产物。手臼产出封建诸侯的社会,蒸气制粉机产出产业的资本家的社会。生产力在那里发展的社会组织,当初虽然助长生产力的发展,后来发展的力量到那社会组织不能适应的程度,那社会组织不但不能助他,反倒束缚他妨碍他了。而这生产力虽在那束缚他、妨碍他的社会组织中,仍是向前发展不已。发展的力量愈大,与那不能适应他的社会组织间的冲突愈迫,结局这旧社会组织非至崩坏不可。这就是社会革命。新的继起,将来到了不能与生产力相应的时候,他的崩坏亦复如是。可是这个生产力,非到在他所活动的社会组织里,发展到无可再容的程度,那社会组织是万万不能打破。而这在旧社会组织内,长成他那生存条件的新社会组织,非到自然脱离母胎,有了独立生存的运命,也是万万不能发生。恰如孵卵的情形一样,人为的助长,打破卵壳的行动,是万万无效的,是万万不可能的。

[来源:中共中央文献研究室、中央档案馆编,《建党以来重要文献选编(一九二一——一九四九)》第一册,中央文献出版社2011年版]

导读:《我的马克思主义观》是李大钊在中国共产党成立前夕所作的一篇文章。本文回顾了作者对马克思主义的学习和理解过程,深入探讨了马克思主义对中国社会的重要性。李大钊认为,马克思主义是解放中国的思想武器,是实现中国革命和社会进步的道路指南。本文简要介绍了李大钊的马克思主义观点,强调了马克思主义在中国的现实应用和发展意义。李大钊强调,马克思主义是一种科学的理论体系,通过对社会历史的深刻分析,揭示了资本主义社会的矛盾和无法解决的困境。本文将为读者提供一个了解李大钊马克思主义观的窗口,并使读者更好地理解马克思主义在中国革命中的重要地位。

2. 红色档案故事——1921年7月《中国共产党第一个纲领》

1921年7月23日,中国共产党第一次全国代表大会在上海召开,宣告中国共产党正式成立,大会通过了《中国共产党第一个纲领》。

1921年6月初,共产国际代表马林(荷兰人,1921年任共产国际驻中国代表)和共产国际远东书记处代表尼克尔斯基(俄国人,1921年加入俄共,在共产国际机关行政处工作)先后到达上海,并与上海的共产党早期组织成员李达、李汉俊建立了联系。经过几次交谈,他们一致认为应尽快召开全国代表大会,正式成立中国共产党。李达、李汉俊同当时在广州的陈独秀、在北京的李大钊通过书信商议,决定在上海召开中国共产党第一次全国代表大会。随即,他们写信通知北京、武汉、长沙、济南、广州和旅日的共产党早期组织,各派两名代表到上海参会。

参加中国共产党第一次全国代表大会代表有:上海的李达、李汉俊,武汉的董必武、陈潭秋,长沙的毛泽东、何叔衡,济南的王尽美、邓恩铭,北京的张国焘、刘仁静,广州的陈公博,旅日的周佛海;包惠僧受陈独秀派遣,出席了会议。共产国际代表马林和尼克尔斯基出席会议。李大钊、陈独秀因事务繁忙,未出席会议。与会代表们以"北大暑期旅行团"的名义住在上海法租界的博文女校,会址设在距该校不远处李汉俊的哥哥、同盟会元老李书城家里,位于法租界望志路106号(现兴业路76号)。

中国共产党第一次全国代表大会于1921年7月23日晚开幕,大家推举张国焘主持会议,毛泽东和周佛海做记录。马林首先致辞,对中国共产党成立表示祝贺。他介绍了共产国际的概况,并建议把会议的进程及时报告共产国际远东书记处。随后,代表们具体商讨了大会的任务和议程。

24日,各地代表向大会报告本地区党、团组织的情况。25日和26日,休会两天,由张国焘、李达、董必武起草供会议讨论的党纲和今后实际工作计划。27日、28日和29日,连续三天举行三次会议,对党的纲领和决议作了较为详尽的讨论。30日晚,代表们正在开会时,一名陌生的中年男子突然闯入会场,环视一周后又匆忙离去。具有长期秘密工作经验的马林立即断定此人是敌探,建议马上中止会议。大部分代表迅速转移。十几分钟后,法租界巡捕搜查会场,结果一无所获。由于代表们的活动已受到监视,会议无法继续在上海举行,于是,代表们分批转移到浙江嘉兴南湖,在一艘游船上召开了最后一天的会议。

中共一大通过的中国共产党纲领,确定党的名称为"中国共产党",规定党的纲领是:革命军队必须与无产阶级一起推翻资本家阶级的政权;承认无产阶级专政,直到阶级斗争结束,即直到消灭社会的阶级区分;消灭资本家私有制,没收机器、土地、厂房和半成品等生产资料,归社会公有;联合共产国际。纲领明确提出要把工人、农民和士兵组织起来,并确定党的根本政治目的是实行社会革命。纲领还包含属于党章性质的一些条文。关于党员条件,规定凡承认本党党纲和政策,并愿成为忠实的党员者,经党员一人介绍,均可接受为党员,但在入党前必须与企图反对本纲领的党派和集团断绝一切联系。党纲规定,在全党建立统一的组织和严格的纪律;地方组织必须接受中央的监督和指导;在党处于秘密状态时,党的重要主张和党员身份应当保守秘密。《中国共产党第一个纲领》虽然不是正式的党章,但包含党章的内容,规定党的名称、性质、任务、纲领、组织和纪律,具有党章的初步体例,实际上起到了党章的作用,为后来党章的制定和完善奠定了基础。

中国共产党成立后不久,中央机关就遭到外国巡捕房的破坏,党中央收藏的关于中共一大的档案很快就找不到了。1956年12月24日,苏共中央把原中共驻共产国际代表团的18箱档案移交给中共中央,其中有俄文版的《中国共产党第一个纲领》。1960年,美国学者韦慕廷发现陈公博(在党的一大后因严重违反党的纪律被清理出党,抗日战争中成为汉奸)的硕士论文《共产主义运动在中国》附录中出现《中国共产党第一个纲领》《中国共产党第一个决议》(英文版)。经对照,其英文版与俄文版内容基本相同,仅具体文字稍有出入。这样,起到党章作用的《中国共产党第一个纲领》得以与世人见面。

(来源:学习强国,2021年5月6日)

导读:1921年7月23日,中国共产党第一次全国代表大会在上海召开,正式宣告了中国共产党的成立。代表们通过了《中国共产党第一个纲领》,确定了党的名称、性质、任务和纲领,包括推翻资本家阶级政权、实行无产阶级专政、消灭私有制、联合共产国际等重要原则。这次会议奠定了党的基本组织架构和纪律,为中国共产主义运动开创了新的时代。因为会议在上海遭到监视和干扰,代表们转移到嘉兴南湖进行最后一天的会议,确保了大会的顺利进行。《中国共产党第一个纲领》虽然不是正式的党章,但其内容为后来党章的制定和完善奠定了基础。中共一大这一重要会议标志着中国共产党的诞生,揭开了中国共产主义事业的新篇章,对中国近代历史产生了深远影响。

3. 敬告青年(节选)

陈独秀

窃以少年老成,中国称人之语也;年长而勿衰(keep young while growing old),英美人相勖之辞也;此亦东西民族涉想不同现象趋异之一端欤?青年如初春,如朝日,如百卉之萌动,如利刃之新发于硎,人生最可宝贵之时期也。青年之于社会,犹新鲜活泼细胞之在人身。新陈代谢,陈腐朽败者无时不在天然淘汰之途,与新鲜活泼者以空间之位置及时间之生命。人身遵新陈代谢之道则健康,陈腐朽败之细胞充塞人身则人身死;社会遵新陈代谢之道则隆盛,陈腐朽败之分子充塞社会则社会亡。

准斯以谈,吾国之社会,其隆盛耶?抑将亡耶?非予之所忍言者。彼陈腐朽败之分子,一听其天然之淘汰,雅不愿以如流之岁月,与之说短道长,希冀其脱胎换骨也。予所欲涕泣陈词者,惟属望于新鲜活泼之青年,有以自觉而奋斗耳!

自觉者何?自觉其新鲜活泼之价值与责任,而自视不可卑也。奋斗者何?奋其智能,力排陈腐朽败者以去,视之若仇敌,若洪水猛兽,而不可与为邻,而不为其菌毒所传染也。

呜呼!吾国之青年,其果能语于此乎?吾见夫青年其年龄,而老年其身体者十之五焉;青年其年龄或身体,而老年其脑神经者十之九焉。华其发,泽其容,直其腰,广其膈,非不俨然青年也;及叩其头脑中所涉想所怀抱,无一不与彼陈腐朽败者为一丘之貉。其始也未尝不新鲜活泼,浸假而为陈腐朽败分子所同化者有之;浸假而畏陈腐朽败分子势力之庞大,瞻顾依回,不敢明目张胆,作顽狠之抗斗者有之。充塞社会之空气,无往而非陈腐朽败焉,求些少之新鲜活泼者,以慰吾人窒息之绝望,亦杳不可得。

循斯现象,于人身则必死,于社会则必亡。欲救此病,非太息咨嗟之所能济,是在一二敏于自觉勇于奋斗之青年,发挥人间固有之智能,抉择人间种种之思想,——孰为新鲜活泼而适于今世之争存,孰为陈腐朽败而不容留置于脑里,——利刃断铁,快刀理麻,决不作牵就依违之想,自度度人,社会庶几其有清宁之日也。青年乎!其有以此自任者乎?若夫明其是非,以供抉择,谨陈六义,幸平心察之。

科学者何?吾人对于事物之概念,综合客观之现象,诉之主观之理性而不矛盾之谓也。想象者何?既超脱客观之现象,复抛弃主观之理性,凭空构造,有假定而无实证,不可以人间已有之智灵,明其理由,道其法则者也。在昔蒙昧之世,当今浅化之民,有想象而无科学。宗教美文,皆想象时代之产物。近代欧洲之所以优越他族者,科学之兴,其功不在人权说下,若舟车之有两轮焉。今且日新月异,举凡一事之兴,一物之细,罔不诉之科学法则,以定其得失从违;其效将使人间之思想云为,一遵理性,而迷信斩焉,而无知妄作之风息焉。

国人而欲脱蒙昧时代,羞为浅化之民也,则急起直追,当以科学与人权并重。士不知科学,故袭阴阳家符瑞五行之说,惑世诬民;地气风水之谈,乞灵枯骨。农不知科学,故无择种去虫之术。工不知科学,故货弃于地,战斗生事之所需,一一仰给于异国。商不知科学,故惟识罔取近利,未来之胜算,无容心焉。医不知科学,既不解人身之构造,复不事药性之分析,菌毒传染,更无闻焉;惟知附会五行生克寒热阴阳之说,袭古方以投药饵,其术殆与矢人同科;其想象之最神奇者,莫如"气"之一说;其说且通于力士羽流之术;试遍索宇宙间,诚不知此"气"之果为何物也!

凡此无常识之思维,无理由之信仰,欲根治之,厥为科学。夫以科学说明真理,事事求诸证实,较之想象武断之所为,其步度诚缓;然其步步皆踏实地,不若幻想突飞者之终无寸进也。宇宙间之事理无穷,科学领土内之膏腴待辟者,正自广阔。青年勉乎哉!

(来源:陈独秀,《敬告青年》,《新青年》1915年第1卷)

导读:《敬告青年》是陈独秀1915年9月于《新青年》第1卷第1号上发表的文章。陈独秀在文中以中国古代的谚语和西方的鼓励语开篇,探讨了中国和西方对待青年的态度的差异。他强调了青年时期的重要性,将青年视为新鲜活泼的细胞和春天的象征。他认为青年是社会的希望和未来,具有改变社会的力量。陈独秀指出,中国社会中存在着陈腐朽败的成员不断堆积的问题,这导致了社会的衰败,他呼吁青年人要有自觉意识,勇敢地奋斗,保持新鲜活泼的思想,并与陈腐势力进行抗争,不受其影响。《敬告青年》被认为是陈独秀思想的代表作之一,它鼓舞了当时的年轻一代,对中国近代史产生了深远的影响。

4. 在庆祝中国共产党成立一百周年大会上的讲话(节选)

习近平

今天,在中国共产党历史上,在中华民族历史上,都是一个十分重大而庄严的日子。我们在这里隆重集会,同全党全国各族人民一道,庆祝中国共产党成立一百周年,回顾中国共产党百年奋斗的光辉历程,展望中华民族伟大复兴的光明前景。

中华民族是世界上伟大的民族,有着5000多年源远流长的文明历史,为人类文明进步作出了不可磨灭的贡献。1840年鸦片战争以后,中国逐步成为半殖民地半封建社会,国家蒙辱、人民蒙难、文明蒙尘,中华民族遭受了前所未有的劫难。从那时起,实现中华民族伟大复兴,就成为中国人民和中华民族最伟大的梦想。

为了拯救民族危亡,中国人民奋起反抗,仁人志士奔走呐喊,太平天国运动、戊戌变法、义和团运动、辛亥革命接连而起,各种救国方案轮番出台,但都以失败而告终。中国迫切需要新的思想引领救亡运动,迫切需要新的组织凝聚革命力量。

十月革命一声炮响,给中国送来了马克思列宁主义。在中国人民和中华民族的伟大觉醒中,在马克思列宁主义同中国工人运动的紧密结合中,中国共产党应运而生。中国产生了共产党,这是开天辟地的大事变,深刻改变了近代以后中华民族发展的方向和进程,深刻改变了中国人民和中华民族的前途和命运,深刻改变了世界发展的趋势和格局。

中国共产党一经诞生,就把为中国人民谋幸福、为中华民族谋复兴确立为自己的初心使命。一百年来,中国共产党团结带领中国人民进行的一切奋斗、一切牺牲、一切创造,归结起来就是一个主题:实现中华民族伟大复兴。

——为了实现中华民族伟大复兴,中国共产党团结带领中国人民,浴血奋战、百折不挠,创造了新民主主义革命的伟大成就。我们经过北伐战争、土地革命战争、抗日战争、解放战争,以武装的革命反对武装的反革命,推翻帝国主义、封建主义、官僚资本主义三座大山,建立了人民当家作主的中华人民共和国,实现了民族独立、人民解放。新民主主义革命的胜利,彻底结束了旧中国半殖民地半封建社会的历史,彻底结束了旧中国一盘散沙的局面,彻底废除了列强强加给中国的不平等条约和帝国主义在中国的一切特权,为实现中华民族伟大复兴创造了根本社会条件。中国共产党和中国人民以英勇顽强的奋斗向世界庄严宣告,中国人民站起来了,中华民族任人宰割、饱受欺凌的时代一去不复返了!

——为了实现中华民族伟大复兴,中国共产党团结带领中国人民,自力更生、发愤图强,创造了社会主义革命和建设的伟大成就。我们进行社会主义革命,消灭在中国延续几千年的封建剥削压迫制度,确立社会主义基本制度,推进社会主义建设,战胜帝国主义、霸权主义的颠覆破坏和武装挑衅,实现了中华民族有史以来最为广泛而深刻的社会变革,实现了一穷二白、人口众多的东方大国大步迈进社会主义社会的伟大飞跃,为实现中华民族伟大复兴奠定了根本政治前提和制度基础。中国共产党和中国人民以英勇顽强的奋斗向世界庄严宣告,中国人民不但善于破坏一个旧世界、也善于建设一个新世界,只有社会主义才能救中国,只有社会主义才能发展中国!

——为了实现中华民族伟大复兴,中国共产党团结带领中国人民,解放思想、锐意进取,创造了改革开放和社会主义现代化建设的伟大成就。我们实现新中国成立以来党的历史上具有深远意义的伟大转折,确立党在社会主义初级阶段的基本路线,坚定不移推进改革开放,战胜来自各方面的风险挑战,开创、坚持、捍卫、发展中国特色社会主义,实现了从高度集中的计划经济体制到充满活力的社会主义市场经济体制、从封闭半封闭到全方位开放的历史性转变,实现了从生产力相对落后的状况到经济总量跃居世界第二的历史性突破,实现了人民生活从温饱不足到总体小康、奔向全面小康的历史性跨越,为实现中华民族伟大复兴提供了充满新的活力的体制保证和快速发展的物质条件。中国共产党和中国人民以英勇顽强的奋斗向世界庄严宣告,改革开放是决定当代中国前途命运的关键一招,中国大踏步赶上了时代!

——为了实现中华民族伟大复兴,中国共产党团结带领中国人民,自信自强、守正创新,统揽伟大斗争、伟大工程、伟大事业、伟大梦想,创造了新时代中国特色社会主义的伟大成就。党的十八大以来,中国特色社会主义进入新时代,我们坚持和加强党的全面领导,统筹推进"五位一体"总体布局、协调推进"四个全面"战略布局,坚持和完善中国特色社会主义制度、推进国家治理体系和治理能力现代化,坚持依规治党、形成比较完善的党内法规体系,战胜一系列重大风险挑战,实现第一个百年奋斗目标,明确实现第二个百年奋斗目标的战略安排,党和国家事业取得历史性成就、发生历史性变革,为实现中华民族伟大复兴提供了更为完善的制度保证、更为坚实的物质基础、更为主动的精神力量。中国共产党和中国人民以英勇顽强的奋斗向世界庄严宣告,中华民族迎来了从站起来、富起来到强起来的伟大飞跃,实现中华民族伟大复兴进入了不可逆转的历史进程!

(来源:《习近平谈治国理政》第四卷,外文出版社2022年版)

导读:习近平总书记在庆祝中国共产党成立一百周年大会上的重要讲话,回顾了我们党百年奋斗的光辉历程,展望了中华民族伟大复兴的光明前景,系统阐述了以史为鉴、开创未来必须牢牢把握的"九个必须"经验启示和根本要求,为新征程上党和国家各项事业发展明确了前进方向。讲话高屋建瓴、思想深刻、内涵丰富、视野宽广、气势磅礴、振奋人心,充分展现了中国共产党人的初心使命和历史担当,是一篇充满真理力量的马克思主义纲领性文献,是我们实现第二个百年奋斗目标的行动指南。

5. 中国共产党第二次全国代表大会宣言(节选)

(一九二二年七月)

欧美资本主义的发展,多半是靠掠取非洲和亚洲做大市场和大掠夺场。在最近一世纪内,资本主义侵略的积累,造成二十世纪血染遍了的世界资本主义巨大骨干。那些资本帝国主义者由竞争掠夺而出于战争,把他们自己造成的骨干从根本上加以损毁。损毁之后,又想用原法巩固而且扩大资本主义的建筑物,同时他们新的损毁事业又正在准备进行中——这种循环式的趋势,是近代资本主义发展进程中的必然现象。在现今这段资本主义进程中,全世界有十二万五千万的殖民地和被压迫国的人民(还有资本主义国家里万万数的无产阶级)辗转就毙于伦敦、巴黎、纽约、东京等处极少数银行家、工业家和他们政府重压之下。除非把世界资本主义的组织完全铲除,这种惨酷的现状是决不会消灭的。这个现象最值得弄个明白,因为个个中国人(不但是劳动阶级)都应当知道他自己受痛苦的原因。

世界上的个个资本主义国家都必须获得最大的市场,来销售他过剩的商品、吸收他需要的原料,而世界上可供掠夺的市场,只有印度、中国、土耳其、摩洛哥、埃及、波斯、高丽、墨西哥、安南、南洋群岛、南部和中部的阿非利加洲等地方,因此夺取那些市场的竞争是免不掉的。竞争的结果,便须诉诸战争。一九一四年到一九一八年的世界大屠杀,便是发源于英德两系资本帝国主义国家争夺近东市场的冲突。

三 中国共产党的任务及其目前的奋斗

无产阶级去帮助民主主义革命,不是无产阶级降服资产阶级的意义,这是不使封建制度延长生命和养成无产阶级真实力量的必要步骤。

我们无产阶级有我们自己阶级的利益,民主主义革命成功了,无产阶级不过得着一些自由与权利,还是不能完全解放。而且民主主义成功,幼稚的资产阶级便会迅速发展,与无产阶级处于对抗地位。因此无产阶级便须对付资产阶级,实行"与贫苦农民联合的无产阶级专政"的第二步奋斗。如果无产阶级的组织力和战斗力强固,这第二步奋斗是能跟着民主主义革命胜利以后即刻成功的。

中国共产党是中国无产阶级政党。他的目的是要组织无产阶级,用阶级斗争的手段,建立劳农专政的政治,铲除私有财产制度,渐次达到一个共产主义的社会。

中国共产党为工人和贫农的目前利益计,引导工人们帮助民主主义的革命运动,使工人和贫农与小资产阶级建立民主主义的联合战线。

....

中国共产党是国际共产党的一个支部——现在他向中国工人和贫农高声喊叫道:快聚集在共产党旗帜之下奋斗呀!同时,向中国全体被压迫的民众高声喊叫道:一齐来和集在中国共产党旗帜之下的工人贫农共同奋斗呀!并又高声喊叫道:一齐来和全世界的革命伙伴们并肩前进呀!只有"全世界无产阶级和被压迫民族的联合"是解放全世界的途径呀!前进呀!共同前进——

[来源:中共中央文献研究室、中央档案馆编,《建党以来重要文献选编(一九二一——一九四九)》第一册,中央文献出版社2011年版]

导读:中共二大根据世界革命形势和中国政治经济状况,制定了党的最高纲领和最低纲领。大会宣言指出,中国共产党是中国无产阶级政党,它的目的是要组织无产阶级,用阶级斗争的手段,建立劳农专政的政治,铲除私有财产制度,渐次达到一个共产主义的社会。这是党的最终奋斗目标,是党的最高纲领。为了实现党的最高纲领,大会提出在当时历史条件下的最低纲领:消除内乱,打倒军阀,建设国内和平;推翻国际帝国主义的压迫,达到中华民族完全独立;统一中国为真正的民主共和国。中共二大正确地分析了中国的社会性质,中国革命的性质、对象、动力和前途,指出了中国革命要分两步走,在中国近代史上第一次明确地提出了彻底的反帝反封建的民主革命纲领,为中国各族人民的革命斗争指明了方向,对中国革命具有重大的深远的意义。

【拓展阅读】

1.《五四运动史：现代中国的知识革命》

基本信息：周策纵著；四川人民出版社，2019年。

主要内容：本书是著名历史学家周策纵先生的代表作。全书分为上、下两编，上编集中细致地描述了五四运动的成因、社会支持力量和发展经过，厘清了由学生发动的"五四"事件如何一步步扩展为一场全国性的政治爱国运动；下编剖析了五四运动对政治、社会、文学和思想领域的影响，全面而系统地论述了新文化运动、文学革命以及当时的各种社会政治思潮。作者引用的资料翔实，论证客观，对新式知识分子的社会功能和历史命运进行了深入的分析和研究。本书呈现了一幅完整的"五四"历史图景。

推荐理由：本书是研究五四运动、了解近代中国的一部经典著作。对五四运动的研究，避免了宽泛的宏大叙述，而是着眼回归事件现场，考证每一个细节，苦心孤诣还原历史真实。这是一部研究"五四"而不仅仅停留在"五四"的著作。除运动本身，作者还挖掘了运动对中国近代社会、思想、文化等方面的深刻影响。

2.《党员、党权与党争：1924—1949年中国国民党的组织形态》

基本信息：王奇生著；华文出版社，2010年。

主要内容：国民党政权是中国历史上出现的第一个党治政权。它的建立，标志着中国政治形态在漫长的王朝帝制崩溃后，开始向一种新的党国体制转型。中国从此步入党治时代。蒋介石多次公开强调，国民党组织内部的"涣散松懈之弊"已经到了非常严重的程度。这种"涣散松懈"，源于它的"以军统党"的组织形态；源于基层建设的薄弱——城市有党，农村无党；源于党派的纷争离析——西山会议派、CC系、力行社、政学系、三青团等组织不断"火并"。最后，这个弱势独裁的政党无法逃脱尴尬悲凉的历史命运……

推荐理由：本书以国民党"治党史"为中心，着重探讨了国民党的组织结构、党员的社会构成、政治录用体制、党政关系、派系之争与党内精英冲突、党民关系与阶级基础等方面。我们今天读这本书，可以更深入理解党的组织建设和制度建设的重要性，进一步提高政治觉悟和组织纪律性，更好地履行我们当代共产党员的责任和义务。

3.《中国共产党历史·第一卷(1921—1949)》

基本信息：中共中央党史研究室著；中共党史出版社，2011年。

主要内容：《中国共产党历史·第一卷(1921—1949)》(上下册)主要包括中国共产党的创立、党在大革命时期、党在土地革命战争时期、党在全民族抗日战争时期、党在全国解放战争时期等内容。

推荐理由：从中国共产党成立前夕一直到党的第七次全国代表大会，这本书全面系统地记录了中国共产党的发展历程和取得的成就，帮助我们更加深入地了解党的历史和发展。

4.《赵世炎文集》

基本信息：赵世炎著；人民出版社，2013年。

主要内容：《赵世炎文集》是中国共产党先驱领袖文库中的一种，该文库为国家出版基金资助的大型出版工程。赵世炎是中国共产党早期杰出的无产阶级革命家、中国共产主义运动先驱者、著名的工人运动领袖、马克思主义在中国的早期传播者，上海工人三次武装起义的主要领导人之一。本书收录了赵世炎对五四运动的思考，宣传马克思主义，指导中国工人运动，探索思考中国共产党早期遇到的问题及其解决思路，党的地下工作及组织工作等方面的文稿。对于在新时期新阶段弘扬党的优良传统，坚定建设中国特色社会主义的决心和信心具有重要意义。

推荐理由：从赵世炎所写文章中，我们可以了解他看问题、看社会、看国家的眼光，体会到我们党在那个年代救国救民的决心。

5.《中国共产党成立史》

基本信息：石川祯浩著；中国社会科学出版社，2006年。

主要内容：日本学者石川祯浩所著《中国共产党成立史》一书，搜集了中、日、俄等国有关的大量文献资料，并对其进行了认真的对比分析，在此基础上，对中国共产党成立时期的马列主义传播渠道、中共上海发起组的形成以及中共成立的时间和出席党的一大的代表等问题提出了一些新颖的见解。作者还力图表明，中国共产党成立史的研究，应联系国际大环境，打破"自我封闭"的研究状况；应纠正以回忆录替代原始资料的研究方法。

推荐理由：《中国共产党成立史》的研究成果和研究方法对我们进一步研究中共创建史有一定的启发和推动作用。

思之篇

【案例讨论与思考】

案例1：新文化运动与国民习性

新文化运动思想家以进化论和西方启蒙思想为武器，从历史与现实多角度透视了国民精神、素质，指出自大、自私、观望和奴性等国民劣根性严重地阻碍了中国社会的进步。

自大性：鲁迅指出，中国自古是东亚文明中心，由于地理阻隔，与其他文明交往甚少，缺乏比较，往往以为唯我文明，视异族外国为蛮夷，只配向中国进贡，不配享有平等地位。即使外族入主中原，也只是一时武力强盛，最终要被同化，接受华夏文明。因此，中国人"以自尊大昭闻天下"。

自私性：鲁迅认为，在专制制度的长期奴化与压抑下，中国人形成了只顾一己私利，不顾国家民族命运的自私性。从军做工者，或图温饱，或图升官发财；经营工商业者，或想邀名，或企图借此发财；主张立宪国会者，则以此作为争权夺利的工具，以遂一己私欲，难以图民族振兴的大政。

看客性：陈独秀指出，多数国民对救亡改革"取中立态度，若观对岸之火"。鲁迅早年怀着医学救国的理想赴日留学，在一次看幻灯片时，画片上日军在中国砍杀替俄国做侦探的中国人，旁观的中国人却无动于衷，鲁迅将之称为"看客"。他对此一再进行描述抨击，如《阿Q正传》中以看杀人为乐，为阿Q被游街示众喝彩的"眼光如狼"的观众；《药》中以革命者的牺牲为治病药饵的华老栓；《祝福》中一再自责而不同黑暗势力抗争的祥林嫂。

奴性：陈独秀认为，中国人道德沦丧的原因在于封建专制及其愚民政策所造成的奴隶劣根性。鲁迅将奴性列为国民劣根性中"最大最深的病根"，他指出，一部中国史只有两个时代，"一，想做奴隶而不得的时代；二，暂时做稳了奴隶的时代"。奴隶们一方面自甘于卑贱贫寒屈辱；另一方面，一朝得势，便以贵凌贱、以强凌弱，充分表现出奴性的卑劣。

案例与问题讨论：

（1）讨论：如果没有新文化运动，中国的国民性会如何？（中国进行新文化运动的必要性）

（2）思考：国民劣根性产生的原因是什么？

（3）总结新文化运动的意义。

案例 2：中共一大代表的命运

　　1921 年 7 月 23 日晚，中国共产党第一次全国代表大会在上海法租界望志路 106 号正式开幕。这是一次年轻的会议。中共正式代表出席者共 13 人：上海的李汉俊、李达，武汉的董必武、陈潭秋，长沙的毛泽东、何叔衡，济南的王尽美、邓恩铭，北京的张国焘、刘仁静，广州的陈公博，留日学生周佛海及陈独秀委派的包惠僧。他们代表着全国 50 多名党员。两位共产国际代表马林和尼克尔斯基出席了大会。

　　开创者的命运总是令人关注。"南陈北李"的陈独秀与李大钊同为中国共产党早期创始人，但是他们都没有参加中共一大。参加中共一大的 13 位党员代表，可谓马克思在中国的 13 位门徒。在这 13 位代表中，有些人的一生是革命的、光辉的、伟大的一生。像毛泽东、董必武，后来成为中共领袖、历史巨人；何叔衡血洒疆场，壮烈牺牲；邓恩铭、陈潭秋惨遭杀害，英勇就义；王尽美积劳成疾，英年早逝。有的人因与陈独秀、张国焘矛盾较深，加之个性独特而宣布退党，如李汉俊、李达。但他们脱党而不放弃信仰。李汉俊虽不在党组织中活动，却利用自己的"合法"职位，掩护了一批尚未暴露的共产党员和进步人士，最后以"共党首要分子"之罪名被桂系军阀杀害。李达自省脱党是一生"最大的错误"，在 1949 年 12 月由毛泽东作为历史见证人、刘少奇作为介绍人又重新入党。然而，也有几个如同鲁迅先生所说，"因为终极目的的不同，在行进时，也时时有人退伍，有人落荒，有人颓唐，有人叛变"。陈公博、周佛海、张国焘、包惠僧、刘仁静便是如此。其中，陈公博、周佛海、张国焘背弃信仰，叛变投敌；包惠僧、刘仁静历经曲折，迷途知返。

案例与问题讨论：

　　中国共产党第一次全国代表大会正式宣告了中国共产党的成立。中共一大代表是我党的创始人和先驱,历史无情,大浪淘沙,这些一大代表的命运是一部活生生的历史教科书。本案例说明,只有真正的马克思主义者、共产主义者才能为党和人民的事业奋斗终生。

请同学们根据一大代表的命运,思考信仰、党性原则意义,从而坚定共产主义信念,做真正的马克思主义者。

(1) 总结:中国共产党的成立及其意义。

(2) 思考:为什么中共一大代表的结局会各不相同?怎样的人才是真正的中国共产党人?

案例3:中共二大创造了党的历史上八个"第一"

中共二大是党走向成熟的起点。它在党的历史上,至少创造了八个"第一"。一是在中国人民面前破天荒提出了明确的反帝反封建的民主革命纲领。早在19世纪就开始进行的中国民主革命,长时间没有弄清革命的对象和动力,没有正面提出过反对帝国主义和封建势力的主张。中国共产党成立刚刚一年,就把这个问题基本解决了。

二是第一次提出了关于统一战线的思想和主张。

三是以全国代表大会名义公开发表了党的第一个宣言。

四是第一次明确了中国共产党与共产国际的组织关系,通过了《中国共产党加入第三国际决议案》。大会确认中国共产党是共产国际的一个支部。

五是制定通过了党的历史上第一部正式的党章。

六是第一次明确地阐述了党的民主集中制原则的基本思想。比如"全国代表大会为本党最高机关""全国大会及中央执行委员会之决议,本党党员皆须绝对服从之"。

七是通过的《关于妇女运动的决议》,是中国妇女运动史上第一个以政党名义作出的关于妇女问题的决议。

八是第一次喊出了"中国共产党万岁"的口号。这句耳熟能详的口号有据可查的最早出处便是党的二大宣言的最后："中国共产党万岁！""国际共产党万岁！"

案例与问题讨论：

本案例通过八个"第一"，展示党的二大通过对中国经济政治状况的分析，揭示出中国社会的半殖民地半封建性质，指出党的最高纲领是实现社会主义、共产主义，但在当时的纲领，即最低纲领是打倒军阀，推翻国际帝国主义的压迫，统一中国为真正的民主共和国。党的二大通过决议案，阐明中国共产党是无产阶级中最有革命精神的分子所组成的政党，是"为无产群众奋斗的政党"，强调党的一切运动都必须深入广大的群众中去，都必须是不离开群众的。

思考：为什么党的二大提出，为实现反帝反军阀的革命目标，必须联合全国一切革命党派，联合资产阶级民主派，组成"民主主义的联合战线"。

【热点问题与讨论】

在五四青年节到来之际向全国广大青年致以节日的祝贺

中共中央总书记、国家主席、中央军委主席习近平近日给中国农业大学科技小院的同学们回信，提出殷切期望，并在五四青年节到来之际，向全国广大青年致以节日的祝贺。

习近平在回信中说，得知大家通过学校设立的科技小院，深入田间地头和村屯农家，在服务乡村振兴中解民生、治学问，我很欣慰。

习近平强调，你们在信中说，走进乡土中国深处，才深刻理解什么是实事求是、怎么去联系群众，青年人就要"自找苦吃"，说得很好。新时代中国青年就应该有这股精气神。党的二十大对建设农业强国作出部署，希望同学们志存高远、脚踏实地，把课堂学习和乡村实践紧密结合起来，厚植爱农情怀，练就兴农本领,在乡村振兴的大舞台上建功立业,为加快推进农业农村现代化、全面建设社会主义现代化国家贡献青春力量。

2009 年,中国农业大学在河北省曲周县探索成立科技小院,把农业专业学位研究生派驻到农业生产一线,在完成知识、理论学习的基础上,研究解决农业农村发展中的实际问题,培养农业高层次人才,服务农业农村现代化建设。目前,该校已在全国 24 个省区市的 91 个县市区旗建立了 139 个科技小院。近日,中国农业大学科技小院的学生代表给习近平总书记写信,汇报他们的收获和体会,表达了为农业强国建设作贡献的坚定决心。(新华网,2023 年 5 月 3 日)

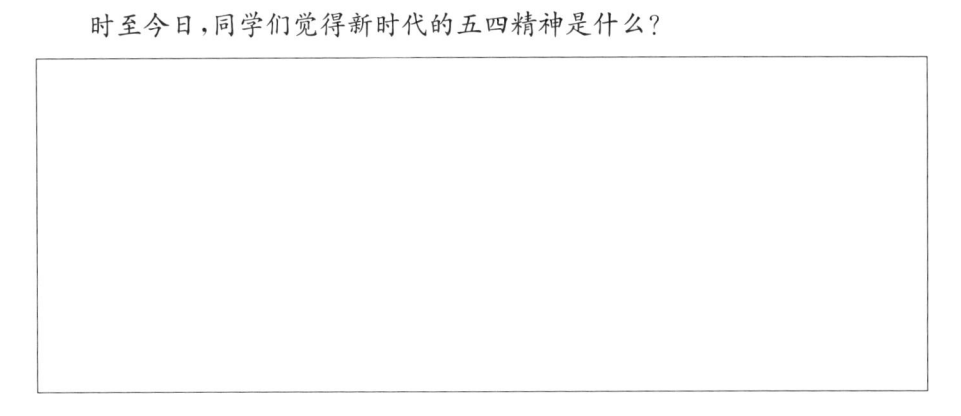

时至今日,同学们觉得新时代的五四精神是什么?

中国共产党的丰功伟绩

我们党成立一百年来,实现了中国沧桑巨变,建立了丰功伟绩,主要是:指明了实现中华民族伟大复兴的正确道路,根本改变了中国人民的历史命运,作出了解决全人类问题的中国贡献,形成了中华民族伟大复兴的坚强领导核心。

中国共产党成立以来的一百年极不平凡,是中国人民根本改变历史命运的一百年,是中华民族迎来伟大复兴的一百年,是中国为全人类发展作出卓越贡献的一百年。而所有这一切,都因为有我们党这个坚强领导核心。我们党成就中国百年沧桑巨变的丰功伟绩,是世界上其他任何政党都无法比拟的。

第一,指明了实现中华民族伟大复兴的正确道路。

第二,根本改变了中国人民的历史命运。

第三,作出了解决全人类问题的中国贡献。

第四,形成了中华民族伟大复兴的坚强领导核心。

我们党的这些优秀品格是其他任何政党所不具备的,理所当然地成为民族复兴事业的坚强领导核心。这是中国人民之幸、中华民族之幸。历史和人民选择了我们党,我们党则带领中国人民创造了世所罕见的"两大奇迹"。在以习近平同志为核心的党中央坚强领导下,中国人民必将在实现中华民族伟大复兴道路上创造出令世界刮目相看的新的更大奇迹。(江金权,《人民日报》,2021年4月14日,有删改)

请同学们将自己认识到的党的丰功伟绩写下来。

读懂四层深意　弘扬伟大建党精神

习近平总书记在庆祝中国共产党成立100周年大会上的重要讲话中,总结、概括、提炼了我们党在百年奋斗历程中形成的伟大建党精神。他讲到,一百年前,中国共产党的先驱们创建了中国共产党,形成了坚持真理、坚守理想,践行初心、担当使命,不怕牺牲、英勇斗争,对党忠诚、不负人民的伟大建党精神,这是中国共产党的精神之源。

树高千尺有根,水流万里有源。伟大建党精神集中体现了中国共产党人的政治品格、价值追求、精神风范,是中国共产党人精神谱系的源和本、根和魂;深刻揭示了中国共产党的特质,是全面认识和准确把握中国共产党为什么能的"精神密码"。伟大建党精神薪火相传、永续不断,对于推进新时代党的建设伟大工程、全面建设社会主义现代化国家、实现中华民族伟大复兴,具有重大现实意义和深远历史意义。站在"两个一百年"的历史交汇点上,回溯中国革命的历史原点,必须继续弘扬光荣传统、赓续红色血脉,永远把伟大建党精神继承下去、发扬光大。

坚持真理、坚守理想是伟大建党精神的思想基石,展现了我们党的强大思想优势。中国共产党之所以历经风雨而不倒、饱经磨难而不灭,始终做到"不畏浮云遮望眼""乱云飞渡仍从容",最根本的原因就是马克思主义以其真理的力量,始终为中国共产党人战胜困难、奋斗前行提供思想引领和动力源泉。一百年来，无论是处于顺境还是逆境，无论是取得成功还是遭遇挫折，中国共产党始终毫不动摇地将马克思主义作为立党立国的根本指导思想、矢志不渝为中华民族伟大复兴而奋斗。坚持在中国实践和时代发展中不断推进马克思主义中国化，形成和发展了中国特色社会主义理论体系，赋予了当代中国马克思主义勃勃生机。

践行初心、担当使命是伟大建党精神的价值追求，展现了我们党的强大政治优势。"为中国人民谋幸福、为中华民族谋复兴"是我们党永恒不变的初心使命。从"誓为苏维埃流尽最后一滴血"的何叔衡，到"革命何须怕断头"的杨超，再到"敌人只能砍下我们的头颅"的方志敏……中国共产党人以鲜血践初心、以生命担使命。一百年来，中国共产党进行新民主主义革命，建立新中国；进行社会主义革命，推进社会主义建设；实行改革开放，进行社会主义现代化建设；再到如今开启全面建设社会主义现代化国家新征程……这一切艰苦奋斗、一切流血牺牲、一切伟大创造，就是中国共产党践行初心、担当使命的生动体现。

不怕牺牲、英勇斗争是伟大建党精神的行为本色，展现了我们党的强大精神优势。敢于斗争、敢于胜利，始终是中国共产党人鲜明的政治品格和不可战胜的强大精神力量。中国共产党一经成立就深刻着斗争的烙印，一路走来就是在不断斗争、不懈斗争中求得生存、获得发展、赢得胜利。在那个风雨如晦、前途渺茫的年代，中国共产党人以坚定不移的理想信念、无私无畏的英雄气概、视死如归的革命意志，顽强拼搏、英勇斗争，立起了永不褪色的精神丰碑，书写了气势如虹的革命史诗。据不完全统计，从1921年至1949年，全国牺牲的有名可查的革命烈士就达370多万人。正是凭着那么一股革命加拼命的斗争精神，我们党才能历经百年而风华正茂、饱经磨难而生机勃勃。

对党忠诚、不负人民是伟大建党精神的鲜明标识，展现了我们党的强大道德优势。对党忠诚、不负人民不仅是中国共产党人的价值理念、深厚情怀，而且是无论付出多大牺牲和代价都始终不渝、毫不动摇的实际行动。从"为了中华民族的解放事业，头颅不惜抛掉，热血可以喷洒"的杨靖宇，到"把有限的生命投入到无限的为人民服务之中"的雷锋，再到"两次申请进藏、耿耿忠心照雪山"的孔繁森……一百年来，中国共产党人将对党忠诚、不负人民一心一意、一以贯之，始终做到表里如一、知行合一，任何时候任何情况下都不改其心、不移其志、不毁其节。为了党和人民的事业，一大批革命烈士舍生忘死、一大批英雄人物无私无我、一大批先进模范忠诚奉献，以实际行动诠释了共产党人的忠诚内涵，展现了共产党人的人民情怀。

历史川流不息,精神代代相传。历史和人民选择了中国共产党,中国共产党没有辜负历史和人民。站在"两个一百年"的历史交汇点,全体党员要坚决响应习近平总书记的伟大号召,从伟大建党精神中吸收营养、汲取力量,以永不懈怠的精神状态和一往无前的奋斗姿态,乘势而上、接续奋斗,在民族复兴的伟业中为党和人民建功立业。(朱彦,人民论坛网,2021年7月14日)

请同学们将自己了解到的党的伟大精神写下来。

行之篇

【社会实践与行动】

方案一:微电影或舞台剧《五四前夕》

1. 实践目标

通过剧本写作,锻炼学生的文字表达能力和想象力;通过微电影拍摄或舞台剧表演,锻炼学生的团队协作能力,并让学生感受思政课实践环节的趣味性;同时以小故事描绘五四运动爆发前的社会背景和氛围,介绍当时中国知识分子的思想变革和民族自觉,以及五四运动前夕的各种历史事件。

2. 实践设计

第一步,与队员商量,构思故事,拟定写作大纲;第二步,向任课教师汇报,确定所选主题,讨论写作的剧本的可行性,继而分配角色,着手拍摄或表演;第三步,分场景拍摄或排练;第四步,后期剪辑与处理。需要注意的是,微电影或舞台剧的价值取向必须积极,符合社会主义核心价值观,表演手法及呈现形式可幽默、可深邃、可平铺、可起伏,主题突出、引人深思,通过动态的画面来表达思想内容,寓乐于学,寓乐于思。

3. 实践成果

形成一部8～10分钟的微电影或在舞台上进行表演。

同学们也可以自拟题目来编写一个微电影或舞台剧的剧本。

方案二:读书报告《百年梦想》

1. 实践目标

通过读书的方式,回顾五四运动以来中国社会的变迁和进步,从中总结出我们的国家和民族所取得的成就与所面临的挑战,体悟中国共产党人在民族危亡时刻、中国人民在实现中华民族伟大复兴道路上的勇气和智慧。

2. 实践设计

第一步,制订读书计划,包括个人读书与集体讨论的次数和安排;第二步,落实读书计划,及时做好读书记录;第三步,撰写读书报告,先对所读的书进行简单介绍,尤其是论析该书的创新之处和不足,继而小组成员谈论读书心得,主要从学习、人生启示等角度予以分享,再进行总结,并附参考文献及团队建设情况。

3. 实践成果

形成一份不少于2000字的读书报告,制作一份用于汇报的PPT。

同学们可以写下自己感兴趣的阅读书单,并简单说一说自己的推荐理由。

方案三:社会调查——当代大学生对五四精神的了解和人生理想的树立

1. 实践目标

了解五四时期青年的思想和理想抱负,并通过调查了解其影响要素。引导大学生树立未来人生理想。

2. 实践要求

(1) 根据实践主题,确定活动方案。

(2) 问卷调查与访谈相结合;搜集更多第一手数据,为结果分析提供有力数据支撑。

(3) 以小组为单位,合理分工,相互协作,共同完成调研。

3. 实践成果

(1) 调研报告一份,字数不少于2000字。

(2) 汇报 PPT 一份。

同学们对大学生对五四精神的了解和人生理想的树立方面的哪一具体问题感兴趣,请自拟一个社会调查题目。

方案四:特色思政课案例搜集和汇报

1. 组织学生观看反映五四运动和中国共产党成立等的纪录片和影视作品,如《建党伟业》《那些年,我们正年轻》《新的启航》,并撰写观后感。

2. 组织学生参观五四运动和中共一大纪念地、纪念馆、博物馆展览,交流学习感受,撰写心得体会(结合所学专业和河海大学特色)。

【行动反思与品格塑造】

1. 请同学们回忆自己的成长历程和为实现理想而采取的行动,可以将自己的理想行动与五四运动时期那些青年学生的理想行动做一个简单的比较。

2. 同学们可以参与一些文化创新项目,如艺术展示、文化活动或业务项目。在项目中展现自己的创意和观点,体会创造的力量,并思考如何通过自己的作品传递五四精神。

3. 同学们是否参观过一些中国共产党成立时的革命遗址和有关历史展览,谈谈自己参观这些遗址和展览时的感受。

4. 请认真观察和思考,说说在今天如何通过自身行动弘扬五四精神。

【参考文献】

[1] 李大钊全集(第一卷)[M].北京:人民出版社,2013.

[2] 中共中央党史研究室.中国共产党历史·第一卷(1921—1949)[M].北京:中共党史出版社,2011.

[3] 周策纵.五四运动史:现代中国的知识革命[M].成都:四川人民出版社,2019.

[4] 石川祯浩.中国共产党成立史[M].袁广泉,译.北京:中国社会科学出版社,2006.

[5] 孟醒.谁主沉浮——中共一大代表沉浮录[M].北京:人民出版社,2009.

第五章

中国革命的新道路

第五章　中国革命的新道路

【学习目标】

1924年至1927年,国共合作掀起大革命的高潮,帝国主义、封建主义的统治受到沉重打击。然而,由于国民党蒋介石集团和汪精卫集团相继叛变,大革命惨遭失败。本章主要阐述大革命失败后中国共产党人探索革命新道路的过程。比较国民党与中国共产党的阶级性质、政策;了解在挫折下以毛泽东为代表的中国共产党人不断尝试,坚持一切从实际出发,反对把马克思主义教条化、努力探索开辟一条新的道路;了解中国革命新道路的探索过程和历史意义。

学生能够感受到中国共产党人和红军战士在长征中表现出来的英雄气概,由此坚定共产主义信念,同时与具体实际相结合,弘扬长征精神,坚定自我理想。

【知识要点】

1. 国民党在全国统治的确立
2. 中国革命新道路的内涵及探索过程
3. 土地革命战争的发展及其挫折
4. 红军长征的胜利及其意义

读之篇

【经典阅读】

1. 星星之火,可以燎原(节选)

毛泽东

在对于时局的估量和伴随而来的我们的行动问题上,我们党内有一部分同志还缺少正确的认识。他们虽然相信革命高潮不可避免地要到来,却不相信革命高潮有迅速到来的可能。因此他们不赞成争取江西的计划,而只赞成在福建、广东、江西之间的三个边界区域的流动游击,同时也没有在游击区域建立红色政权的深刻的观念,因此也就没有用这种红色政权的巩固和扩大去促进全国革命高潮的深刻的观念。他们似乎认为在距离革命高潮尚远的时期做这种建立政权的艰苦工作为徒劳,而希望用比较轻便的流动游击方式去扩大政治影响,等到全国各地争取群众的工作做好了,或做到某个地步了,然后再来一个全国武装起义,那时把红军的力量加上去,就成为全国范围的大革命。他们这种全国范围的、包括一切地方的、先争取群众后建立政权的理论,是于中国革命的实情不适合的。他们的这种理论的来源,主要是没有把中国是一个许多帝国主义国家互相争夺的半殖民地这件事认清楚。如果认清了中国是一个许多帝国主义国家互相争夺的半殖民地,则一,就会明白全世界何以只有中国有这种统治阶级内部互相长期混战的怪事,而且何以混战一天激烈一天,一天扩大一天,何以始终不能有一个统一的政权。二,就会明白农民问题的严重性,因之,也就会明白农村起义何以有现在这样的全国规模的发展。三,就会明白工农民主政权这个口号的正确。四,就会明白相应于全世界只有中国有统治阶级内部长期混战的一件怪事而产生出来的另一件怪事,即红军和游击队的存在和发展,以及伴随着红军和游击队而来的,成长于四围白色政权中的小块红色区域的存在和发展(中国以外无此怪事)。五,也就会明白红军、游击队和红色区域的建立和发展,是半殖民地中国在无产阶级领导之下的农民斗争的最高形式,和半殖民地农民斗争发展的必然结果;并且无疑义地是促进全国革命高潮的最重要因素。六,也就会明白单纯的流动游击政策,不能完成促进全国革命高潮的任务,而朱德毛泽东式、方志敏式之有根据地的,有计划地建设政权的,深入土地革命的,扩大人民武装的路线是经由乡赤卫队、区赤卫大队、县赤卫总队、地方红军直至正规红军这样一套办法的,政权发展是波浪式地向前扩大的,等等的政策,无疑义地是正确的。必须这样,才能树立全国革命群众的信仰,如苏联之于全世界然。必须这样,才能给反动统治阶级以甚大的困难,动摇其基础而促进其内部的分解。也必须这样,才能真正地创造红军,成为将来大革命的主要工具。总而言之,必须这样,才能促进革命的高潮。

犯着革命急性病的同志们不切当地看大了革命的主观力量,而看小了反革命力量。这种估量,多半是从主观主义出发。其结果,无疑地是要走上盲动主义的道路。另一方面,如果把革命的主观力量看小了,把反革命力量看大了,这也是一种不切当的估量,又必然要产生另一方面的坏结果。因此,在判断中国政治形势的时候,需要认识下面的这些要点:

　　…………

(二)一九二七年革命失败以后,革命的主观力量确实大为削弱了。剩下的一点小小的力量,若仅依据某些现象来看,自然要使同志们(作这样看法的同志们)发生悲观的念头。但若从实质上看,便大大不然。这里用得着中国的一句老话："星星之火，可以燎原。"这就是说，现在虽只有一点小小的力量，但是它的发展会是很快的。它在中国的环境里不仅是具备了发展的可能性，简直是具备了发展的必然性，这在五卅运动及其以后的大革命运动已经得了充分的证明。我们看事情必须要看它的实质，而把它的现象只看作入门的向导，一进了门就要抓住它的实质，这才是可靠的科学的分析方法。

……………

（四）现时的客观情况，还是容易给只观察当前表面现象不观察实质的同志们以迷惑。特别是我们在红军中工作的人，一遇到败仗，或四面被围，或强敌跟追的时候，往往不自觉地把这种一时的特殊的小的环境，一般化扩大化起来，仿佛全国全世界的形势概属未可乐观，革命胜利的前途未免渺茫得很。所以有这种抓住表面抛弃实质的观察，是因为他们对于一般情况的实质并没有科学地加以分析。如问中国革命高潮是否快要到来，只有详细地去察看引起革命高潮的各种矛盾是否真正向前发展了，才能作决定。既然国际上帝国主义相互之间、帝国主义和殖民地之间、帝国主义和它们本国的无产阶级之间的矛盾是发展了，帝国主义争夺中国的需要就更迫切了。帝国主义争夺中国一迫切，帝国主义和整个中国的矛盾，帝国主义者相互间的矛盾，就同时在中国境内发展起来，因此就造成中国各派反动统治者之间的一天天扩大、一天天激烈的混战，中国各派反动统治者之间的矛盾，就日益发展起来。伴随各派反动统治者之间的矛盾——军阀混战而来的，是赋税的加重，这样就会促令广大的负担赋税者和反动统治者之间的矛盾日益发展。伴随着帝国主义和中国民族工业的矛盾而来的，是中国民族工业得不到帝国主义的让步的事实，这就发展了中国资产阶级和中国工人阶级之间的矛盾，中国资本家从拚命压榨工人找出路，中国工人则给以抵抗。伴随着帝国主义的商品侵略、中国商业资本的剥蚀和政府的赋税加重等项情况，便使地主阶级和农民的矛盾更加深刻化，即地租和高利贷的剥削更加重了，农民则更加仇恨地主。因为外货的压迫、广大工农群众购买力的枯竭和政府赋税的加重，使得国货商人和独立生产者日益走上破产的道路。因为反动政府在粮饷不足的条件之下无限制地增加军队，并因此而使战争一天多于一天，使得士兵群众经常处在困苦的环境之中。因为国家的赋税加重，地主的租息加重和战祸的日广一日，造成了普遍于全国的灾荒和匪祸，使得广大的农民和城市贫民走上求生不得的道路。因为无钱开学，许多在学学生有失学之忧；因为生产落后，许多毕业学生无就业之望。如果我们认识了以上这些矛盾，就知道中国是处在怎样一种皇皇不可终日的局面之下，处在怎样一种混乱状态之下。就知道反帝反军阀反地主的革命高潮,是怎样不可避免,而且是很快会要到来。中国是全国都布满了干柴,很快就会燃成烈火。"星火燎原"的话,正是时局发展的适当的描写。只要看一看许多地方工人罢工、农民暴动、士兵哗变、学生罢课的发展,就知道这个"星星之火",距"燎原"的时期,毫无疑义地是不远了。

(来源:《毛泽东选集》第一卷,人民出版社1991年版)

导读:针对当时红军内部过于悲观的思想,毛泽东在《星星之火,可以燎原》这篇文章中以全面科学的方式进行了分析,以昂扬向上的态度阐述了革命前途问题,作出了革命高潮即将到来的论断。这篇文章不仅仅回答了"红军能打多久"的问题,并且提出了中国革命和武装道路的根本思想,标志着毛泽东关于建立农村根据地,以农村包围城市,武装夺取政权的思想的形成。

"星星之火,可以燎原",中国革命虽然目前只是一点点小的力量,可是未来的发展会是很快的。毛泽东从我国当时的具体国情出发,分析了国内外的矛盾,中国人民和外来侵略者反动派矛盾尖锐。中国共产党代表的是人民的利益,会带领着中国人民点燃革命火焰。本文体现出毛泽东极大的革命魄力和乐观主义精神。虽然当时革命艰苦困难,但是他依然不畏惧,去克服困难,将革命进行到底。

2. 反对本本主义(节选)

毛泽东

一 没有调查,没有发言权

你对于某个问题没有调查,就停止你对于某个问题的发言权。这不太野蛮了吗?一点也不野蛮。你对那个问题的现实情况和历史情况既然没有调查,不知底里,对于那个问题的发言便一定是瞎说一顿。瞎说一顿之不能解决问题是大家明了的,那末,停止你的发言权有什么不公道呢?许多的同志都成天地闭着眼睛在那里瞎说,这是共产党员的耻辱,岂有共产党员而可以闭着眼睛瞎说一顿的吗?

要不得!

要不得!

注重调查!

反对瞎说!

二 调查就是解决问题

你对于那个问题不能解决吗?那末,你就去调查那个问题的现状和它的历史吧!你完完全全调查明白了,你对那个问题就有解决的办法了。一切结论产生于调查情况的末尾,而不是在它的先头。只有蠢人,才是他一个人,或者邀集一堆人,不作调查,而只是冥思苦索地"想办法","打主意"。须知这是一定不能想出什么好办法,打出什么好主意的。换一句话说,他一定要产生错办法和错主意。

许多巡视员,许多游击队的领导者,许多新接任的工作干部,喜欢一到就宣布政见,看到一点表面,一个枝节,就指手画脚地说这也不对,那也错误。这种纯主观地"瞎说一顿",实在是最可恶没有的。他一定要弄坏事情,一定要失掉群众,一定不能解决问题。

许多做领导工作的人,遇到困难问题,只是叹气,不能解决。他恼火,请求调动工作,理由是"才力小,干不下"。这是懦夫讲的话。迈开你的两脚,到你的工作范围的各部分各地方去走走,学个孔夫子的"每事问",任凭什么才力小也能解决问题,因为你未出门时脑子是空的,归来时脑子已经不是空的了,已经载来了解决问题的各种必要材料,问题就是这样子解决了。一定要出门吗?也不一定,可以召集那些明了情况的人来开个调查会,把你所谓困难问题的"来源"找到手,"现状"弄明白,你的这个困难问题也就容易解决了。

调查就像"十月怀胎",解决问题就像"一朝分娩"。调查就是解决问题。

三 反对本本主义

以为上了书的就是对的,文化落后的中国农民至今还存着这种心理。不谓共产党内讨论问题,也还有人开口闭口"拿本本来"。我们说上级领导机关的指示是正确的,决不单是因为它出于"上级领导机关",而是因为它的内容是适合于斗争中客观和主观情势的,是斗争所需要的。不根据实际情况进行讨论和审察,一味盲目执行,这种单纯建立在"上级"观念上的形式主义的态度是很不对的。为什么党的策略路线总是不能深入群众,就是这种形式主义在那里作怪。盲目地表面上完全无异议地执行上级的指示,这不是真正在执行上级的指示,这是反对上级指示或者对上级指示怠工的最妙方法。

本本主义的社会科学研究法也同样是最危险的,甚至可能走上反革命的道路,中国有许多专门从书本上讨生活的从事社会科学研究的共产党员,不是一批一批地成了反革命吗?就是明显的证据。我们说马克思主义是对的,决不是因为马克思这个人是什么"先哲",而是因为他的理论,在我们的实践中,在我们的斗争中,证明了是对的。我们的斗争需要马克思主义。我们欢迎这个理论,丝毫不存什么"先哲"一类的形式的甚至神秘的念头在里面。读过马克思主义"本本"的许多人,成了革命叛徒,那些不识字的工人常常能够很好地掌握马克思主义。马克思主义的"本本"是要学习的,但是必须同我国的实际情况相结合。我们需要"本本",但是一定要纠正脱离实际情况的本本主义。

怎样纠正这种本本主义?只有向实际情况作调查。

(来源:《毛泽东选集》第一卷,人民出版社 1991 年版)

导读:《反对本本主义》是毛泽东为反对当时红军中的教条主义思想所写,全面系统地呈现了调查研究的方法论。中国革命胜利不能依靠他人,需要自己的同志了解中国国情,从书本上、从房屋中走出去,在实践中积累经验。这不仅阐明了实事求是、一切从实际出发的思想,还阐述了独立自主的思想。毛泽东思想中的实事求是、群众路线和独立自主的思想,是毛泽东思想初步形成的标志。理解本文不仅有利于理解毛泽东思想,而且对于进一步理解中国特色社会主义思想有着重要作用。文章中提到不结合实际开展调查研究会产生唯心主义错误,主观世界不能正确反映客观现实。而调查研究就是摆脱唯心思想的重要方法,也是遵循实事求是原则的措施。习近平总书记也指出:"调查研究是我们党的传家宝,是做好各项工作的基本功。"扎根土地,接触群众,实地调研,才能做到理论与实际相结合,更好地发现问题、解决问题。

3. 文艺战线上的关门主义(节选)

张闻天

中国左翼文艺运动,所以一直到今天没有发展的原因,是由于我们在文化运动中一些做领导工作同志的右倾消极与"左"倾空谈。

不论在介绍世界无产阶级的文艺、尤其是苏联无产阶级的文艺上,不论在无产阶级的文艺批评上,不论在开展群众的革命文艺运动上,更不必说在无产阶级文艺的创作上,我们都很少成绩。我们一些做领导工作的同志一天到晚讲着文艺的大众化,然而我们还没有看到在这一方面的真正努力。通俗的白话小报、工农通讯、壁报、报告文学等等的大众文艺运动简直还没有开始。许多工作讨论了,决定了,然而对于自己决定的执行,却表示出非常迟缓与不充分,甚至消极怠工。

无疑的,右倾机会主义在文艺运动中同样是目前的主要危险。

但是,使左翼文艺运动始终停留在狭窄的秘密范围内的最大的障碍物,却是"左"的关门主义。换句话说,在左翼文艺运动中,我们同样的看到了以"左"倾空谈掩盖了实际工作中的机会主义的现象。

试翻阅最近一些文艺杂志上关于文艺性质与文学大众化等问题的讨论,

我们立刻可以看到在我们的同志中间所存在着的非常严重的"左"的关门主义。这种关门主义不克服，我们决没有法子使左翼文艺运动变为广大的群众运动。

在革命的小资产阶级的文学家中间，有不少的文学家固然不愿意做无产阶级的"煽动工具"或"政治的留声机"，但是他们同时也不愿意做资产阶级的"煽动工具"或"政治的留声机"，他们愿意"真实的"、"自由的"创造一些"艺术的作品"。对于这类文学家，我们的任务不简单在指出在帝国主义国民党的反动文化政策之下，不能有文艺的创造的自由，指出在有阶级的社会中间文艺决没有超阶级的自由，而且还要去领导这些革命小资产阶级的文学家，为了争取自由而进行反帝国主义与反国民党的斗争。只有这样，才能使小资产阶级的文学家了解到我们所指示的道路的正确，而走到我们的道路上来。

无产阶级文艺批评家的任务，正是在以马克思主义的武器，去批评所有的文艺作品，正确的指出这些作品的阶级性与它们的艺术价值（或无价值），而不是把一切这些作品因为它们不是无产阶级的作品，就一概抛到垃圾堆里，去痛骂这些作品的作家为资产阶级的走狗。马克思主义的文艺批评家不是资产阶级的自由主义者，拿所谓超阶级的观点去批评艺术（如胡秋原），但同时他也不是疯狂的宗教的信徒。

我们在左翼文坛上所需要的，就是这类的批评家，真正的马克思主义的文艺批评家！只有依靠这类批评家，我们才能建立马克思主义的文艺理论在革命文艺界中的领导作用。

最后，必须说到关于文艺大众化的问题。文艺应该大众化，左翼文艺家为了要实现宣传鼓动的目的，应该采取各种通俗的大众文艺的形式，通俗的白话文，写出能为大家所了解的文艺作品，这完全是正确的。然而因此认为只有这种作品才是文艺作品，只有利用这种"有头有脑"的说部、唱本、连环图画之类的形式才能创造出无产阶级的文艺的观点，无疑的是错误的。我认为无论如何，现代文艺的各种形式比较中国旧文艺的形式是进步的。无产阶级的文艺当然应该利用这种新的形式。

所以左翼作家在目前集中力量于阶级斗争的宣传鼓动的工作，利用一切通俗的文艺形式号召工农阶级起来斗争，是完全应该的。因为用革命的手段推翻地主资产阶级的统治，建立民众自己的政权，是他们目前的中心任务。但这绝不是说，只有这种宣传鼓动的通俗作品，才是无产阶级的文艺。而且事实上这种作品的大多数却并不是文艺作品。这当然不是左翼作家的耻辱。

我们对于不能像我们一样做的文艺家,应该给他们以"自由",因为事实上我们也没有法子强迫他们像我们一样的去做。我们的任务是在教育他们,领导他们,把他们团集在我们的周围,而不是把他们从我们这里推开去。

对于革命的文学家,就是不是无产阶级的文学家,我们都应该爱护。马克思对于海涅、列宁对于高尔基那种亲爱的态度,应该给我们很好的榜样。

要使中国目前的左翼文艺运动变为广大的群众运动,坚决的打击这种"左"倾空谈与关门主义,是绝对必要的。只有广泛的革命的统一战线,才能使我们的活动,从狭窄的、秘密的,走向广泛的、半公开与公开的方面去。在文艺界中革命统一战线的执行,比在工人运动中,要求我们更多的细心,忍耐,解释,甚至"谦恭"与"礼貌"。因为这里,我们工作的对象不是工人,而是小资产阶级的知识分子之群,而且是小资产阶级中最敏感之群。

然而我们必须重复地说:这并不是说,我们应该变成文艺上的自由主义者,投降资产阶级或小资产阶级,如像在许多情形之下,那些叫喊"马克思主义"的"左"的文艺家常常所做的那样,而是应该领导革命的文艺家走到马克思主义的道路上。这里所需要的,正是坚定的马克思主义的立场!

[来源:中共中央文献研究室、中央档案馆编,《建党以来重要文献选编(一九二一——一九四九)》第九册,中央文献出版社 2011 年版]

导读: 文章是针对当时文艺战线上某些同志在"文艺自由"论辩和"文艺大众化"讨论中存在的失误而发的。"左"倾思潮不仅体现在政治路线上,也充斥着思想文化领域,当时根本否认"第三种文学"的存在,并认为文艺只是某一阶级的"煽动工具"。张闻天就此现象进行了批驳,此篇文章在当时具有重要意义。

首先,这是张闻天个人思想转变的一个起点,他在自己所熟悉的文艺领域首先突破"左"的束缚,可以说不仅对张闻天个人,而且对中共党史也具有不寻常的意义。其次,它实际成为 20 世纪 30 年代左翼文艺运动开始摆脱"左"倾关门主义的一个标志。当时民族矛盾上升,向文艺工作者提出了一个首要任务,就是团结广大文艺界爱国人士结成广泛的统一战线。在"左"倾路线影响下,我们党的一些从事文化工作的同志并没有顺应这一形势变化,但是此文章一经发出,很多人开始转变思想,促进了思想文化的发展,形成了声势浩大的左翼文化运动。广大文艺工作者用自己的方式创作了一大批优秀的文学艺术作品,对于传播思想、推动抗日救亡运动起了重要的作用。

4. 矛盾论（节选）

毛泽东

二 矛盾的普遍性

为了叙述的便利起见，我在这里先说矛盾的普遍性，再说矛盾的特殊性。这是因为马克思主义的伟大的创造者和继承者马克思、恩格斯、列宁、斯大林他们发现了唯物辩证法的宇宙观，已经把唯物辩证法应用在人类历史的分析和自然历史的分析的许多方面，应用在社会的变革和自然的变革（例如在苏联）的许多方面，获得了极其伟大的成功，矛盾的普遍性已经被很多人所承认，因此，关于这个问题只需要很少的话就可以说明白；而关于矛盾的特殊性的问题，则还有很多的同志，特别是教条主义者，弄不清楚。他们不了解矛盾的普遍性即寓于矛盾的特殊性之中。他们也不了解研究当前具体事物的矛盾的特殊性，对于我们指导革命实践的发展有何等重要的意义。因此，关于矛盾的特殊性的问题应当着重地加以研究，并用足够的篇幅加以说明。为了这个缘故，当着我们分析事物矛盾的法则的时候，我们就先来分析矛盾的普遍性的问题，然后再着重地分析矛盾的特殊性的问题，最后仍归到矛盾的普遍性的问题。

矛盾的普遍性或绝对性这个问题有两方面的意义。其一是说，矛盾存在于一切事物的发展过程中；其二是说，每一事物的发展过程中存在着自始至终的矛盾运动。

恩格斯说："运动本身就是矛盾。"列宁对于对立统一法则所下的定义，说它就是"承认（发现）自然界（精神和社会两者也在内）的一切现象和过程都含有互相矛盾、互相排斥、互相对立的趋向"。这些意见是对的吗？是对的。一切事物中包含的矛盾方面的相互依赖和相互斗争，决定一切事物的生命，推动一切事物的发展。没有什么事物是不包含矛盾的，没有矛盾就没有世界。

矛盾是简单的运动形式（例如机械性的运动）的基础，更是复杂的运动形式的基础。

战争中的攻守，进退，胜败，都是矛盾着的现象。失去一方，他方就不存在。双方斗争而又联结，组成了战争的总体，推动了战争的发展，解决了战争的问题。

人的概念的每一差异，都应把它看作是客观矛盾的反映。客观矛盾反映入主观的思想，组成了概念的矛盾运动，推动了思想的发展，不断地解决了人们的思想问题。

党内不同思想的对立和斗争是经常发生的,这是社会的阶级矛盾和新旧事物的矛盾在党内的反映。党内如果没有矛盾和解决矛盾的思想斗争,党的生命也就停止了。

由此看来,不论是简单的运动形式,或复杂的运动形式,不论是客观现象,或思想现象,矛盾是普遍地存在着,矛盾存在于一切过程中,这一点已经弄清楚了。但是每一过程的开始阶段,是否也有矛盾存在呢?是否每一事物的发展过程具有自始至终的矛盾运动呢?

新过程的发生是什么呢?这是旧的统一和组成此统一的对立成分让位于新的统一和组成此统一的对立成分,于是新过程就代替旧过程而发生。旧过程完结了,新过程发生了。新过程又包含着新矛盾,开始它自己的矛盾发展史。

事物发展过程的自始至终的矛盾运动,列宁指出马克思在《资本论》中模范地作了这样的分析。这是研究任何事物发展过程所必须应用的方法。列宁自己也正确地应用了它,贯彻于他的全部著作中。

"马克思在《资本论》中,首先分析的是资产阶级社会(商品社会)里最简单的、最普通的、最基本的、最常见的、最平常的、碰到亿万次的关系——商品交换。这一分析在这个最简单的现象之中(资产阶级社会的这个'细胞'之中)暴露了现代社会的一切矛盾(以及一切矛盾的胚芽)。往后的叙述又向我们表明了这些矛盾和这个社会各个部分总和的自始至终的发展(增长与运动两者)。"

列宁说了上面的话之后,接着说道:"这应该是一般辩证法的……叙述(以及研究)方法。"

中国共产党人必须学会这个方法,才能正确地分析中国革命的历史和现状,并推断革命的将来。

(来源:《毛泽东选集》第一卷,人民出版社1991年版)

导读:《矛盾论》是毛泽东哲学思想的代表作,也是马克思主义中国化的重要著作之一,是为了反对主观主义,确立马克思主义实事求是的路线而作,是马克思主义与中国具体实际相结合的产物。《实践论》讲的是认识论,《矛盾论》是辩证法,两者可以同时阅读。《矛盾论》指出某些同志否认由特殊到一般,由一般到特殊的辩证法,把一般真理看成是凭空出现的东西,以形而上学的思维看待问题。文章强调了唯物辩证法的实质和核心,集中阐明了矛盾的普遍性和特殊性原理,联系中国国情和具体发展实际,制定符合中国革命特点的策略。

实事求是无论是在革命时期还是建设时期都是锐利的思想武器,指引着国家的发展。我们应坚持正确思想,运用正确思想,根据新的实际,总结新的经验,投身于建设中国特色社会主义伟大实践。

5. 在纪念红军长征胜利 80 周年大会上的讲话(节选)

习近平

今天,我们在这里隆重集会,纪念中国工农红军长征胜利 80 周年。

红军长征的那个年代,中国处在半殖民地半封建社会的黑暗境地,社会危机四伏,日寇野蛮侵略,国民党反动派置民族危亡于不顾,向革命根据地连续发动大规模"围剿",中国共产党和红军到了危急关头,中国革命到了危急关头,中华民族到了危急关头。

面对生死存亡的严峻考验,从 1934 年 10 月至 1936 年 10 月,红军第一、第二、第四方面军和第二十五军进行了伟大的长征。我们党领导红军,以非凡的智慧和大无畏的英雄气概,战胜千难万险,付出巨大牺牲,胜利完成震撼世界、彪炳史册的长征,宣告了国民党反动派消灭中国共产党和红军的图谋彻底失败,宣告了中国共产党和红军肩负着民族希望胜利实现了北上抗日的战略转移,实现了中国共产党和中国革命事业从挫折走向胜利的伟大转折,开启了中国共产党为实现民族独立、人民解放而斗争的新的伟大进军。

这一惊天动地的革命壮举,是中国共产党和红军谱写的壮丽史诗,是中华民族伟大复兴历史进程中的巍峨丰碑。

——长征是一次理想信念的伟大远征。崇高的理想,坚定的信念,永远是中国共产党人的政治灵魂。中国共产党从成立之日起,就把共产主义确立为远大理想,始终团结带领中国人民朝着这个伟大理想前行。党和红军几经挫折而不断奋起,历尽苦难而淬火成钢,归根到底在于心中的远大理想和革命信念始终坚定执着,始终闪耀着火热的光芒。

——长征是一次检验真理的伟大远征。真理只有在实践中才能得到检验,真理只有在实践中才能得到确立。长征途中,红军面临着凶恶残暴的追兵阻敌,面临着严酷恶劣的自然环境,还面临着同党内错误思想的激烈斗争。经过长征,党和红军不是弱了,而是更强了,因为我们党找到了中国革命的正确道路,找到了指引这条道路的正确理论。

——长征是一次唤醒民众的伟大远征。红军打胜仗,人民是靠山。长征是历史纪录上的第一次,长征是宣言书,长征是宣传队,长征是播种机。面对正义和邪恶两种力量的交锋、光明和黑暗两种前途的抉择,我们党始终植根于人民,联系群众、宣传群众、武装群众、团结群众、依靠群众,以自己的模范行动,赢得人民群众真心拥护和支持,广大人民群众是长征胜利的力量源泉。

——长征是一次开创新局的伟大远征。长征的胜利,是方向和道路的胜利。长征的过程,不仅是战胜敌人、赢得胜利、实现战略目标的过程,而且是联系实际、创新理论、探索革命道路的过程。长征出发前,由于党内"左"倾教条主义的错误领导,中央革命根据地第五次反"围剿"失败,其他根据地也遭受挫折,中国革命面临着方向和道路的抉择。面对乱云飞渡、惊涛骇浪,我们党表现出无所畏惧的伟大实践精神,表现出浴火重生的伟大创造精神,在血与火中趟出了一条走向新生、走向胜利的革命道路。

(来源:习近平,《在纪念红军长征胜利80周年大会上的讲话》,《人民日报》,2016年10月22日)

导读:中国共产党领导工农红军历经艰苦卓绝的二万五千里长征,翻雪山,过草地,终于在陕甘宁地区顺利会师,党和革命事业转危为安。我们在中国工农红军长征胜利80周年之际,缅怀革命烈士,立志在实现民族复兴的新长征路上万众一心、奋勇前进。

长征精神永垂不朽,引领中国人民在革命建设和改革的各个时期取得阶段性胜利。今天以习近平同志为核心的党中央带领全国人民行进在实现中华民族伟大复兴中国梦的新长征路上。虽然我们已取得了众多成就,但是前进的路上也充满着困难和挑战。在新时代背景下我们要牢记长征精神,就是把全国人民和中华民族的根本利益看得高于一切,坚定革命的理想和信念,坚信正义事业必然胜利的精神;就是为了救国救民,不怕任何艰难险阻,不惜付出一切牺牲的精神;就是坚持独立自主、实事求是,一切从实际出发的精神;就是顾全大局、严守纪律、紧密团结的精神;就是紧紧依靠人民群众,同人民群众生死相依、患难与共、艰苦奋斗的精神。只有把长征精神和实际相结合,才能为实现"两个一百年"奋斗目标、为实现中华民族伟大复兴的中国梦提供强大精神动力、力量源泉。

【拓展阅读】

1.《长征》

基本信息:王树增著;人民文学出版社,2006年。

主要内容:长征是人类历史上罕见的不畏艰难险阻、不畏牺牲的远征。书中记录了自1934年10月至1936年10月红军长征的经过,红军爬雪山,过草地,翻越大山,渡过大河。在长征过程中,装备简陋的中国工农红军往往还得面对数十倍于己的装备精良的敌人,与之周旋、激烈战斗,最终顺利会师。

推荐理由:《长征》是红军长征胜利七十年来,第一部用纪实的方式描写长征的文学作品。书中包含大量史料和对红军老战士的访谈,有很多细节。此外,作者在书中还讲述了一个个真实的小故事,表明普通人也能做出伟大的举措。作者在书中弘扬了长征所体现出来的国家统一精神和不朽的信念力量,长征是中国贡献给世界的英雄主义史诗。

2.《中国革命的乡村道路》

基本信息:王建华著;中央文献出版社,2019年。

主要内容:本书通过梳理中国共产党领导的根据地乡村社会改造——发展党员、创建模范支部、发挥群众团体在政权建设中的作用、鼓励群众参政议政、发展与培养劳动英雄、开展扫盲运动与新秧歌运动、开展劳动互助运动与大生产运动等,来展示中国共产党探索乡村社会改造的动态过程,以深化对党的群众路线与实事求是思想路线的理解,深化对中国特色乡村社会改造道路的理解,为"没有共产党就没有新中国"提供新的历史与理论阐释。

推荐理由:本书立足于20世纪中国革命的大背景,以中央苏区和陕甘宁边区的乡村社会改造为中心,呈现了中共自身成长与乡村革命实践的多重面相,既在多重矛盾冲突中思考中国革命的复杂性,又以政党话语的双重性探查中共如何在乡村革命中克服困难、重塑自我,完成政党与乡村的双向互动。

3.《中国近代通史·第八卷·内战与危机(1927—1937)》

基本信息:张海鹏主编,杨奎松著;江苏人民出版社,2013年。

主要内容:本书以从1927—1937年南京国民政府在名义上统一了中国到七七事变爆发这十年间中国社会重大事件为线索,阐述了当时复杂的社会局势。南京国民政府建立后开始施行各种措施,从军事、国防、教育等方面加强自己的统治与管理。中共则实行农村武装割据,创立中华苏维埃共和国,发展壮大红军。同时日本对中国实行外交施压和军事入侵。本书以多条脉络并行的方式讲述了此段时间发生的事情。

推荐理由:本书以史料反映这一时期中国历史舞台上两个政府(南京国民政府和中华苏维埃政府)、两个党(国民党和共产党)之间的曲折交涉。伴随着严重的民族危机,全国性的抗日救亡运动不断地向前发展,人们以各种形式来回击日本的侵略和表达对南京国民政府的不满与反抗。读者能从本书中看到从"九一八"事变后两党政策的转变到中共领导的统一战线的形成和国共合作的实现这一清晰的历史脉络。

4.《魏斐德上海三部曲：1927—1937》

基本信息：魏斐德著；岳麓书社，2021年。

主要内容：本书将上海市政、警政变迁与中国的时代背景相结合，述及中国的第二次国内革命战争时期即1927年到1937年，国民党政府依靠警务力量对上海实现初步统治的经过，蒋介石决心在这个城市建立一个有效率的国民党政府。同时讲述了中国共产党在上海开展的建立秘密党支部等地下工作。

推荐理由：蒋介石为证明中国人有能力恢复对条约口岸的主权并加以管理，将上海作为国民政府统治的试验地，但是上海此时动荡不安、法制不全，国民政府是否真有能力建立一套适应近代化城市的管理制度呢？读者可从另一个角度深入思考共产党为什么会成功。

思之篇

【案例讨论与思考】

案例1：英勇赴死、壮烈牺牲的不朽精神

材料一：1927年6月，中共中央撤销江浙区委，分别成立江苏省委和浙江省委，陈延年任中共江苏省委书记。在白色恐怖笼罩下的上海，陈延年和赵世炎等不顾危险，寻找失散的同志，恢复和重建党组织，积极开展斗争。6月26日，陈延年被国民党反动军警逮捕。

敌人为了得到上海中共党组织的秘密，对陈延年用尽酷刑，将他折磨得体无完肤。但陈延年以钢铁般的意志，严守党的机密，宁死不屈。1927年7月4日晚，陈延年被国民党反动军警押赴刑场。刽子手喝令他跪下，他却高声回应：革命者光明磊落、视死如归，只有站着死，决不跪下！几个执刑士兵用暴力将其按下，松手挥刀时，不料陈延年又一跃而起，这一刀未砍着颈项，刽子手也差点吓得摔倒。最后，他竟被刽子手们按在地上以乱刀残忍地杀害。

一年后，陈延年的弟弟，26岁的陈乔年宁死不屈，也被残忍杀害。就义前，他曾慷慨陈词："让我们的子孙后代享受前人披荆斩棘的幸福吧！"（新华

社,2021 年 5 月 7 日,有删改)

材料二:1934 年 10 月,中央红军开始实行战略转移。红军带着许多笨重的印刷机器、军工机器等物资,战略转移变成了大搬家式的行动。一支由上千名挑夫组成的运输队伍拥挤在崇山峻岭的羊肠小道上,走走停停,行动十分迟缓,极大地削弱了战斗力。由于军委纵队行动迟缓,后卫红五军团及后面的红八、红九军团无法及时渡湘江,担任两翼掩护的红一、红三军团,不得不与敌人展开激战,付出了极大牺牲。红五军团第三十四师和红三军团第十八团被阻于湘江东岸,最后弹尽粮绝,大部壮烈牺牲。师长陈树湘身负重伤,不幸被俘。敌人听说抓到红军师长,要抬着他邀功请赏。陈树湘趁敌不备,用手从腹部伤口处绞断肠子,壮烈牺牲。(石慧、李颖,《人民政协报》,2016 年 8 月 25 日,有删改)

案例与问题讨论:

大革命失败后,国民党反动派四处镇压革命,屠杀共产党人,革命处于低潮。可是面对白色恐怖,年轻的战士们并没有退缩,哪怕被捕也凭借顽强的意志,严守党的秘密,宁死不屈,以生命来保卫党。他们用自己的生命诠释了共产党人的信念。

(1)看到他们宁死不屈的做法,你有什么感悟?

(2)在当时黑暗的中国,还有哪些仁人志士高举共产党的旗帜英勇奋战,说说他们的故事。

(3)如果让你给他们写一封信,你会写什么?

案例 2:入党誓词中第一次加入"永不叛党"

三湾改编后,起义部队尽管人数有所减少,但组织更加精干,思想政治工作也加强了,官兵们的精神面貌焕然一新。

10 月 15 日,在湖南鄘县(今炎陵县)水口街叶家祠堂的阁楼上,毛泽东主持召开了秋收起义部队组建以来的第一次新党员入党仪式,并给陈士榘、赖毅、刘炎、李恒等6名新党员逐条讲解入党誓词:"严守秘密,服从纪律,牺牲个人,阶级斗争,努力革命,永不叛党。"入党誓词中第一次加入了"永不叛党"四个字,这是数以万计的共产党人用鲜血和生命换来的。这不再是一次普通的入党仪式,而是在播撒理想信念的火种。陈士榘曾回忆:"在鄡县水口,根据毛泽东的要发展一批工农骨干入党的指示,我和一些骨干分子也加入了党组织。毛泽东亲自主持了入党仪式,带领党员宣誓,并讲了党课。这是我在革命生涯中的巨大转变,也使我从此有了新的政治生命,当时我心情十分激动。坚决革命,服从组织,为共产主义事业奋斗到底,成为我终身的奋斗目标。"水口入党仪式结束后,毛泽东要求各连党代表都要积极培养发展新党员,并照这个样子组织新党员进行入党宣誓。(李涛,人民网,2017年9月11日,有删改)

案例与问题讨论:

大革命失败后,共产党人没有被国民党的血腥镇压吓倒,仍然高举革命的大旗,不断反抗着。秋收起义就是一次英勇的尝试,秋收起义创造了我党我军历史上多个"第一",对于我党历史有着重要的意义。

查找相关资料,说说秋收起义在历史上有什么意义。

案例3:游击战争"十六字诀"

"敌进我退,敌驻我扰,敌疲我打,敌退我追"是新民主主义革命时期党领导的人民军队开展游击战争的重要战略战术原则。这通俗易懂的"十六字诀"战法,曾在革命战争史上创造了奇迹,使敌人陷入人民游击战争的包围之中。

早在1929年4月5日,担任红四军前委书记的毛泽东,在《中共红四军前委给中央的信》中围绕当时闽赣斗争情况以及红军的一些游击战术问题做了总结和阐述。信中指出,红军 3 年以来采取的战争策略就是:"游击的战术。大要说来是:'分兵以发动群众,集中以应付敌人'。'敌进我退,敌驻我扰,敌疲我打,敌退我追。'"这是毛泽东著作中首次以总结性文字完整表述游击战术的内涵。同年 9 月 28 日,中共中央在给红四军前委的指示信(即"中央九月来信")中,首次将"敌进我退,敌驻我扰,敌疲我打,敌退我追"简称为"十六字诀"。1930 年 12 月下旬,红一方面军总前委在宁都召开苏区军民歼敌誓师大会,会场两边就贴着"敌进我退,敌驻我扰,敌疲我打,敌退我追,游击战里操胜算;大步进退,诱敌深入,集中兵力,各个击破,运动战中歼敌人"的巨幅对联。这使广大军民对"十六字诀"的印象非常深刻。(牟蕾,《光明日报》,2017 年 12 月 13 日,有删改)

案例与问题讨论:

游击战是人民之战,毛泽东继承了前人的理念,在战争中充分发挥人民群众的力量,肯定了人民群众的主导地位。在抗日战争中,游击战被提到了战略的地位。

(1) 论述游击战争在反"围剿"斗争中的重要性。

(2) 为什么共产党可以通过这"十六字诀"赢得胜利?

【热点问题与讨论】

遵义会议是党的历史上一个生死攸关的转折点

材料一:必须指出,目前的环境在党与红军面前提出了严重的任务,这就是因为帝国主义与反革命国民党军阀在任何时候都不会放松我们,我们现在是在敌人新的围攻的前面,中央红军现在是在云贵川地区,这里没有现存的苏区,而需要我们重新去创造,我们的胜利要在自己艰苦奋战中取得。新苏区的创造不是不经过血战可以成功的。当前的中心问题是怎样战胜川滇黔蒋这些敌人的军队。为了战胜这些敌人,红军的行动必须有高度的机动性,革命战争的基本原则是确定了,为了完成作战任务必须灵活的使用这些原则。……红军更要从作战中休养与整理自己,并大量的扩大自己。红军必须严肃自己的纪律,对广大劳苦工农群众的联系必须更加密切与打成一片。极大的加强对地方居民的工作,红军应该是苏维埃的宣传者与组织者。目前的环境要求党与红军的领导者用一切努力,具体的切实的解决这些基本的问题。(《中共中央关于反对敌人五次"围剿"的总结的决议》,1935年)

材料二:遵义会议集中全力纠正了当时具有决定意义的军事上和组织上的错误,是完全正确的。这次会议开始了以毛泽东同志为首的中央的新的领导,是中国党内最有历史意义的转变。也正是由于这一转变,我们党才能够胜利地结束了长征,在长征的极端艰险的条件下保存了并锻炼了党和红军的基干,胜利地克服了坚持退却逃跑并实行成立第二党的张国焘路线,挽救了"左"倾路线所造成的陕北革命根据地的危机,正确地领导了一九三五年的"一二九"救亡运动,正确地解决了一九三六年的西安事变,组织了抗日民族统一战线,推动了神圣的抗日战争的爆发。

遵义会议后,党中央在毛泽东同志领导下的政治路线,是完全正确的。"左"倾路线在政治上、军事上、组织上都被逐渐地克服了。(《关于若干历史问题的决议》,1945年)

材料三:2021年2月,习近平总书记在贵州考察时强调,遵义会议的鲜明特点是坚持真理、修正错误,确立党中央的正确领导,创造性地制定和实施符合中国革命特点的战略策略。(新华社,2021年10月18日)

问题讨论:为什么说遵义会议是党的历史上一个生死攸关的转折点?

对长征精神的感悟

材料一:在纪念红军长征胜利80周年大会上的讲话

红军长征的那个年代,中国处在半殖民地半封建社会的黑暗境地,社会危机四伏,日寇野蛮侵略,国民党反动派置民族危亡于不顾,向革命根据地连续发动大规模"围剿",中国共产党和红军到了危急关头,中国革命到了危急关头,中华民族到了危急关头。

面对生死存亡的严峻考验,从1934年10月至1936年10月,红军第一、第二、第四方面军和第二十五军进行了伟大的长征。我们党领导红军,以非凡的智慧和大无畏的英雄气概,战胜千难万险,付出巨大牺牲,胜利完成震撼世界、彪炳史册的长征,宣告了国民党反动派消灭中国共产党和红军的图谋彻底失败,宣告了中国共产党和红军肩负着民族希望胜利实现了北上抗日的战略转移,实现了中国共产党和中国革命事业从挫折走向胜利的伟大转折,开启了中国共产党为实现民族独立、人民解放而斗争的新的伟大进军。(节选自《人民日报》,2016年10月22日)

材料二:2019年5月习近平来到于都县,瞻仰中央红军长征出发纪念碑。他强调,今年是新中国成立70周年。我们一定要牢记红色政权是从哪里来的、新中国是怎么建立起来的,倍加珍惜我们党开创的中国特色社会主义,坚定道路自信、理论自信、制度自信、文化自信。今天,在新长征路上,我们要战胜来自国内外的各种重大风险挑战,夺取中国特色社会主义新胜利,依然要靠全党全国人民坚定的理想信念和坚强的革命意志。(节选自《习近平在江西考察并主持召开推动中部地区崛起工作座谈会》,中国政府网,2019年5月22日)

问题讨论:结合材料分析长征精神的具体含义。

怎样弘扬长征精神,走好新时代的长征路?

反对本本主义,要联系实际进行调查研究

材料一:毛泽东在《反对本本主义》中强调,没有调查就没有发言权。

材料二:为深入学习贯彻习近平新时代中国特色社会主义思想,全面贯

彻落实党的二十大精神，党中央决定，在全党大兴调查研究，作为在全党开展的主题教育的重要内容，推动全面建设社会主义现代化国家开好局起好步。现制定《关于在全党大兴调查研究的工作方案》。

其重要意义如下：

调查研究是我们党的传家宝。党的十八大以来，以习近平同志为核心的党中央高度重视调查研究工作，习近平总书记强调指出，调查研究是谋事之基、成事之道，没有调查就没有发言权，没有调查就没有决策权；正确的决策离不开调查研究，正确的贯彻落实同样也离不开调查研究；调查研究是获得真知灼见的源头活水，是做好工作的基本功；要在全党大兴调查研究之风。习近平总书记这些重要指示，深刻阐明了调查研究的极端重要性，为全党大兴调查研究、做好各项工作提供了根本遵循。

当前，我国发展面临新的战略机遇、新的战略任务、新的战略阶段、新的战略要求、新的战略环境。世界百年未有之大变局加速演进，不确定、难预料因素增多，国内改革发展稳定面临不少深层次矛盾躲不开、绕不过，各种风险挑战、困难问题比以往更加严峻复杂，迫切需要通过调查研究把握事物的本质和规律，找到破解难题的办法和路径。在全党大兴调查研究，是深入学习贯彻习近平新时代中国特色社会主义思想、感悟这一重要思想的真理力量和实践伟力的必然要求，是深刻领悟"两个确立"的决定性意义、坚决做到"两个维护"的具体实践，是应对新时代新征程前进路上的风浪考验、推进中国式现代化的有力举措，是时刻保持解决大党独有难题的清醒和坚定、回答"六个如何始终"的现实需要，是转变工作作风、密切联系群众、提高履职本领、强化责任担当的有效途径。（节选自《关于在全党大兴调查研究的工作方案》，中国政府网，2023年3月19日）

问题讨论：当前为什么要重提"调查研究"？生活中我们应该怎样做？

行之篇

【社会实践与行动】

方案一：微电影或舞台剧

1. 实践目标

通过剧本写作,锻炼学生的文字表达能力和想象力;通过微电影拍摄或舞台剧表演,锻炼学生的团队协作能力,并让学生感受思政课实践环节的趣味性。以中国革命的新道路为背景,选取一个具体事件,再现当时的情景,或者自行创作剧本,进行演绎。从一个个小事件、小人物入手,使学生切身体验当时的历史,理解当时决策的意义。

2. 实践设计

第一步,与队员商量,构思故事,拟定写作大纲。以一个人或者一个事件为核心,展现具体历程。第二步,分成若干小组,选择自己感兴趣的课题。第三步,向任课教师汇报,确定所选主题,讨论写作的剧本的可行性,确定剧本所要表达的情感。第四步,分场景拍摄或排练。第五步,汇报表演。微电影或舞台剧的价值取向必须积极,符合社会主义核心价值观。第六步,教师和同学们评价并进行探讨。

3. 实践成果

形成一部8~10分钟的微电影或在舞台上进行表演。

方案二：读书报告或观后感

1. 实践目标

通过阅读书籍或观看电影,了解中国共产党人在危亡时刻如何进行选择并最终形成了新的道路,进一步激发学生的爱国情感、强国志向、报国行为,自觉在实现中国梦的实践中放飞青春梦想。

2. 实践设计

以小组为单位,选取一本书或者一部电影,在课堂上进行讨论,撰写读书报告或者观后感。小组成员分别阅读书籍或者观看电影后,进行组内讨论。课堂上小组成员对所读的书或者观看的电影进行介绍,继而谈论心得,主要从学习、人生启示等角度予以分享,再进行总结。

3. 实践成果

形成一份不少于 2000 字的读书报告,制作一份汇报 PPT。

推荐的电影或书籍如下：

《风雪大别山》(电影),1961 年

《闪闪的红星》(电影),1974 年

《飞夺泸定桥》(电影),2021 年

毛泽东:《毛泽东农村调查文集》,人民出版社,1982 年

方志敏:《方志敏文集》,人民出版社,1985 年

何友良:《中国苏维埃区域社会变动史》,当代中国出版社,1996 年

张天翼:《鬼土日记 包氏父子》,中国华侨出版社,2000 年

沙汀:《小城风波》,人民文学出版社,2000 年

魏巍:《地球的红飘带》,人民文学出版社,2014 年

童小鹏:《军中日记:我的长征亲历记》,解放军出版社,2017 年

茅盾:《子夜》,四川文艺出版社,2023 年

也可自行阅读其他相关书籍,观看相关电影。

方案三:重走长征路

1. 设计思路

长征是人类历史上的伟大奇迹,红军将士同敌人进行了 600 余次战役战斗,跨越近百条江河,攀越 40 余座高山险峰,其中海拔 4000 米以上的雪山就有 20 余座,穿越了被称为"死亡陷阱"的茫茫草地。通过重走长征路,前往长征时期红军经过的城市,了解当时的艰难困境,参观相关博物馆,了解长征的具体情况,在实践中达到教育的目的。

2. 具体流程

去往当地的博物馆或景点,参观拍照。查找与当地相关的文献资料,掌握相关知识。之后撰写调研报告,报告内容应包括对长征的认识,对当时决策的认识与感悟,并联系现实生活,思考长征精神对现代人产生的影响。最后教师总结,结合学生报告中的问题,引导学生思考。

3. 实践成果

提交一份 2000 字左右的调研报告,采用 PPT 展示调研过程中的所见所闻。

方案四:特色思政课案例搜集和汇报

1. 实践目标

学生可以根据自己所学专业以及本校特色,结合中国近现代史纲要的教

学内容,搜集有价值的案例进行分析、讲解。这样学生对本章内容会更为熟悉,同时在准备过程中可产生兴趣,激发思考。

2. 实践设计

第一步,确定题目,制定课程大纲。第二步,根据大纲进行备课。准备讲课所需的 PPT 和其他材料。第三步,进行课堂讲解,其他同学认真倾听,参与讨论。第四步,同学评论,教师点评、总结。

3. 实践成果

制作课件,进行 15 分钟课程展示,体现本章节内容。

【行动反思与品格塑造】

1. 土地问题是中国重要的社会问题和政治问题。不同时期往往面临着不同的土地问题,请说一说土地革命时期的土地制度具有的重要意义。

2. 中国共产党的百年历程并不是一帆风顺的,而是经历过各种磨难挫折。查找史料,了解当时的人们为了理想是如何勇敢向前、努力奋斗的,并谈谈你的认识。

3. 井冈山精神、长征精神等一系列红色革命精神,是几千年来中华民族精神的转化与升华,是推动中华民族伟大复兴的精神动力。作为新时代的新青年,我们应该怎样来弘扬红色革命精神,怎样把红色精神与具体实际相结合?

【参考文献】

[1] 习近平. 在庆祝中国人民解放军建军90周年大会上的讲话[N]. 人民日报,2017-08-02(2).

[2] 习近平. 在纪念红军长征胜利80周年大会上的讲话[N]. 人民日报,2016-10-22(2).

[3] 石仲泉. 红军长征和长征精神[J]. 中共党史研究,2007(1):55-63.

[4] 刘寿礼. 苏区"红色文化"对中华民族精神的丰富和发展研究[J]. 求实,2004(7):33-34.

[5] 中办印发《关于在全党大兴调查研究的工作方案》[N]. 人民日报,2023-03-20(1).

[6] 李金铮. 农民何以支持与参加中共革命?[J]. 中共党史研究,2012(11):129.

第六章

中华民族的抗日战争

第六章　中华民族的抗日战争

【学习目标】

中国人民抗日战争是近代以来中国人民反抗外敌入侵第一次取得完全胜利的民族解放斗争，全体中华儿女团结一心、共御外侮，最终彻底打败了日本侵略者，有力地捍卫了国家主权和领土完整。中华民族的抗日战争是我们每一代人不敢忘而又不能忘的伟大民族史诗。通过本章的学习，学生初步把握中国抗日战争的重要历史节点，从而能够理解中国十四年抗日战争是艰苦且神圣的民族解放战争，并在此基础上认识到中国共产党是抗日战争的中流砥柱，同时能够正确评价国民党在中国抗日战争中的地位和作用。在追忆革命先烈浴血奋斗的抗日战争历史过程中，更加深刻地领悟中国人民抗日战争的胜利对实现中华民族伟大复兴的重大意义，进一步培养学生不忘历史、珍视和平的时代精神以及爱国奋斗助力实现中国梦的历史使命。

【知识要点】

1. 抗日民族统一战线的形成及其意义
2. 中国共产党是中国人民抗日战争的中流砥柱
3. 正确评价国共两党及两个战场在抗日战争中的地位和作用
4. 中国抗日战争胜利的意义

读之篇

【经典阅读】

1. 中共中央为公布国共合作宣言

周恩来

亲爱的同胞们：

中国共产党中央委员会谨以极大的热忱向我全国父老兄弟诸姑姊妹宣言，当此国难极端严重民族生命存亡绝续之时，我们为着挽救祖国的危亡，在和平统一团结御侮的基础上，已经与中国国民党获得了谅解，而共赴国难了。这对于我们伟大的中华民族前途有着怎样重大的意义啊！因为大家都知道，在民族生命危急万状的现在，只有我们民族内部的团结，才能战胜日本帝国主义的侵略。现在民族团结的基础已经定下了，我们民族独立自由解放的前提也已创设了，中共中央特为我们民族的光明灿烂的前途庆贺。

不过我们知道，要把这个民族的光辉前途变为现实的独立自由幸福的新中国，仍需要全国同胞，每一个热血的黄帝子孙，坚韧不拔地努力奋斗。中国共产党愿当此时机，向全国同胞提出我们奋斗之总的目标，这就是：

（一）争取中华民族之独立自由与解放。首先须切实地迅速地准备与发动民族革命抗战，以收复失地和恢复领土主权之完整。

（二）实现民权政治，召开国民大会，以制定宪法与规定救国方针。

（三）实现中国人民之幸福与愉快的生活。首先须切实救济灾荒，安定民生，发展国防经济，解除人民痛苦与改善人民生活。

凡此诸项，均为中国的急需，以此悬为奋斗之鹄的，我们相信必能获得全国同胞之热烈的赞助。中共愿在这个总纲领的目标下，与全国同胞手携手地一致努力。

中共深切知道，在实现这个崇高目标的前进路上，须要克服许多的障碍和困难，首先将遇到日本帝国主义的阻碍和破坏。为着取消敌人的阴谋之借口，为着解除一切善意的怀疑者之误会，中国共产党中央委员会有披沥自己对于民族解放事业的赤忱之必要。因此，中共中央再郑重向全国宣言：

一、孙中山先生的三民主义为中国今日之必需，本党愿为其彻底的实现而奋斗。

二、取消一切推翻国民党政权的暴动政策及赤化运动，停止以暴力没收地主土地的政策。

三、取消现在的苏维埃政府，实行民权政治，以期全国政权之统一。

四、取消红军名义及番号，改编为国民革命军，受国民政府军事委员会之统辖，并待命出动，担任抗日前线之职责。

亲爱的同胞们！本党这种光明磊落大公无私与委曲求全的态度，早已向全国同胞在言论行动上明白表示出来，并且已获得同胞们的赞许。现在为求得与国民党的精诚团结，巩固全国的和平统一，实行抗日的民族革命战争，我们准备把这些诺言中在形式上尚未实行的部分，如苏区取消、红军改编等，立即实行，以便用统一团结的全国力量，抵抗外敌的侵略。

寇深矣！祸亟矣！同胞们，起来，一致地团结啊！我们伟大的悠久的中华民族是不可屈服的。起来，为巩固民族的团结而奋斗！为推翻日本帝国主义的压迫而奋斗！胜利是属于中华民族的！

抗日战争胜利万岁！

独立自由幸福的新中国万岁！

中国共产党中央委员会

（来源：《周恩来选集》上卷，人民出版社 1980 年版）

导读：《中共中央为公布国共合作宣言》是周恩来在 1937 年 7 月 4 日为中共中央起草的宣言，7 月 15 日由中共中央交付国民党，国民党于 9 月 22 日发表。目前收录于《周恩来选集》（上卷）。该宣言慷慨激昂，言辞恳切，在客观地分析当时国家危亡的紧急形势的基础上，再次重申了共产党为实现抗战胜利所制定的三个奋斗目标及四项保证，呼吁全国同胞勠力同心，紧密团结起来一致抗日。《中共中央为公布国共合作宣言》的发布标志着国共第二次合作的形成，为全民族团结一致，共御外侮定下了总的基调。

2. 迎接对日直接抗战伟大时期的到来（节选）

张闻天

为了顺利的完成新阶段内的任务，我们认为全中国人民，全中国的各党各派，应该始终不动摇的把日本帝国主义当做中国民族的公敌。我们对于日本帝国主义力量不能有过分的估计，而造成一种不可救药的"恐日病"。事实证明，日本帝国主义在最近侵掠的过程中，由于中国人民的反抗，由于抗日民族统一战线的胜利，已经受到了不少的挫折与失败（如川越、张群谈判的没有结果，进攻绥远的惨败，挑拨内战的阴谋的没有成绩，华北特殊化的停滞状态，经济考察团的失败等）。这证明，只要全民族的统一战线建立起来，只要全民族总动员，实现对日抗战，日本帝国主义是能够战胜的。然而我们对于日本帝国主义的力量也不能估计不足。日本帝国主义不但有着世界最侵掠最野蛮的德意两大法西斯国家的援助，有着全副武装的帝国军队，而且他经常采取各种麻醉、愚弄、欺骗与威胁利诱的方法来达到灭亡中国的最终目的。尤其重要的，他善于利用中国的汉奸亲日派与托洛斯基派等，善于利用中国内部的各种矛盾，以实现他"以华制华"的阴谋毒计。因此全中国人民与各党各派应该有最高度的民族觉悟，不要为日寇及其走卒汉奸、亲日派、托洛斯基派等所蒙蔽，不要中他们挑拨离间的奸计，给中华民族以无穷的祸害。应该把中国与日本的矛盾看做中国时局目前的最主要的与基本的矛盾，其他中国内部的矛盾都应该放在次要的与服从的地位。只有这样，才能消除国内的各种成见与斗争，而达到团结内部共赴国难的目的。任何人任何集团的一切破坏这一目的的实现的企图，不论在怎样好听的口号之下，应该受到全国人民的制裁。

看吧！日本帝国主义现在正在大吹大擂的实行他的"新政策"！中国人民与中国政府应该清楚的看到这个新政策的葫芦里到底卖的什么药。这个新政策不过是日本在侵掠中国的过程中遇到挫折与失败后的新的阴谋。这阴谋的目的,是想利用一些甜蜜的言论以欺骗与麻醉中国人民与中国政府,使他们投降就范。是想借此拉拢中国政府加入德日意"防共协定"自趋灭亡,是想再一次利用挑拨离间的手段发动中国内战使他们渔翁得利。并且在这一烟幕弹下,使他有相当的时间加紧大规模战争的必要准备,使以上企图最后失败时实行新的武装占领。对于日本帝国主义的这种新阴谋,中国人民与中国政府应该有最大的警觉与戒备！

无疑的,每一个中国人身上负担着这一光荣的任务。用我们一切的努力迎接对日直接抗战伟大时期的到来吧！我们能够战胜日本帝国主义！我们一定要战胜日本帝国主义！

(来源:《张闻天文集》第二卷,中共党史出版社1993年版)

导读:《迎接对日直接抗战伟大时期的到来》是张闻天于1937年在《解放》周刊上发表的一篇对时局分析的文章。在此篇文章中,张闻天深刻地分析了国共两党的抗战政策变化以及中日两国的国情差异,指出应当正确看待中日在战争过程中力量的消长,批评了当下"恐日病"的消极错误,认为在全国抗日民族统一战线的旗帜下,中国取得抗战胜利指日可待,表达了中国共产党人对抗战胜利的坚定信念。此外,张闻天还敏锐地察觉到日本在战争中使用的各种手段、阴谋,警醒中国政府应当有所防范。本文能够体现出张闻天对抗战时局准确而科学的分析和预见。

3. 论持久战(节选)

毛泽东

(九)抗日战争为什么是持久战？最后胜利为什么是中国的呢？根据在什么地方呢？

中日战争不是任何别的战争,乃是半殖民地半封建的中国和帝国主义的日本之间在二十世纪三十年代进行的一个决死的战争。全部问题的根据就在这里。分别地说来,战争的双方有如下互相反对的许多特点。

(一〇)日本方面:第一,它是一个强的帝国主义国家,它的军力、经济力和政治组织力在东方是一等的,在世界也是五六个著名帝国主义国家中的一个。这是日本侵略战争的基本条件,战争的不可避免和中国的不能速胜,就建立在这个日本国家的帝国主义制度及其强的军力、经济力和政治组织力上面。然而第二，由于日本社会经济的帝国主义性，就产生了日本战争的帝国主义性，它的战争是退步的和野蛮的。时至二十世纪三十年代的日本帝国主义，由于内外矛盾，不但使得它不得不举行空前大规模的冒险战争，而且使得它临到最后崩溃的前夜。从社会行程说来，日本已不是兴旺的国家，战争不能达到日本统治阶级所期求的兴旺，而将达到它所期求的反面——日本帝国主义的死亡。这就是所谓日本战争的退步性。跟着这个退步性，加上日本又是一个带军事封建性的帝国主义这一特点，就产生了它的战争的特殊的野蛮性。这样就要最大地激起它国内的阶级对立、日本民族和中国民族的对立、日本和世界大多数国家的对立。日本战争的退步性和野蛮性是日本战争必然失败的主要根据。还不止此，第三，日本战争虽是在其强的军力、经济力和政治组织力的基础之上进行的，但同时又是在其先天不足的基础之上进行的。日本的军力、经济力和政治组织力虽强，但这些力量之量的方面不足。日本国度比较地小，其人力、军力、财力、物力均感缺乏，经不起长期的战争。日本统治者想从战争中解决这个困难问题，但同样，将达到其所期求的反面，这就是说，它为解决这个困难问题而发动战争，结果将因战争而增加困难，战争将连它原有的东西也消耗掉。最后，第四，日本虽能得到国际法西斯国家的援助，但同时，却又不能不遇到一个超过其国际援助力量的国际反对力量。这后一种力量将逐渐地增长，终究不但将把前者的援助力量抵消，并将施其压力于日本自身。这是失道寡助的规律，是从日本战争的本性产生出来的。总起来说，日本的长处是其战争力量之强，而其短处则在其战争本质的退步性、野蛮性，在其人力、物力之不足，在其国际形势之寡助。这些就是日本方面的特点。

（一）中国方面：第一，我们是一个半殖民地半封建的国家。从鸦片战争，太平天国，戊戌维新，辛亥革命，直至北伐战争，一切为解除半殖民地半封建地位的革命的或改良的运动，都遭到了严重的挫折，因此依然保留下这个半殖民地半封建的地位。我们依然是一个弱国，我们在军力、经济力和政治组织力各方面都显得不如敌人。战争之不可避免和中国之不能速胜，又在这个方面有其基础。然而第二，中国近百年的解放运动积累到了今日，已经不同于任何历史时期。各种内外反对力量虽给了解放运动以严重挫折，同时却锻炼了中国人民。今日中国的军事、经济、政治、文化虽不如日本之强，但在中国自己比较起来，却有了比任何一个历史时期更为进步的因素。中国共产党及其领导下的军队，就是这种进步因素的代表。中国今天的解放战争，就是在这种进步的基础上得到了持久战和最后胜利的可能性。中国是如日方升的国家,这同日本帝国主义的没落状态恰是相反的对照。中国的战争是进步的,从这种进步性,就产生了中国战争的正义性。因为这个战争是正义的,就能唤起全国的团结,激起敌国人民的同情,争取世界多数国家的援助。第三,中国又是一个很大的国家,地大、物博、人多、兵多,能够支持长期的战争,这同日本又是一个相反的对比。最后,第四,由于中国战争的进步性、正义性而产生出来的国际广大援助,同日本的失道寡助又恰恰相反。总起来说,中国的短处是战争力量之弱,而其长处则在其战争本质的进步性和正义性,在其是一个大国家,在其国际形势之多助。这些都是中国的特点。

(一二)这样看来,日本的军力、经济力和政治组织力是强的,但其战争是退步的、野蛮的,人力、物力又不充足,国际形势又处于不利。中国反是,军力、经济力和政治组织力是比较地弱的,然而正处于进步的时代,其战争是进步的和正义的,又有大国这个条件足以支持持久战,世界的多数国家是会要援助中国的。——这些,就是中日战争互相矛盾着的基本特点。这些特点,规定了和规定着双方一切政治上的政策和军事上的战略战术,规定了和规定着战争的持久性和最后胜利属于中国而不属于日本。战争就是这些特点的比赛。这些特点在战争过程中将各依其本性发生变化,一切东西就都从这里发生出来。这些特点是事实上存在的,不是虚造骗人的;是战争的全部基本要素,不是残缺不全的片段;是贯彻于双方一切大小问题和一切作战阶段之中的,不是可有可无的。观察中日战争如果忘记了这些特点,那就必然要弄错;即使某些意见一时有人相信,似乎不错,但战争的经过必将证明它们是错的。我们现在就根据这些特点来说明我们所要说的一切问题。

(来源:《毛泽东选集》第二卷,人民出版社 1991 年版)

导读:《论持久战》是毛泽东于 1938 年 5 月 26 日至 6 月 3 日在延安抗日战争研究会所作讲演,是中国共产党领导抗日战争的纲领性文献。该讲演从全国的战略全局出发,从中日两国国情和战略性质的角度出发,深刻地论述了抗日战争必须经过战略防御、战略相持、战略反攻三个阶段,从而揭示了抗日战争发展的过程和规律,批驳了当时盛行的"亡国论"和"速胜论",为抗日战争提供了强大的理论指引。

4. 战争和战略问题(节选)

毛泽东

抗日游击战争的战略地位

在抗日战争的全体上说来,正规战争是主要的,游击战争是辅助的,因为抗日战争的最后命运,只有正规战争才能解决。就全国来说,在抗日战争全过程的三个战略阶段(防御、相持、反攻)中,首尾两阶段,都是正规战争为主,辅之以游击战争。中间阶段,由于敌人保守占领地、我虽准备反攻但尚不能实行反攻的情况,游击战争将表现为主要形态,而辅之以正规战;但这在全战争中只是三个阶段中的一个阶段,虽然其时间可能最长。故在全体上说来,正规战争是主要的,游击战争是辅助的。不认识这一情况,不懂得正规战争是解决战争最后命运的关键,不注意正规军的建设和正规战的研究和指导,就不能战胜日本。这是一方面。

但游击战争是在全战争中占着一个重要的战略地位的。没有游击战争,忽视游击队和游击军的建设,忽视游击战的研究和指导,也将不能战胜日本。原因是大半个中国将变为敌人的后方,如果没有最广大的和最坚持的游击战争,而使敌人安稳坐占,毫无后顾之忧,则我正面主力损伤必大,敌之进攻必更猖狂,相持局面难以出现,继续抗战可能动摇,即若不然,则我反攻力量准备不足,反攻之时没有呼应,敌之消耗可能取得补偿等等不利情况,也都要发生。假如这些情况出现,而不及时地发展广大的和坚持的游击战争去克服它,要战胜日本也是不可能的。因此,游击战争虽在战争全体上居于辅助地位,但实占据着极其重要的战略地位。抗日而忽视游击战争,无疑是非常错误的。这是又一方面。

游击战争的可能,只要具备大国这个条件就存在的,因此古代也有游击战争。但是游击战争的坚持,却只有在共产党领导之下才能出现。故古代的游击战争大都是失败的游击战争,只有现代有了共产党的大国,如像内战时期的苏联和中国这样的国家,才有胜利的游击战争。在战争问题上,抗日战争中国共两党的分工,就目前和一般的条件说来,国民党担任正面的正规战,共产党担任敌后的游击战,是必须的,恰当的,是互相需要、互相配合、互相协助的。

由此可以懂得,我们党的军事战略方针,由国内战争后期的正规战争转变为抗日战争前期的游击战争,是何等重要和必要的了。综合其利,有如下十八项:(一)缩小敌军的占领地;(二)扩大我军的根据地;(三)防御阶段,配合正面作战,拖住敌人;(四)相持阶段,坚持敌后根据地,利于正面整军;(五)反攻阶段,配合正面,恢复失地;(六)最迅速最有效地扩大军队;(七)最普遍地发展共产党,每个农村都可组织支部;(八)最普遍地发展民众运动,全体敌后人民,除了敌人的据点以外,都可组织起来;(九)最普遍地建立抗日的民主政权;(十)最普遍地发展抗日的文化教育;(十一)最普遍地改善人民的生活;(十二)最便利于瓦解敌人的军队;(十三)最普遍最持久地影响全国的人心,振奋全国的士气;(十四)最普遍地推动友军友党进步;(十五)适合敌强我弱条件,使自己少受损失,多打胜仗;(十六)适合敌小我大的条件,使敌人多受损失,少打胜仗;(十七)最迅速最有效地创造出大批的领导干部;(十八)最便利于解决给养问题。

在长期奋斗中,游击队和游击战争应不停止于原来的地位,而向高级阶段发展,逐渐地变为正规军和正规战争,这也是没有疑义的。我们将经过游击战争,积蓄力量,把自己造成为粉碎日本帝国主义的决定因素之一。

(来源:《毛泽东选集》第二卷,人民出版社1991年版)

导读:在本文中,毛泽东运用辩证唯物主义和历史唯物主义的科学方法具体地分析了游击战的内容和作战方式,系统地论述了抗日游击战的地位和作用。正是在这样的战略思想指导下,共产党所领导的军队才能在敌后广泛开展游击战争,卓有成效地牵制与消耗日军。本文既批判了当时轻视游击战的错误思想,也为中国抗日战争的胜利发挥了巨大的战略作用。

5. 在纪念中国人民抗日战争暨世界反法西斯战争胜利七十五周年座谈会上的讲话(节选)

习近平

——中国人民抗日战争胜利是以爱国主义为核心的民族精神的伟大胜利。爱国主义是我们民族精神的核心,是中国人民和中华民族同心同德、自强不息的精神纽带。面对国家和民族生死存亡,全体中华儿女同仇敌忾、众志成城,奏响了气吞山河的爱国主义壮歌。爱国主义是激励中国人民维护民族独立和民族尊严、在历史洪流中奋勇向前的强大精神动力,是驱动中华民族这艘航船乘风破浪、奋勇前行的强劲引擎,是引领中国人民和中华民族迸发排山倒海的历史伟力、战胜前进道路上一切艰难险阻的壮丽旗帜!

——中国人民抗日战争胜利是中国共产党发挥中流砥柱作用的伟大胜利。中国共产党自成立之日起就把实现中华民族伟大复兴作为自己的历史使命,捍卫民族独立最坚定,维护民族利益最坚决,反抗外来侵略最勇敢。在抗日战争时期,在民族危亡的历史关头,中国共产党以卓越的政治领导力和正确的战略策略,指引了中国抗战的前进方向,坚定不移推动全民族坚持抗战、团结、进步,反对妥协、分裂、倒退。中国共产党高举抗日民族统一战线的旗帜,坚决维护、巩固、发展统一战线,坚持独立自主、团结抗战,维护了团结抗战大局。中国共产党人勇敢战斗在抗日战争最前线,支撑起中华民族救亡图存的希望,成为全民族抗战的中流砥柱!

——中国人民抗日战争胜利是全民族众志成城奋勇抗战的伟大胜利。中国共产党坚持动员人民、依靠人民,推动形成了全民族抗战的历史洪流。毛泽东同志在全国抗战开始后就明确提出:"我们主张全国人民总动员的完全的民族革命战争,或者叫作全面抗战。因为只有这种抗战,才是群众战争,才能达到保卫祖国的目的。"中国共产党坚持兵民是胜利之本,提出和实施持久战的战略总方针和一整套人民战争的战略战术,敌后根据地军民广泛开展伏击战、破袭战、地雷战、地道战、麻雀战等游击战的战术战法,使日本侵略者陷入了人民战争的汪洋大海之中。中国共产党领导开辟的敌后战场和国民党指挥的正面战场协力合作,形成了共同抗击日本侵略者的战略局面。中国人民抗日战争胜利是全体中华儿女勠力同心、以弱胜强的雄浑史诗,显示了中国人民和中华儿女坚不可摧的磅礴力量!

——中国人民抗日战争胜利是中国人民同反法西斯同盟国以及各国人民并肩战斗的伟大胜利。中国人民永远不会忘记,世界上爱好和平与正义的国家和人民、国际组织等各种反法西斯力量对中国人民抗日战争给予的宝贵援助和支持。苏联给予中国抗战有力的物资支持,美国"飞虎队"冒险开辟驼峰航线,朝鲜、越南、加拿大、印度、新西兰、波兰、丹麦以及德国、奥地利、罗马尼亚、保加利亚、日本等国的一大批反法西斯战士直接投身中国抗战。加拿大医生白求恩、印度医生柯棣华不远万里来华救死扶伤,法国医生贝熙叶开辟运输药品的自行车"驼峰航线",德国的拉贝、丹麦的辛德贝格在南京大屠杀中千方百计保护中国难民,英国的林迈可、国际主义战士汉斯·希伯等记者积极报道和宣传中国抗战壮举。他们的感人事迹和崇高品格永远铭记在中国人民心中!

中国人民在抗日战争的壮阔进程中孕育出伟大抗战精神,向世界展示了天下兴亡、匹夫有责的爱国情怀,视死如归、宁死不屈的民族气节,不畏强暴、血战到底的英雄气概,百折不挠、坚忍不拔的必胜信念。伟大抗战精神,是中国人民弥足珍贵的精神财富,将永远激励中国人民克服一切艰难险阻、为实现中华民族伟大复兴而奋斗。

我们也清醒认识到,在前进道路上,我们仍然会面临各种各样的风险挑战,会遇到各种各样的荆棘坎坷。我们要弘扬伟大抗战精神,以压倒一切困难而不为困难所压倒的决心和勇气,敢于斗争,善于创造,锲而不舍为实现中华民族伟大复兴而奋斗,直至取得最后的胜利。

(来源:中共中央党史和文献研究院编,《十九大以来重要文献选编》中,

中央文献出版社 2021 年版)

导读:《在纪念中国人民抗日战争暨世界反法西斯战争胜利七十五周年座谈会上的讲话》是习近平总书记于 2020 年 9 月 3 日发表的讲话。该讲话传递出中国人民在抗日战争的壮阔进程中孕育出的伟大抗战精神,向世界展示了天下兴亡、匹夫有责的爱国情怀,视死如归、宁死不屈的民族气节,不畏强暴、血战到底的英雄气概,百折不挠、坚忍不拔的必胜信念,指出了伟大抗战精神是中国人民弥足珍贵的精神财富,将永远激励中国人民克服一切艰难险阻、为实现中华民族伟大复兴而奋斗。

【拓展阅读】

1.《西行漫记》

基本信息:埃德加·斯诺著;生活·读书·新知三联书店,1979 年。

主要内容:本书又名《红星照耀中国》,是一部由美国记者埃德加·斯诺在对中国陕北革命根据地进行了实地考察后,基于亲身经历和大量的采访记录编撰而成的作品。该书对中国共产党和中国革命作了客观评价,并向全世界作了公正报道,打破了西方对中国的刻板印象,还原了中国共产党、中国人民的真实面貌。该书一经出版,立即在世界范围内引起了轰动。西方舆论高度地评价此书为与哥伦布发现新大陆同样伟大的成就。

推荐理由:《西行漫记》是一部文笔优美、纪实性很强的报道性作品。作者采用第一视角的叙事方式,以国际友人的冷静客观态度去看待中国共产党的革命经历,真实地展现出历史进程中中国共产党的英勇风姿。书中记叙了中国共产党人和红军战士坚韧不拔、英勇卓绝的伟大斗争,以及领袖人物伟大而平凡的精神风貌。此书对于我们更加全面了解中国共产党的革命史具有很大的参考价值,同时也能使学生坚定理想信念,提升历史自信,增强使命担当。

2.《中流砥柱:中国共产党与全民族抗日战争》

基本信息:中共中央党史研究室编;中共党史出版社,2005 年。

主要内容:该书以翔实的史料、真挚的语言,通过一个个鲜活的故事,全面追溯了这场"捍卫了人类和平事业,铸就了战争史上的奇观、中华民族的壮举"的抗日战争的苦难与辉煌,以重大史实廓清了国内外有关国共两党抗战作用的谬论、认识误区和不公评价,旗帜鲜明地阐述了"中国共产党是全民族抗战的中流砥柱"的观点。全书配以100多幅珍贵图片,真实还原了"开辟了中华民族伟大复兴的光明前景"的抗战全貌。

推荐理由: 本书客观地评价了中国共产党在抗日战争中的地位和作用,全景式地再现了在中国共产党倡导建立的抗日民族统一战线旗帜下,中国人民同仇敌忾、英勇斗争,取得抗日战争伟大胜利的光辉历史,突出反映了中国共产党及其领导的人民力量,在全民族团结抗战中发挥的中流砥柱作用。阅读本书,学生能够更加深刻地认识到中国共产党在抗日战争中的伟大贡献,培养坚决拥护党和国家的决心和意识。

3.《苦难的人流——抗战时期的难民》

基本信息: 孙艳魁著;广西师范大学出版社,1994。

主要内容: 该书是一本研究中国抗日战争时期难民问题的专著,作者慧眼独具,从人们常遗忘而不应遗忘的难民这一群体出发,进行了严谨而独创的研究。全书内容涉及抗战时期难民的基本特征、流亡情况、人口学分析,国民政府、社会各界、陕甘宁边区的救济情况与评价,以及难民问题产生的社会影响等诸多方面。本书从另一个角度揭露了日本侵华的罪恶,使我们对日本法西斯罪行的认识更加深入,也使得抗日战争史的研究走入了一个崭新的领域。

推荐理由: 在本书中,作者通过大量的史料再现了底层人民在战争中的生活和情感状态,揭露了日本侵华战争的残酷和罪恶。该书作为第一部全面研究抗战时期难民问题的著作,有效地弥补了学界对中国抗日战争难民问题关注的不足,是目前所见到的对难民问题研究得最为全面的成果,为更加深入地研究中国抗日战争提供了新的视角。此书尽可能地还原历史,使学生更深刻地感受到战争的惨烈与无道,从而珍惜和平、热爱祖国,始终拥护中国共产党的领导。

4.《重读抗战家书》

基本信息: 中共中央宣传部宣传教育局编;中华书局,2015年。

主要内容: 该书一共收编了32封抗战英烈家书,按照家书写作时间先后排序。时间跨度从1934年至1945年,收录了吉鸿昌、赵一曼、左权、张自忠、戴安澜、彭雪枫等抗战英烈的家书。每篇家书包括抗战英烈照片及简介、家书照片及誊清稿、家书解读三个方面的内容,有着厚重的历史感和鲜明的思想性。家书作者中既有高级军官,亦有普通士兵,他们的笑与泪、深情与豪情都深藏在一封封家书里。本书展现了全民族抗战保家卫国的伟大历史图景。

推荐理由："烽火连三月，家书抵万金"，在战火纷飞的革命年代，在家国之忧的复杂感情中，革命先烈们把他们难以言喻的或大或小的爱都留在了每封家书的字里行间，是他们赤诚之心的真实写照。这些抗战家书体现了革命英烈们坚定的理想信念和深厚的家国情怀，既感人肺腑也发人深省，是对学生进行理想信念教育最生动、最有说服力的教材。《重读抗战家书》对于回溯抗战历史，延续先辈们的革命记忆，弘扬伟大的抗战精神，从而使学生铭记历史、珍爱和平具有积极意义。

思之篇

【案例讨论与思考】

案例1：坚贞不屈抗日救国的巾帼英雄赵一曼

九一八事变爆发后，为抗击日寇的侵略，东北大地上涌现出了无数革命志士，其中有一位令敌人闻风丧胆的女英雄，她就是赵一曼。接受革命思想洗礼的赵一曼立志抗战报国，在党组织的安排下，1933年，赵一曼在海伦地区率领游击队作战，以两百人的兵力击溃敌伪五百余人，并将敌方团长击毙。后来，赵一曼被任命为东北人民革命军第三军一师二团政委。她领导的游击队让日伪军接连退败，沉重打击了日伪军嚣张的气焰。1935年11月，赵一曼在春秋岭战役中身负重伤后不幸被日军发现，昏迷被俘。敌人为套取情报，用尽了惨无人道的残酷刑罚，给赵一曼的身心都带来了巨大的折磨。面对敌人的严刑拷打和轮番审问，赵一曼始终没有屈服，她怒斥道："你们这些强盗，可以让整座村庄变成瓦砾，可以把人剁成烂泥。可是，你们消灭不了共产党人的信仰！"她把中国革命的伟大事业融入血脉，以柔弱之躯承担起抗日救国的光荣使命，把南国女儿的一腔热血喷洒在了祖国白山黑水的东北大地。

后来，日寇在报告中写道："我们在赵一曼身上用尽酷刑，依旧不能逼问出一个字，此女之意志我们无法摧毁，此女承受此等酷刑依旧不说一个字，这在生理学和医学上已无法解释。"足可见之，赵一曼坚不可摧的意志和忠心报国的赤诚之心令残暴的敌人也为之震撼，她所留下的宝贵精神财富因此感动了一代又一代中国人民。

"白马红枪,一身戎装"是对抗日女英雄赵一曼的形象描述,而她"坚贞不屈,英勇就义"的伟大精神将永远留在每个中国人的心里。

案例与问题讨论：

(1) 请同学们结合相关材料思考赵一曼所说的"共产党人的信仰"是什么。

(2) 在赵一曼身上,同学们能体会到中华儿女的哪些精神？

案例 2：于硝烟炮火中救助敌军孤女的仁义元帅聂荣臻

1980 年 7 月 14 日,人民大会堂迎来了一位特殊的客人,一名叫美穗子的日本妇女不远万里来到中国,开启了一场令人难忘的"寻亲之旅"。她紧紧地握住开国大元帅聂荣臻的双手,满含热泪,激动不已。她不断地向聂荣臻鞠躬,用颤抖的声音亲切地称呼聂老为"爸爸",他们"父女重逢"的场景令在场的所有人动容。这场见面跨越了时空的距离,带我们回到烽火四起的抗日战争年代,让我们深深感动于中国军民的仁义精神。

1940 年 8 月 20 日,八路军发起百团大战。按照八路军总部的统一部署,晋察冀军区部队在司令员兼政治委员聂荣臻的指挥下,向正太铁路东段日军展开攻击。在进攻日军控制的井陉煤矿的战斗中,八路军救起了两个日本女孩,大的五六岁,小的还在襁褓之中,后来证实年长的女孩正是美穗子。如何处理敌军的孩子在当时的军队内部出现了争议,由于战事越来越激烈,日寇"扫荡"频繁,部队经常转移,必然无法时刻照顾到两个幼童。思前想后,聂帅还是决定把孩子们送回日军营地,并留下了一封信。聂帅在信中说明了两个女孩的来历,并同时呼吁日军反思暴行,争取中日和平。他写道："中日两国人民本无仇怨,只因日阀专政,逞其凶毒……八路军……必当与野蛮横暴之日阀血战到底,深望君等幡然觉醒,与中国士兵人民齐心合力,共谋解放,则日本幸甚,中国亦幸甚。"

以聂荣臻为代表的中国军民秉持人道主义精神,以宽广的胸襟始终坚守着正义之道。即使是在硝烟炮火的年代,仍然不忘以慈悲仁爱之心救助弱小,是中国军民大爱无疆、至仁至义的革命英雄主义的体现。在这次见面之后,美穗子曾先后六次踏上中国的土地,也在日本做了许多促进中日友好的工作,为中日关系的和平发展作出了自己的贡献。将军救孤女,成为中日交往史上的一段佳话。

案例与问题讨论：

（1）聂荣臻在抗日战争中救下美穗子有什么意义？

（2）请同学们根据相关材料和课外积累谈谈民族战争是否应牵连普通民众。

（3）请同学们想象一下,如果你是聂荣臻或八路军战士,你会救下美穗子姐妹吗？

案例3：毁家纾难倾囊抗战的南侨总会

1938年10月10日,新加坡、马来亚、菲律宾、印度尼西亚、缅甸、越南等国家和地区45个华侨团体的代表168人汇聚新加坡,召开南洋华侨史上空前的爱国盛会。10日为大会开幕式,陈嘉庚任会议临时主席并首先致辞,继由国民政府驻新总领事宣读林森、蒋介石、孔祥熙等人的祝词,随后由印度尼西亚华侨代表庄西言、菲律宾华侨代表王泉笙、新加坡华侨代表周献瑞等近20人发表演说。会议收到各方发来的祝贺文电20多封。11日为预备会议,公决大会主席团、秘书等9项议程。12日开始举行正式会议,历时4天半,举行会议9次,收到提案41件111条。大会议定成立"南洋各属华侨筹赈祖国难民总会"(简称"南侨总会"),总机关设在星洲(新加坡)。会议还通过为祖国捐款、推销救国公债、开展抗日宣传及总会组织大纲等多项重要议案。南侨总会组织大纲共9章27条,并有附则4条。大纲规定的宗旨为:"甲、联络南洋各属华侨研究筹赈方法,策动救亡工作;乙、筹款助赈祖国难民,并倡导集资发展祖国实业,以维难民生计;丙、积极劝募公债及推销国货。"根据组织大纲,大会选举陈嘉庚为南侨总会主席,庄西言、李清泉为副主席;常委16人,候补常委11人。大会发表了《南侨代表大会宣言》(以下简称《宣言》),其中揭露了日军侵华暴行,向南洋广大侨胞发出竭尽全力支援祖国抗战的神圣号召。《宣言》指出,敌虽占我广大领土,我之物资损失、人员伤亡甚大,但"惟我有无限之资源足以支持,我有无穷之力量足为后盾。忍万屈以求一伸,拼千输以博一赢";而日本侵略者同样遭到巨大损失和伤亡,况敌"资源有限,人力易穷,踵决肘见,百象不安,时间愈延长,危机愈逼近",故"吾人必须坚抱""最后胜利之属我"的信念。《宣言》认为,"盖国家之大患一日不能除,则国民之天职一日不能卸,前方之炮火一日不得止,则后方之刍粟一日不得停",广大华侨应"各尽所能,各竭所有,自策自鞭,自励自勉,踊跃慷慨,贡献于国家"。侨胞应倡用国货,"以振兴我国商业,而厚我经济力。更拟组织公司,开发祖国富源,维持难民生计"。《宣言》最后呼吁,全体南洋侨胞要"充大精诚,固大团结,宏大力量,以为我政府后盾"。

全南洋华侨代表大会的召开及南侨总会的成立,是"南洋华人抗日运动的新纪元"。这是南洋华侨冲破地域观念,共同抗日救国大团结的标志;它是继全欧华侨抗联会成立后,又一个大规模的洲际性华侨抗日救国团体。与其他大型华侨抗日救国团体不同的是,南侨总会是由有威望的侨领发起、经过国民政府批准成立的,它有严密的纲领和组织机构,在国内外具有相当的权威性。

南侨总会带领南洋广大华侨为支援祖国抗战作出了重大贡献。从1938年10月到1941年12月太平洋战争爆发的3年多时间里,南侨总会发动南侨为祖国抗战捐献4亿多元(国币)和大宗国内短缺的战争和生活物品;还动员通过踊跃购买公债、进行侨汇、回国投资,捐献飞机、汽车、衣物、药品,回国参加抗战等多种方式支援祖国抗战,维护了国共合作的抗日民族统一战线,不少归侨青年为效命祖国,血洒疆场。(贾晓明,《人民政协报》,2019年8月22日,有删改)

案例与问题讨论:

(1) 请同学们以南侨总会为例谈谈华侨与民族的关系。

（2）搜集相关资料，整理出抗日战争中海外侨胞所作出的主要贡献。

【热点问题与讨论】

如何看待"抗日神剧"现象

近年来，各式各样的"抗日神剧"层出不穷，它们不断出现在人们的视野，霸占各大荧幕，成为影视节目中一股强大的"逆流"。这些"抗日神剧"往往有着离奇的故事线索、"神化"的核心人物以及滑稽的服装造型，披着弘扬主旋律的外衣来掩盖内容和质量的缺陷，以博取眼球、赚取利润为目的，出现了"手撕鬼子""子弹转弯"等严重扭曲历史事实的荒谬情节。因此，"抗日神剧"屡禁不止的现象也在社会中引发了广泛的热议。

有的人认为"抗日神剧"的存在是必要的，它在一定程度上能激发当今人们的爱国热情，培育其历史自信和文化自信。而有的人则认为"抗日神剧"的出现百害而无一利，它是历史虚无主义渗透群众日常生活的体现，是社会价值观滑坡所导致的极端现象。"抗日神剧"现象是如何出现的呢？我们又该怎样看待这一现象呢？

"抗日神剧"是市场经济作用下的畸形产物，它所产生的弊远远大于利。"抗日神剧"之所以产生，一方面是影视企业和投资方在急功近利的心态影响下，对抗日题材的剧本缺乏用心的打磨和仔细的甄别，很多毫无逻辑、粗俗不堪的剧本顺势流入市场。他们在商业利益的追逐中一味地迎合大众的猎奇心理，投其所好，不惜突破底线，制造出了一批批伪历史烂剧。另一方面是利用了观众强烈的民族情感。抗日战争是中华民族反抗外敌入侵的正义之战，敌人的侵略暴行和抗战的艰辛血泪都深深地熔铸在中国人民的血脉中。而影视公司正是抓住了观众捍卫正义、痛恨侵略者的民族心理，变相地从极端民族主义角度出发去弥补人民群众的历史创伤。"只要是杀鬼子，什么手段都不过分",这是"抗日神剧"制造者逃避责任时最好的借口。然而,如若长期处于这种非理性的仇恨心理,不仅不利于我们牢记历史、以史为鉴,反而会激发我们极端和偏激的民族主义心理。"鉴古以知今,彰往而察来",我们需要用影视等立体、形象的手段重现历史,以期对广大人民群众进行爱国主义教育。但同时我们也要拒绝对历史非理性地粉饰和夸大,抗日战争的旷日持久和艰苦卓绝绝不是丑化敌人、偶像化中国士兵就能证明的,全中国人民的浴血奋斗所换来的胜利也绝不是主人公某些超凡的技能所能诠释的。

同学们认为应该怎样看待"抗日神剧"呢?

如何看待"红色旅游热"

根据2023年延安市文化和旅游局的报告,2023年"五一"小长假期间,延安的红色旅游持续升温,红色文化氛围最为浓厚的金延安园区共接待游客21.03万人次,同比增长102.4%,再创园区游客接待量历史新高。红色旅游火热的现象不仅出现在延安,"中国革命的摇篮"井冈山、"红军会师,中国安宁"的会宁、"伟人故里"韶山、"红军圣地"南昌等也成为人们旅游选择的热门城市。近十年来,中国的红色旅游逐渐发展成为旅游的新态势、新亮点。极具文化特色的红色旅游不仅带动了区域经济增长,而且也成为广大人民群众接受红色文化洗礼、传承红色基因的新式课堂。

和传统的旅游相比,红色旅游卓尔不群,拥有更强大的新型优势。红色旅游是"红色"与旅游的有机结合,旅游是形式,"红色"是内涵。红色旅游文化有着立体而多样的呈现方式,景区往往将实体展览与历史讲解相结合,让游客能够依靠可视化的文物回溯历史,在沉浸式的体验中真切地感受昔日风貌。而红色旅游的趣味性和知识性也是它受到追捧的重要原因。山西太原的青龙古镇中保存有八路军作战时留下的地下隧道,游客可以亲自体验爬隧道,感受革命岁月里先辈们的抗战生活。同样,在江西于都,游客们在参观中央红军长征出发纪念馆之余,还可以品尝红色主题的当地美食,观看"红色水幕电影",学习制作草鞋,住进自带帐篷露营的红色主题民宿,全方位地深度体验红色文化。

红色旅游开始被越来越多的人所接受和喜爱,而令人感到惊喜的是,青年群体逐渐成为红色旅游最庞大的受众。以往,"60后""70后"或者年纪更大的祖辈是红色题材文旅消费的主力军,而今,客群已经开始转移,年轻人渐成红色旅游的主力人群。随着研学游的兴起,参观革命纪念馆、战争遗址,接受红色文化教育,正受到越来越多青少年的喜爱,更多的年轻人愿意选择去红色景点开阔视野,增长见识。

同学们体验过红色旅游吗?你们如何看待近些年的"红色旅游热"呢?

如何看待"南京夏日祭"事件

2022年7月,南京因为"夏日祭"事件迅速登上热搜榜单,在网上引起了不小轰动。"夏日祭"是日本民间传统节日,一般在每年的七到八月举行,在祭典期间,人们往往会身着和服,逛庙会,赏烟火,活动内容丰富多样。"夏日祭"充分体现着日本的地方文化,因此成为日本人人必参加的一项集体娱乐活动。而作为遭受抗日战争苦难最为深重的城市,南京承载着三十万同胞鲜血淋漓的历史,代表着中华民族不畏强暴、英勇不屈的斗争精神。南京大屠杀的伤痛隐藏在每个中国人的心中,是我们永远不敢忘也不能忘的伤痕累累的过去。2022年,正是南京大屠杀85周年,"遇难者300000"的石碑在雨水的洗刷下显得更加阴沉。然而活动主办方选择在南京举办"夏日祭",煞费苦心地把活动现场全部布置成日本特色,在路上挂满日本灯笼,供应的食物也全是章鱼小丸子、寿司、鲷鱼烧等日本有代表性的食品,其居心何在、用意何为实在令人愤慨。

在此事发生的第一时间,网友开始集体声讨,为何明明有传统庙会不办,而是让这些属于日本的节日堂而皇之地来到中国?主办方在南京明目张胆举办夏日祭,是利益驱使还是另有所图?对于这些问题,我们无法得到回应,然而我们应当始终保持警醒。"鉴古以知今,彰往而察来",历史作为最好的教科书,是我们审视当下、展望未来最强大的动力。然而漠视历史、忘却历史的现象在当下社会层出不穷。我们应当怎样对待历史,怎样看待新时代的文化交流,这是需要我们青年一代不断思考的问题。

同学们怎么看待此次"夏日祭"事件呢?请谈谈你的理解。

行之篇

【社会实践与行动】

方案一:观影报告《血战台儿庄》

1. 实践目标

通过观看电影《血战台儿庄》,使学生了解台儿庄战役的发展始末,感悟革命先烈们在抗日战争中视死如归的英雄气概和顽强拼搏的坚定信念,从而培养学生爱党爱国的情怀,为实现中华民族伟大复兴而不懈奋斗。

2. 实践设计

第一步,制订观影计划。确定好观影的时间、地点、人员和方式,包括对电影的期待和预期效果。

第二步,落实观影计划,并记录在观影过程中出现的问题与思考。

第三步,撰写观影报告。报告内容包括:①对电影基本信息的介绍;②对电影印象最深的片段或人物的分析；③对电影情节的感悟和思考；④观看电影后的收获和启示。

第四步，小组集体交流，讨论各自的观影报告并做出相应的点评。通过这部影片，学生应对抗日战争的艰难历程有深刻体会，对中国人民的不屈抗争精神有直观认识。

3. 实践成果

(1) 形成一份不少于 2000 字的观影报告。

(2) 制作小组汇报的 PPT。

方案二：大学生讲思政课

1. 实践目标

采用学生自主讲课的模式，即让他们根据自己的兴趣选择抗日战争中的某个知识点或主题主动、积极地进行探索性学习，并作有针对性的讲解，从而使学生对本章节的内容更为熟悉，同时在搜集资料、课程讲解的基础上能够激发学生的学习兴趣，培养学生主动思考的能力，实现学生在学习过程中知行合一的目的。

2. 实践设计

第一步，制订教学计划。小组讨论确定一个合适的课程主题，然后分工合作，确定好各自的任务，并商议好讨论的次数和时间，做好讨论记录。

第二步，编制课程教案。选择合适的参考资料，编制一份教案纲要。

第三步，参考全国高校大学生思政公开课展示的活动形式和要求，制作课程讲解的课件。

第四步，课程讲解。其他同学进行点评并提出有效建议。

3. 实践成果

制作一份用于课程汇报的 PPT。

方案三：实地调研

1. 实践目标

通过参观侵华日军南京大屠杀遇难同胞纪念馆，使学生在回望那段苦难岁月、缅怀遇难同胞的过程中牢记历史，勿忘国耻，从而培养学生的民族意识，激发学生爱国奋斗的理想信念。

2. 实践设计

第一步，制订调研计划。①确定调研的时间、人数、出行方式及注意事项,并确定出行的负责人以维持参观秩序,保障学生出行安全。②学生要了解基本史实,对1937年底南京沦陷后的状况有所了解。教师可向学生提供学界关于南京大屠杀的最新研究成果,帮助学生对大屠杀发生的原因形成初步认识,对战后的东京审判相关知识有基本的掌握,对近年来日本右翼否认屠杀的丑行有所认识。

第二步,实地调研。组织学生前往侵华日军南京大屠杀遇难同胞纪念馆。调研内容可分为几个方面:纪念馆的建筑设计,各个标志性建筑的寓意等,意在了解对南京大屠杀遇难同胞的纪念表达方式;参观纪念馆的各个展厅,通过日军侵华的实物和图片、原址展示、证人证词等,了解日军在南京犯下的滔天罪行;对其他参观者开展初步的调研,了解参观者对这段历史的了解程度以及参观后获得的知识与情感体验等。学生在参观过程中应遵循参观要求,并记录下自己的感触。

第三步,撰写调研报告。报告内容应从历史和现实两个角度出发,要围绕对南京大屠杀的认识,以及由此拓展开来的对中日关系历史与现实的反思。报告至少应解答下列问题:南京大屠杀的起因是什么,南京大屠杀的历史对现实的影响,我们当代人应如何防止悲剧重演。

3. 实践成果

形成一份不少于2000字的调研报告。

【行动反思与品格塑造】

1. 请同学们思考:新时代如何继承和弘扬伟大抗战精神,为实现中华民族伟大复兴而奋斗?

2. 请同学们接力诵读"著名抗日英烈和英雄群体名录"。

3. 请同学们反思身边是否存在歪曲中国抗日战争历史、漠视历史的现象。

【参考文献】

[1] 陈红民,赵晓红,徐亮,等. 抗战为什么赢:中国人民伟大的抗日战争[M]. 南京:江苏人民出版社,2021.

[2] 杨天石,黄道炫. 战时中国的社会与文化[M]. 北京:社会科学文献出版社,2009.

[3] 周蕾,刘宁元. 抗战时期中国妇女运动研究(1931—1945)[M]. 北京:首都经济贸易大学出版社,2016.

[4] 李丽,张明. 抗日战争中的中共领袖[M]. 北京:中央文献出版社,2005.

[5] 汪朝光. 民族抗战与革命建政——中共的抗战崛起之路[J]. 苏区研究,2017(4):14-30.

第七章

为建立新中国而奋斗

第七章　为建立新中国而奋斗

【学习目标】

通过本章学习,学生能够全面了解抗日战争胜利后的时局及其对中国历史发展的影响;认识第二条战线形成和发展的重要意义;认识"没有共产党,就没有新中国"是中国人民基于自身体验所确认的客观真理,中国共产党的领导是历史和人民的必然选择。

【知识要点】

1. 中国共产党争取和平民主的斗争
2. 第二条战线的形成和发展
3. 中国共产党领导的多党合作和政治协商格局的形成
4. 人民政协与《中国人民政治协商会议共同纲领》
5. 中国革命胜利的伟大意义和基本经验

读之篇

【经典阅读】

1. 论联合政府(节选)

毛泽东

那末,我们的主张是什么呢?我们主张在彻底地打败日本侵略者之后,建立一个以全国绝对大多数人民为基础而在工人阶级领导之下的统一战线的民主联盟的国家制度,我们把这样的国家制度称之为新民主主义的国家制度。

……就是我们共产党人在现阶段上,在整个资产阶级民主革命的阶段上所主张的一般纲领,或基本纲领。对于我们的社会主义和共产主义制度的将来纲领或最高纲领说来,这是我们的最低纲领。实行这个纲领,可以把中国从现在的国家状况和社会状况向前推进一步,即是说,从殖民地、半殖民地和半封建的国家和社会状况,推进到新民主主义的国家和社会。

这个纲领所规定的无产阶级在政治上的领导权,无产阶级领导下的国营经济和合作社经济,是社会主义的因素。但是这个纲领的实行,还没有使中国成为社会主义社会。

我们共产党人从来不隐瞒自己的政治主张。我们的将来纲领或最高纲领,是要将中国推进到社会主义社会和共产主义社会去的,这是确定的和毫无疑义的。

有些人怀疑共产党得势之后,是否会学俄国那样,来一个无产阶级专政和一党制度。我们的答复是:几个民主阶级联盟的新民主主义国家,和无产阶级专政的社会主义国家,是有原则上的不同的。毫无疑义,我们这个新民主主义制度是在无产阶级的领导之下,在共产党的领导之下建立起来的,但是中国在整个新民主主义制度期间,不可能、因此就不应该是一个阶级专政和一党独占政府机构的制度。只要共产党以外的其他任何政党,任何社会集团或个人,对于共产党是采取合作的而不是采取敌对的态度,我们是没有理由不和他们合作的。俄国的历史形成了俄国的制度,在那里,废除了人剥削人的社会制度,实现了最新式的民主主义即社会主义的政治、经济、文化制度,一切反对社会主义的政党都被人民抛弃了,人民仅仅拥护布尔什维克党,因此形成了俄国的局面,这在他们是完全必要和完全合理的。但是在俄国的政权机关中,即使是处在除了布尔什维克党以外没有其他政党的条件下,实行的还是工人、农民和知识分子联盟,或党和非党联盟的制度,也不是只有工人阶级或只有布尔什维克党人才可以在政权机关中工作。中国现阶段的历史将形成中国现阶段的制度,在一个长时期中,将产生一个对于我们是完全必要和完全合理同时又区别于俄国制度的特殊形态,即几个民主阶级联盟的新民主主义的国家形态和政权形态。

(来源:《毛泽东选集》第三卷,人民出版社1991年版)

导读:《论联合政府》是毛泽东于1945年4月24日在中国共产党第七次全国代表大会上所作的政治报告。报告客观地分析了国际国内形势,在此基础上阐述了共产党人建立新中国的主张,明确了党的基本纲领与最高纲领,并指出了无产阶级在政治上的领导权,丰富和发展了马克思主义关于党的建设的学说,对于夺取抗日战争的最后胜利、建立新中国具有重要意义。重温毛泽东的这篇经典,对于我们深刻认识人民代表大会制度承载的共产党人的初心使命,深刻理解共产党人前赴后继、砥砺奋进的不竭动力,着重把握共产党人人民至上的深厚情怀,具有十分重要的历史意义和现实意义。

2. 最后一次演讲(节选)

闻一多

这几天,大家晓得,在昆明出现了历史上最卑劣,最无耻的事情!李先生究竟犯了什么罪,竟遭此毒手?他只不过用笔写写文章,用嘴说说话,而他所写的,所说的,都无非是一个没有失掉良心的中国人的话!大家都有一支笔,有一张嘴,有什么理由拿出来讲啊!有事实拿出来说啊!为什么要打要杀,而且又不敢光明正大的来打来杀,而偷偷摸摸的来暗杀!这成什么话?

今天,这里有没有特务?你站出来!是好汉的站出来!你出来讲!凭什么要杀死李先生?杀死了人,又不敢承认,还要诬蔑人,说什么"桃色事件",说什么共产党杀共产党,无耻啊!无耻啊!这是某集团的无耻,恰是李先生的光荣!李先生在昆明被暗杀,是李先生留给昆明的光荣!也是昆明人的光荣!

去年"一二·一"昆明青年学生为了反对内战,遭受屠杀,那算是年青的一代献出了他们的血,献出了他们最宝贵的生命!现在李先生为了争取民主和平,而遭受了反动派的暗杀,我们骄傲一点说,这算是像我这样大年纪的一代,我们的老战友,献出了最宝贵的生命!这两桩事发生在昆明,这算是昆明无限的光荣!

你们杀死一个李公朴,会有千百万个李公朴站起来!你们将失去千百万的人民!你们看着我们人少,没有力量。告诉你们,我们的力量大得很!多得很!看今天来的这些人,都是我们的人,都是我们的力量!此外还有广大的市民!我们有这个信心:人民的力量是要胜利的,真理是永远存在的。历史上没有一个反人民的势力不被人民毁灭的!希特勒,墨索里尼不都在人民之前倒下去了吗?翻开历史看看,你还站得住几天!你完了,快完了!我们的光明就要出现了。

(来源:闻一多著,《最后一次演讲》,中国工人出版社2016年版)

导读:《最后一次演讲》是闻一多先生在1946年7月李公朴追悼会上所作的演讲。在演讲中,闻一多对以蒋介石为首的国民党反动派的倒行逆施作了深刻的揭露和批判,言辞慷慨激昂,内容深刻。在演讲完的当天下午闻一多遭到暗杀,这次演讲也就成了闻一多先生的最后一次演讲。本文体现了在内战背景下闻一多先生面对国民党反动派不惧生死、勇于斗争、热爱祖国、献身革命的英雄气概和斗争精神,这次演讲也激励着无数爱国志士为争取和平民主而不懈奋斗。

3. 对时局的声明

张治中

新华社北平二十六日电,广州中央社十五日电传广州《西南日报》香港航讯,曾报道《张治中在北平被共产党扣留之详情》,接着广州中央社二十日、二

十二日两次电讯,又对张治中将军等进行攻击和诽谤,现居北平之张治中将军特为此事发表声明如下:

这几篇电讯,一派胡言诳语,没有驳斥的必要。不过我来平以后,颇承各地同志和友好关怀,我倒想就这个机会说几句话。

实在说起来,我现在北平所过着的是闲适自在的生活;而且引起一种欣喜安慰的情绪,与日俱增。什么缘由呢?我居留北平已八十多天了,以我所见所闻的,觉得处处显露出一种新的转变、新的趋向,象征着我们国家民族的前途已显露出新的希望。就是中共以二十多年来的奋斗经验,深得服务人民建设国家的要领,并且具有严格的批评制度,学习精神,和切实、刻苦、稳健的作风。这些优点反映到政府设施的,是有效率的、没有贪污的政府。反映到党员行动的,是俭朴、肯干、实事求是的军政干部。尤其中共所倡导的新民主主义,在现阶段看来,实与我革命的三民主义之基本要求相符合。综合说一句,这都不是过去我们国民党所表现于政治设施和党员行动所能做到的。我以国民党党员一分子的立场只有感到无限的惭疚,但是站在国民一分子的立场说,又觉得极大的欣慰。我们中国人毕竟还有能力把国家危机挽转过来,还可希望把国家搞好,断不是一个没出息的民族,已可得到证明。我多年来内心所累积的苦闷,为之一扫而空,真是精神上获得了解放,怎能不令人欣慰不已呢?

我再要为关心我的同志们特别指出:这次和谈破裂,在我们国民党内有些人认为条件太苛,类似投降。其实平心而论,这八条原则早为南京政府李代总统所承认的和谈基础,二十四款就是实行这八条原则的具体办法。在谈判期间,我们代表团已经和中共代表恳切磋商,并提出书面修正意见四十余处,被中共接受过半数。如战犯只作原则规定,名单完全不提,就是中共最大让步之一例。并且口头约定,如果南京政府同意签字,还可作文字上的修改。倘我们认识战败求和的必然情势,又能了然于政权更迭的历史常例,则革命大义,天下为公,我们自己既然无能,就应该让给有能的;自己既然无成,就应该让给有成的。因为国内战争,本属同胞,谁得谁失,非同异国。试想清廷末季,要是没有我们孙先生号召革命,推翻专制,中国不早就遭受了帝国主义的瓜分共管了吗?我们国民党执政二十多年,竟弄到这样地步,也不是偶然的事。当然,我是党的干部,也要负一份责任。所以今日我们就应该以诚意承认错误,以勇气承认失败,坦然放弃政权,表示一种革命事业成功固不必在我的态度,则人民观感将为我们这种坦白率真的态度而另眼相看,重新评价。甚望我们国民党中央和各地负责同志能够善用理智,正视现实,以反省自咎的胸襟,作悬崖勒马的打算,悲天悯人,忍辱负重,为军民减少牺牲,为国家多保元气。现在虽未为最晚,实已到了最后机会,万不宜轻忽地听其错过。如果还是昧于人心与大势所趋,继续作毫无希望的战争,其结果徒然损伤了大众,贻害了自己,这是无从索解的!

　　本人虽然身在北平,而心念战区。回想个人的主张,一向力主贯彻革命,实行民主政治。"九一八"变起以后,力主全国团结,坚决抗战,对国内问题,力主以政治方式解决,促成和平。这些,都是大家共见共闻的。目前大局已演变到此,我觉得各地同志们应该惩前毖后,当机立断,毅然决然表示与中共精诚合作,为孙先生的革命三民主义,亦即为中共新民主主义的实现而共同努力。至于我们国民党,早就应彻底改造,促进新生,才能适应时代,创造时代,达成我们革命党人应负的历史使命。在目前,我们如果把眼光放远些,心胸放大些,一切为国家民族利益着想,一切为子孙万代幸福着想,我们不但没有悲观的必要,而且还有乐观的理由。国家要求新生,也正在新生;人民要求新生,也正在新生,为什么我们国民党和个人独甘落后,不能新生呢!

　　(来源:张治中著,《张治中回忆录》,华文出版社 2014 年版)

　　导读:《对时局的声明》发表于 1949 年 6 月 26 日。张治中是一位杰出的爱国将领、政治家,是中国国民党革命委员会领导人之一。1949 年 4 月张治中任国民党政府和平谈判代表团首席代表,到北平同中国共产党代表谈判,双方议定了《国内和平协定》八条二十四款。而后,此协定遭国民党政府拒绝,他毅然留在北平,并发表了《对时局的声明》。他在文中谈到"新的希望",肯定了中国共产党的地位,并赞扬其作为新生的力量有拯救国家于危难之中的能力。中国共产党为民为国的初心使命得到了民众的一致认可。

4. 论人民民主专政(节选)

毛泽东

　　"你们一边倒。"正是这样。一边倒,是孙中山的四十年经验和共产党的二十八年经验教给我们的,深知欲达到胜利和巩固胜利,必须一边倒。积四十年和二十八年的经验,中国人不是倒向帝国主义一边,就是倒向社会主义一边,绝无例外。骑墙是不行的,第三条道路是没有的。我们反对倒向帝国主义一边的蒋介石反动派,我们也反对第三条道路的幻想。

　　"不要国际援助也可以胜利。"这是错误的想法。在帝国主义存在的时代,任何国家的真正的人民革命,如果没有国际革命力量在各种不同方式上的援助,要取得自己的胜利是不可能的。胜利了,要巩固,也是不可能的。伟大的十月革命的胜利和巩固,就是这样的,列宁和斯大林早已告诉我们了。……孙中山临终时讲的那句必须联合国际革命力量的话,早已反映了这一种经验。

"你们独裁。"可爱的先生们,你们讲对了,我们正是这样。中国人民在几十年中积累起来的一切经验,都叫我们实行人民民主专政,或曰人民民主独裁,总之是一样,就是剥夺反动派的发言权,只让人民有发言权。

人民是什么?在中国,在现阶段,是工人阶级,农民阶级,城市小资产阶级和民族资产阶级。这些阶级在工人阶级和共产党的领导之下,团结起来,组成自己的国家,选举自己的政府,向着帝国主义的走狗即地主阶级和官僚资产阶级以及代表这些阶级的国民党反动派及其帮凶们实行专政,实行独裁,压迫这些人,只许他们规规矩矩,不许他们乱说乱动。如要乱说乱动,立即取缔,予以制裁。对于人民内部,则实行民主制度,人民有言论集会结社等项的自由权。选举权,只给人民,不给反动派。这两方面,对人民内部的民主方面和对反动派的专政方面,互相结合起来,就是人民民主专政。

人民民主专政的基础是工人阶级、农民阶级和城市小资产阶级的联盟,而主要是工人和农民的联盟,因为这两个阶级占了中国人口的百分之八十到九十。推翻帝国主义和国民党反动派,主要是这两个阶级的力量。由新民主主义到社会主义,主要依靠这两个阶级的联盟。

人民民主专政需要工人阶级的领导。因为只有工人阶级最有远见,大公无私,最富于革命的彻底性。

总结我们的经验,集中到一点,就是工人阶级(经过共产党)领导的以工农联盟为基础的人民民主专政。这个专政必须和国际革命力量团结一致。这就是我们的公式,这就是我们的主要经验,这就是我们的主要纲领。

(来源:《毛泽东选集》第四卷,人民出版社1991年版)

导读:《论人民民主专政》一文是毛泽东1949年6月30日为庆祝中国共产党成立28周年而撰写的。在此文中,毛泽东有针对性地指出了在民主革命胜利后应该建立一个什么样的国家的问题以统一党内和人民的认识,并对人民民主专政的主体、基础、领导者进行了清晰的界定,同时肯定了新中国需要国际力量的支持。在《论人民民主专政》中,关于将要成立的新中国的各种理论问题的阐述与中国共产党领导民主革命28年经验的总结,都为新中国的成立做了充足的理论上的准备。阅读此篇,有助于同学们了解人民民主专政的理论内涵。

5. 中国人民政治协商会议共同纲领(节选)

序　言

中国人民解放战争和人民革命的伟大胜利,已使帝国主义、封建主义和官僚资本主义在中国的统治时代宣告结束。中国人民由被压迫的地位变成为新社会新国家的主人,而以人民民主专政的共和国代替那封建买办法西斯专政的国民党反动统治。中国人民民主专政是中国工人阶级、农民阶级、小资产阶级、民族资产阶级及其他爱国民主分子的人民民主统一战线的政权,而以工农联盟为基础,以工人阶级为领导。由中国共产党、各民主党派、各人民团体、各地区、人民解放军、各少数民族、国外华侨及其他爱国民主分子的代表们所组成的中国人民政治协商会议,就是人民民主统一战线的组织形式。中国人民政治协商会议代表全国人民的意志,宣告中华人民共和国的成立,组织人民自己的中央政府。中国人民政治协商会议一致同意以新民主主义即人民民主主义为中华人民共和国建国的政治基础,并制定以下的共同纲领,凡参加人民政治协商会议的各单位、各级人民政府和全国人民均应共同遵守。

（来源：中共中央文献研究室编,《建国以来重要文献选编》第一册,中央文献出版社2011年版）

导读：1949年9月21日至30日召开的中国人民政治协商会议所通过的《中国人民政治协商会议共同纲领》（简称《共同纲领》）是中国人民的大宪章,在一定时期内起着临时宪法的作用。《共同纲领》是中国共产党在民主政治领域伟大创造的生动体现,其作为新中国成立初期的纲领和政治蓝图,植根于中国民主革命的伟大实践和中华文化的沃土之中,蕴含着弥足珍贵的精神财富。选段为《共同纲领》序言,用整体性视角切入时代背景和当前任务重点,以此引入有助于同学们更好地理解人民政协和《共同纲领》。

【拓展阅读】

1.《决战：东北解放战争 1945—1948》

基本信息：刘统著；上海人民出版社,2017年。

主要内容：本书系著名军史专家刘统先生所著。本书借助大量原始作战档案、电报、回忆录,真实再现了东北解放战争全过程,比较完整和系统地展现了解放战争时期东北战场的风云变幻。抗日战争胜利后,东北地区一度成为"政治真空地带",争夺东北成为中国共产党的首要战略目标。中国共产党开辟东北根据地,开展剿匪、土地改革、大练兵。东北革命根据地的胜利建成,使党获得了一个改变中国革命根据地长期被敌人包围局面的战略支撑点。最后在毛泽东正确战略抉择下,开始了解放战争中与国民党军队的第一个决战——辽沈战役。此次战役历时52天,取得伟大胜利,实现东北全境解放,从此国共力量发生转折性变化。

推荐理由:同学们可以把这本书作为课本内容的补充,阅读此书可以更清晰地了解辽沈战役的历史地位,从而进一步探析解放战争时期国共力量发生转折性变化的背后因素。

2.《1945—1949:国共政争与中国命运》

基本信息:汪朝光著;社会科学文献出版社,2010年。

主要内容:这是一部系统反映解放战争时期国共两党政治斗争的学术力作。中国国民党与中国共产党作为20世纪上半叶中国政治舞台上最具活动力、组织力及创造力的政党,几度合作,也几度破裂,从协力合作到兵戎相见,从党争政争的文斗到战场厮杀的武斗,二者之间的斗争塑造着中国历史的命运。1945—1949年为国共内战时期,长达半世纪的斗争在此时画上句号,中国的命运随着国民党的失败与共产党的胜利翻开了新的篇章。

推荐理由:以史为鉴,这部学术作品再现了中国共产党人在为建立新中国而奋斗的历史进程中,如何自觉地承担起决定民族命运的"历史责任",详细描述了共产党与国民党政争过程中两党之间的纠葛以及内战进程,有利于帮助学生更清晰地了解这一时期的历史。

3.《民国时期中苏关系史(1917—1949)》

基本信息:薛衔天、金东吉著;中共党史出版社,2009年。

主要内容:本书系中国社会科学院近代史研究所研究员、中国中俄关系史研究会副会长薛衔天先生等人所著,利用大量公开出版的回忆录、相关著述和史料,以及中国、俄罗斯双方相关解密档案资料,全面叙述了民国时期中苏关系发展演变的历史进程,并对若干重大问题进行了重点研究,对中苏关系史研究的进一步发展起到了推动作用。

推荐理由:本书史料扎实,观点中肯,既包含作者三四十年研究的积累和精华,又有开拓和补白性质的研究成果,既有学术价值,又有重要的现实意义,是一部史、论、理、才兼备的著作,一部研究中国近现代史的必读书。

思之篇

【案例讨论与思考】

案例 1：从"五四指示"到《中国土地法大纲》

"五四指示"：1946 年 5 月 4 日，中共中央发布《关于土地问题的指示》（即"五四指示"）。在此以前，即 4 月，由任弼时主持召集各解放区负责人来延安讨论研究土地问题和财政、金融、贸易问题。会上一致反映，各解放区广大农民在反奸、清算、减租、减息、退租、退息斗争中，已开始直接从地主手中取得土地，实现"耕者有其田"。中共中央根据会议讨论的结果发出"五四指示"，将党在抗战时期实行的削弱封建的减租减息政策，改变为实行"耕者有其田"的政策。

指示要求："各地党委必须明确认识，解决解放区的土地问题是我党目前最基本的历史任务，是目前一切工作的最基本的环节。"指示规定解决土地问题的方式一般不是无偿没收，而是通过清算和购买实现有偿转移。

指示还具体规定不可侵犯中农土地，要保护工商业，对富农和地主、地主中的大中小、恶霸非恶霸要有所区别，对开明绅士等应适当照顾，允许中小地主、富农、开明绅士保留多于农民的土地。各解放区根据"五四指示"，迅速开展了土地制度改革运动。到 1947 年 2 月，全解放区已有三分之二的地区解决了土地问题，进一步巩固了解放区，加强了对革命战争的支援。

《中国土地法大纲》：《中国土地法大纲》在 1947 年 9 月 13 日中国共产党全国土地会议上通过，同年 10 月 10 日公布施行。规定废除封建性及半封建性剥削的土地制度，实行耕者有其田的土地制度。没收地主的土地财产，征收富农多余的土地财产；废除一切祠堂、庙宇、寺院、学校、机关团体的土地所有权和乡村在土地改革以前的一切债务；以乡或村为单位统一分配土地，数量上抽多补少，质量上抽肥补瘦，所有权归农户所有。山林、水利、芦苇地、果园、池塘、荒地等可分土地按标准分配；大森林、大水利工程、大矿山、大牧场、大荒地、湖泊归政府管理。土改前的土地契约、债约一律缴销；工商业者的财产及其他营业受法律保护，不受侵犯。本法公布前已平均分配的地区，农民不要求重分，可不重分。这个大纲在分配土地时，允许中农保有高于贫农的土地量。

案例与问题讨论：

(1) 请同学们探讨一下自中国共产党成立以来党的土地政策的变化。

(2) 从抗战时期的"减租减息"到"五四指示"再到《中国土地法大纲》，为什么会这样转变，背后的原因是什么？请同学们结合课本知识和课外资料谈谈自己的看法。

案例2：西柏坡时期党的政治建设经验

西柏坡时期，中国共产党在实现党自身的角色调整和工作重心的转换过程中，特别注重加强党的政治建设，为新民主主义革命的最后胜利和实现党对全国的执政提供了坚强政治保障。

西柏坡时期，中国革命到了最后夺取全国胜利的重要关头，党的政治建设十分重视加强党中央的集中统一领导和中央权威，确保革命形势的顺利发展。为加强党中央的集中统一领导，从1948年1月到1949年3月，党中央先后发出《关于建立报告制度》《将全国一切可能和必须统一的权力统一于中央》《各中央局、分局、前委应向中央报告的事项》《执行报告制度的重要性》《党报必须无条件地宣传中央的路线和政策》《关于健全党委制》《党委会的工作方法》等一系列指示要求，强调革命形势要求"将全国一切可能和必须统一的权力统一于中央"。这些措施有效地遏制了当时有些地方存在的"报喜不报忧，瞒上不瞒下，封锁消息"和"无纪律和无政府状态"的现象，确保了党中央对革命的全面领导。西柏坡时期，加强党中央的集中统一领导，为实现民主革命的最后胜利和顺利实现党的角色转换，推动中国共产党逐步在全国范围内"建设一个新世界"提供了坚强政治保障。实践证明，只有加强党的集中统一领导，深入研究中国社会发展的阶段性特征，才能更好推动党领导的革命事业蓬勃发展。

西柏坡时期，为使全体党员干部迅速适应革命新形势和工作重心的转移，中国共产党着力加强党员干部政治能力建设。1948年9月，毛泽东在中央政治局会议上明确指出:"夺取全国政权的任务,要求我党迅速地有计划地训练大批的能够管理军事、政治、经济、党务、文化教育等项工作的干部。"落实这一指示要求,全党集中开展了干部教育培训,加强党员干部的政治、思想、文化基础、工作业务和军事教育,开展了整党整风以及新式整军等运动,提高全体党员干部的政治觉悟、理论水平和业务能力。这些措施有效地提升了党员干部对革命新形势、新任务的政治判断力,对党的工作重心转移所要求的新角色、新本领的政治领悟力。围绕如何当好执政党这一新的重大历史使命,中共七届二中全会特别告诫全党不要居功自傲、贪图享乐,毛泽东向全党同志郑重提出"两个务必"的政治要求,并提出要给人民一个合格答卷的"赶考"政治承诺。历史证明,党员的政治能力是完成党所肩负的各项使命的根本保证,党员领导干部作为"关键少数"是实现党的奋斗目标的重要组织者、推动者和实施者。只有不断提高党员干部的政治能力,增强对历史规律的认识程度和运用水平,切实提高解决实际问题的能力,才能在历史交汇期担负起人民赋予的时代重任,成功应对各种风险挑战,巩固党的执政地位。

西柏坡时期是新民主主义革命夺取全国胜利的关键时期,我们党特别重视夯实党的政治建设的思想基础,坚定政治信仰。这一时期,党中央着力开展全党马克思主义理论特别是党的创新理论的学习,中共七届二中全会明确规定干部要学习《社会发展史》《共产党宣言》《政治经济学》等十二本马列主义著作;中央还要求全党学习贯彻落实七大以来党的创新理论,努力提高党员干部和群众的理论水平与思想觉悟,牢固树立共产主义理想信念,为建设一个政治上组织上巩固的马克思主义政党奠定思想基础,为党夺取民主革命的最后胜利、向全国执政党过渡提供了有力政治保障。这一时期,中国共产党特别重视把思想建设放在首位的党建原则,对一些地方党组织特别是农村基层党组织中存在的思想不纯、作风不纯和成分不纯的问题,通过"三查"(查阶级、查思想、查作风)、"三整"(整顿组织、整顿思想、整顿作风)开展整党工作,以多种形式克服党内各种非无产阶级思想的影响,牢固树立无产阶级理想信念;清除官僚主义作风,牢固树立全心全意为人民服务的思想。这些活动使基层党组织的政治觉悟、思想面貌和工作作风有了明显改进,也大大提高了执政骨干解决实际问题的能力,为建立新中国、建设新中国奠定坚实的政治基础、思想基础和组织基础。历史证明,重视加强党的政治建设的思想基础,坚定政治信仰、站稳政治立场、执行党的政治路线,是党和国家前途命运与事业发展富有生命力和战斗力的重要经验。

总结和学习西柏坡时期党的政治建设经验,对于立足"两个一百年"奋斗目标历史交汇的关键节点,动员全党满怀信心乘势而上开启全面建设社会主义现代化国家新征程,具有重要的启示意义。(黄广友、韩学亮,《中国教育报》,2021年3月4日)

案例与问题讨论:

西柏坡位于太行山东麓、滹沱河北岸。它是中共中央的"最后一个农村指挥所"。西柏坡时期是党夺取全国胜利的关键时期,是中国革命重要的历史转折时期,是中国革命史上辉煌的一页,在党的历史上具有里程碑地位。请同学们结合上述文本与课外资料,谈谈党在西柏坡时期学习的重要意义、内容和成果。

案例3:解放战争为什么只用三年就取得彻底胜利?

1946年6月下旬,国民党军队22万人进攻中原解放区后,又向其他解放区大举进犯,全面内战由此爆发。当时,国民党军队人数上远远超过共产党军队,有空军、海军以及大量的重武器和特种兵,而共产党没有海空军,重武器也不多,因而蒋介石认为可以速战速决结束战争,声称只要3个月到6个月,就可以取得胜利。

战争实际结果,到1947年初,蒋介石的全面进攻就遭受失败,不得不转入所谓重点进攻;全面内战爆发仅一年,人民解放军就转入战略进攻,将战争引向了国民党统治区;到1948年6月底,经过两年的作战,人民解放军的总兵力,已由原来的127万人发展到280万人,同国民党军总兵力的对比,已从战争开始时的1∶3.37变为1∶1.3,并且经过新式整风运动士气高涨;武器装备也得到极大改善,已经具备了与国民党军队进行大规模战略决战的能力,随后发动了著名的辽沈、淮海、平津三大战役,长江中下游以北的广大地区获得解放。到1949年9月底,除西南和广东、广西部分地区外,全国绝大部分地区获得了解放,人民解放战争取得彻底胜利。

解放战争时期,中国共产党只用了3年多的时间,就从根本上打倒了国民党蒋介石集团,其中的原因自然很多,但归根到底是一点——民心向背决定战争胜败。1946年7月20日,即全面内战刚刚爆发之际,毛泽东就在一份党内指示中明确指出:"蒋介石虽有美国援助,但是人心不顺,士气不高,经济困难。我们虽无外国援助,但是人心归向,士气高涨,经济亦有办法。因此,我们是能够战胜蒋介石的。全党对此应当有充分的信心。"同年8月6日,毛泽东同美国记者安娜·路易斯·斯特朗谈话,斯特朗问毛泽东:"共产党能支持多久?"毛泽东回答说:"就我们自己的愿望说,我们连一天也不愿意打。但是如果形势迫使我们不得不打的话,我们是能够一直打到底的。"就在这次谈话中,他提出了"一切反动派都是纸老虎"的著名论断,强调"从长远的观点看问题,真正强大的力量不是属于反动派,而是属于人民"。解放战争的胜利,充分验证了毛泽东的这个论断是正确的。

战略战术、武器装备对战争的胜负固然重要,但决定战争的根本因素还是民心的向背。在1946年至1949年的全面内战中,国民党之所以彻底失败,就在于蒋介石集团一步步地失掉民心。1945年8月抗日战争胜利时,长期遭受战争灾难的全国人民十分渴望和平,但蒋介石却错误地估计了形势决意内战。日本刚刚宣布投降,他就要求长期坚持敌后抗战的八路军、新四军"原地待命",而命令国民党军队从人民军队手中"收复失地",局部内战实际已经爆发。在这个过程中,为了争取时间将他的军队从西南后方运送到内战前线,曾装模作样地邀请毛泽东前往重庆谈判,迫于内外压力也曾召开了有共产党、国民党和其他党派人士参加的政治协商会议。但这一切都是他准备内战的烟幕,抗战胜利不到一年便悍然发动全面内战。把国内引向战争还是和平,直接关系到民心的向背。蒋介石的内战政策首先在全国人民面前输掉了道义。

蒋介石不但在国民党内搞个人独裁,而且顽固地拒绝给人民群众基本的民主权利。1946年1月的政治协商会议本来通过了《和平建国纲领》,提出"以期迅速结束训政,开始宪政","邀集各党派人士暨社会贤达参加政府",即同意组成联合政府,但蒋介石根本无意实行,迷信战争能解决问题。1946年10月,国民党军队占领晋察冀解放区的首府张家口,蒋介石被其"胜利"冲昏头脑,悍然决定召开由国民党一党把持的所谓"国民大会"。这个"国民大会"的召开,等于是蒋介石彻底堵死了由各党各派与其共建联合政府之路,不但为中国共产党所坚决反对,也遭到了中国民主同盟等中间党派的拒绝,使蒋介石集团在政治上完全陷入孤立地位。

战争是大量人力物力的消耗。抗战胜利前后蒋介石虽然取得了大量的美援，但这些援助无法支撑他如此大规模的内战。为了获得战争所需的人力物力，只能加紧对人民的搜刮，使人民群众负担繁重的苛捐杂税。国民党的阶级属性，决定其必然站在地主阶级和官僚资产阶级的立场上。在广大农村，不要说解决农民土地问题，实现孙中山先生提出的"耕者有其田"，就连减租减息都做不到，农民日益贫困。为解决战争所需兵源，国民党不得不采用"拉壮丁"的办法，军队的战斗力也就可想而知。在城市，由于蒋介石顽固地坚持内战政策与独裁专制统治，引起广大青年学生和知识分子的强烈不满，反内战反独裁的民主运动此起彼伏。为了应对长期战争所需的巨额经费开支，国民党政府滥印钞票，进行所谓的币制改革，造成日益严重的通货膨胀，一般民众可谓苦不堪言。

反之，中国共产党之所以迅速取得解放战争的胜利，就在于顺应了民心。抗战胜利之时，毛泽东亲赴重庆谈判。全党上下无不为毛泽东此行的安全担忧，但这一行动极大地向全国各阶层表达了中国共产党为了国内和平的诚意。在重庆谈判的过程中，中国共产党作出了重大让步，包括如在公平合理整编全国军队的原则下，愿意将军队按照与国民党军队1∶6的比例，缩编为24个师或至少20个师，并且可以把广东、浙江、苏南、皖南、皖中、湖南、湖北、河南（豫北不在内）8个解放区的部队撤退到苏北、皖北及陇海路以北等。这无疑获得了全国各阶层的理解与同情。

在蒋介石挑起全面内战的情况下，战争不可避免。1947年10月10日，《中国人民解放军宣言》（即"双十宣言"）第一次明确提出"打倒蒋介石，解放全中国"的口号。虽然蒋介石以全面内战回应建立民主联合政府的主张，但中国共产党始终高举民主联合政府的旗帜，明确提出"联合工农兵学商各被压迫阶级、各人民团体、各民主党派、各少数民族、各地华侨和其他爱国分子，组成民族统一战线，打倒蒋介石独裁政府，成立民主联合政府"。1948年4月30日，中共中央发布纪念"五一"劳动节口号，倡议召开政治协商会议，成立民主联合政府，得到各民主党派和各阶层代表人士热烈响应，并先后通过各种渠道进入解放区，为中国共产党领导的多党合作与政治协商制度的形成奠定了基础。

与国民党"上面贪污腐化，下面民不聊生"形成鲜明对比的是，中国共产党上下清正廉洁，团结一心，而且想方设法为群众谋利益。特别是确定了没收封建阶级的土地归农民所有、没收官僚资本归新民主主义国家所有、保护民族工商业的三大经济纲领。在解放区开展轰轰烈烈的土地改革运动。土地改革运动的重要意义，不仅仅是让解放区的农民得到了土地，更重要的是提高了他们的政治地位，使广大农民意识到自己翻身做了主人，要保护土地改革的成果,就必须积极参军参战,这就把广大农民与解放战争密切地结合起来,为战争的胜利赢得了深厚的人力物力资源。保护民族工商业的政策,不但有利于生产力的发展,而且稳定了广大民族资产阶级。总之,人民解放战争的迅速胜利,充分验证了"得民心者得天下"这个真理。(罗平汉,《学习时报》,2021年3月8日,有改动)

案例与问题讨论：

根据课本内容以及阅读资料,请同学们结合自己的思考分析总结中国共产党领导的中国革命如此迅速取得胜利的基本经验及原因。

【热点问题与讨论】

体会中国共产党领导的多党合作和政治协商制度

1949年9月21日,中国人民政治协商会议第一届全体会议在北平隆重开幕,拉开了中国共产党领导的多党合作和政治协商的基本政治制度在中国建立和发展的序幕。

2022年是党和国家发展史上极为重要的一年,也是我们党明确提出统一战线政策100周年。各民主党派深入开展"矢志不渝跟党走、携手奋进新时代"政治交接主题教育,不忘合作初心、弘扬优良传统,思想政治共识更加牢固。各民主党派中央和无党派人士围绕改革发展稳定中的重大课题深入调研、开展民主监督,为中共中央科学决策、有效施策提供了重要参考。全国工商联推动实施"万企兴万村"行动,引导民营企业积极履行社会责任、实现高质量发展。

习近平2023年1月16日同党外人士座谈并共迎新春时谈道:"坚持中国共产党领导,始终同中国共产党同心同德、团结奋斗,是多党合作的根本政治基础。各民主党派中央新一届领导班子第一位的政治责任,就是传承政治薪火、深化政治共识,始终保持同心同德、团结奋斗的政治本色。希望大家把学习贯彻中共二十大精神作为深化政治交接的重要内容,加强思想政治引领,引导广大成员和所联系群众增强'四个意识'、坚定'四个自信'、做到'两个维护',把思想和行动统一到中共二十大作出的重大决策部署上来。要巩固拓展中共党史学习教育成果,适时开展新一轮主题教育活动,不断增进对中国共产党领导和中国特色社会主义的政治认同、思想认同、理论认同、情感认同。"

请同学们结合资料回顾一下各民主党派在中国革命历史上的作用以及在今天所发挥的力量。

感受红色文化基地参观热

红色文化基地蕴含着深刻的爱国主义与民族精神,是爱国情怀培养与民族精神培育的重要基地。红色文化基地包括各类革命纪念馆、革命遗址、伟人故居、烈士陵园、历史博物馆、党史教育中心等。它以红色文化为核心,以红色革命道路、红色革命事迹和红色革命精神为主线,是集历史遗留、时代背景、人文资源为一体的文化教育机构,是为社会服务的非营利性常设机构,它研究、收藏、保护、阐释和展示物质文化遗产与非物质文化遗产。一个个红色文化基地是一部部物化的史志,也是基于城市对于自身特色与文化记忆的追溯与整合。同学们现在的学习已不仅仅局限于课堂,红色文化基地也承担着思想政治教育的使命,已然成为传承历史的"第二课堂"。在红色文化基地里沉浸式感受历史文化的独特魅力是新时代民众了解历史、知史鉴今的新途径。

2004年底,为了推进革命传统教育,政府正式提出要建设红色教育基地,自此,全国各地红色文化基地的建设掀起了热潮。各红色文化基地采取多元化参观模式,展现出具有红色特质、时代意蕴的教育内容,把党史教育放在核心位置。将革命年代中每一段红色记忆传递给每一名党员、群众,让人们走进红色文化基地,就能更深入地了解历史,传承红色文化,提升党性修养。现如今,社会全面迈入信息时代,网络与手机已经是大学生生活中必不可少的学习工具,学习也不仅仅拘泥于课堂。许多大学生在学校与社会的号召下,走进红色文化基地,沉浸式体验革命年代的战火纷飞,掀起红色文化基地参观热潮。大家纷纷前往各自所在城市的革命纪念馆或历史博物馆,学习历史知识,追寻红色记忆,感受家国情怀。

请同学们将自己去过的红色文化基地写下来,并谈谈自己的收获。

冲破羁绊获解放——解放战争时期的土地改革运动

"时局稳定了。人民军队遵照毛主席的战略,把蒋匪的美械军队打得大败了,打得他们在东北抬不起头来。胜利的消息传到了乡村,群众运动轰开了。"

"工作队和农工会,黑天白日,川流不息地有人来看望。唠嗑会也都恢复了。斗争韩老六时,悄悄溜号的刘德山也从山边的小窝棚里,回到家来了。老孙赶着老杜家的大车,常对人们说:'工作队长是我接来的。'"

作家周立波创作的长篇小说《暴风骤雨》,生动反映了解放战争时期土地改革波澜壮阔的场景,把中国农村冲破几千年封建生产关系束缚发生的巨变,活灵活现地展现出来。而历史真实的一幕幕,则更加令人难以忘怀。

实行"耕者有其田"

随着反奸清算和减租减息运动向纵深推进,各地农民对于解决土地问题的要求也逐渐迫切起来。

1946年4月,中共中央在听取黎玉、邓子恢等各地领导干部关于农民斗争情况和各阶层反映的报告后,集中探讨了解放区农民土地问题。经再三研究,并综合各地领导农民运动干部的意见,当年5月4日正式发布《关于土地问题的指示》(即"五四指示")。这一文件将抗日战争以来实行的减租减息政策,调整为实行"耕者有其田"的政策,作为党内文件发至各解放区贯彻执行。

"五四指示"明确了贫农、中农、富农拥有土地的权利。比如，并非无条件没收一切地主的土地，除了没收和分配极少数大汉奸土地外，对于一般地主的土地可以沿用减租减息以来农民创造的诸如清算、减租、减息、献地等多样化方式，让农民从地主手中获取土地，实行"耕者有其田"。

对于解决土地问题的政策界限，"五四指示"规定，属于地主成分的抗日军人、抗日干部家属以及开明绅士等，应谨慎处理、适当照顾，给他们多留下一些土地。中小地主应该与大地主、恶霸有所分别，对其生活应予相当照顾。一般不变动富农土地，决不可侵犯中农土地。对待工商业资产阶级与对待封建地主阶级要有原则性区别，不可以将农村中解决土地问题、反对封建地主阶级的办法用来反对工商业资产阶级。

"五四指示"的制定和发布，是中国共产党实施土地改革的阶段性成果。这一政策的实践过程，表明我们党在坚定支持农民土地要求的基础上，斗争策略更加符合客观历史条件，更加科学有效，更加符合人民群众的实际利益。1946年11月，张闻天在东北大学发表"农民土地问题"的演讲时说："中国历史是农民革命的历史，不过过去没有共产党，没有正确的领导，没有明确的'耕者有其田'的政纲，所以几千年来农民的要求都没有得到解决。现在全中国只有共产党明确地提出'耕者有其田'的土地纲领，而且实际上按这个纲领彻底地做。因为共产党是诚心诚意为老百姓办事的。"由此可见，当时的土改政策生动诠释了我们党始终坚守全心全意为人民谋利益的不变初心。

因地制宜促土改

"五四指示"一经下达，解放区各级党组织和各级政府旋即行动起来，进一步发动群众，深入开展土地制度改革。全面内战爆发后，为切实将政策贯彻执行到位，各中央局和中央分局、解放区各级政府抽调大批干部组成工作队，奔赴广大农村，结合当地实际情况，采取灵活多样的方式来落实。

以陕甘宁解放区为例，那里的主要做法是，征购转移地主部分土地分给农民。作为老根据地，当时陕甘宁解放区一半地区的地主、富农的土地所有权已基本消失，另一半经过多次减租减息已被削弱，其中不少还是开明绅士。在这种情况下，1946年12月，陕甘宁边区政府颁布《征购地主土地条例草案》，规定地主除留下自耕土地外，其余部分由政府发行公债征购，并将征购土地分配给无地或少地的农民。公债作为地价交付地主，分10年还本。通过这种办法，大部分土地无偿退赔给农民，一部分土地以公债形式转移到农民手中。

再看其他解放区，据不完全统计，至1946年10月晋冀鲁豫解放区有

2000万农民获得土地；至1946年11月苏皖解放区有1500万农民获得土地；至1946年10月底东北解放区有500万农民获得土地；至1946年底山东解放区有1900万农民获得土地；至1946年底晋绥解放区有100余万农民获得300余万亩土地。从1946年6月下旬到1947年2月，各解放区约有三分之二地区解决了土地问题，实现了"耕者有其田"。

不可否认，当时土地改革过程中也出现了一些问题。比如，有的干部和积极分子多分多占土地，致使有的村庄的贫农土地问题未得到合理解决；有的地区土地改革不够彻底，地主威风未倒、半倒或倒而又起，一些地主仍然占有较多较好的土地。对此，中共中央于1947年2月1日在《迎接中国革命的新高潮》的指示中强调，土改不彻底的地方必须认真检查，实行填平补齐，对于侵犯中农利益的事情必须赔偿道歉。到1947年上半年，各解放区开展土改复查，基本解决了这些问题。

颁布《中国土地法大纲》

经过深入开展土地制度改革，许多解放区已基本解决农民土地问题。但不可否认的是，在土改成绩斐然的同时，仍有三分之一的解放区尚未进行土地制度改革。为此，1947年7月至9月，中共中央工作委员会在河北省西柏坡村召开全国土地会议，通过了《中国土地法大纲（草案）》。同年10月10日，《中国土地法大纲》正式颁布，成为抗日战争胜利后中国共产党公开颁布的第一个关于土地制度改革的纲领性文件。

《中国土地法大纲》明确规定，废除封建性及半封建性剥削的土地制度，废除一切地主的土地所有权，实行"耕者有其田"的土地制度。《大纲》规定了彻底平分土地的基本原则，也就是乡村中一切地主的土地及公地，由乡村农会接收，连同乡村中其他一切土地，按乡村全部人口，不分男女老幼，统一平均分配，在土地数量上抽多补少，质量上抽肥补瘦，使全乡村人民均获得同等土地。不过，《大纲》规定将一切土地平均分配的办法侵犯了中农利益，后来在新解放区和全国范围内土改时进行了调整。

为贯彻落实这一文件精神，各解放区很快积极响应，展开一场以土地改革为中心的群众运动。比如，在陕甘宁、晋绥和东北解放区，采取了"打破旧圈子""重新丈量""多少拉平"等办法，以自然村为单位，将土地打乱，按人口重新平均分配；在新开辟的鄂豫皖、江汉、陕南等解放区，则迅速开展了开仓济贫、分土地、分浮财运动。作家周立波后来写作完成的长篇小说《暴风骤雨》，讲述的就是1946年至1947年这一时期发生在东北地区的故事。

这场疾风暴雨式的土地改革运动，以雷霆万钧之力，猛烈地冲击几千年来的封建土地制度,改变了农村旧有生产关系,使亿万农民获得了政治、经济上的解放,并由此迸发出难以估量的革命热情。他们踊跃参战,并以粮草、被服等物资支援子弟兵。历史数据显示,3年中晋冀鲁豫解放区参军农民累计达148万人,山东解放区先后有59万青年参军,还有700万民工随军征战。轰轰烈烈的土地改革运动,为夺取全国胜利提供了源源不断的人力和物力支持。(吕立勤、梁剑箫,《经济日报》,2021年7月19日,有改动)

同学们对中国共产党领导的土地改革运动的了解有多少?结合现如今的乡村振兴政策谈谈自己的想法。

行之篇

【社会实践与行动】

方案一:微电影或舞台剧《啊!摇篮》

1. 实践目标

通过改写1979年上海电影制片厂摄制的战争剧情片《啊!摇篮》的电影剧本,锻炼学生的文字表达能力和想象力;通过微电影拍摄或舞台剧表演,锻炼学生的团队协作能力,并让学生感受到近现代史纲要课程实践环节的趣味性;同时以革命年代发生的真实的历史事件为基础,写出人与人之间的真情实感,歌颂无产阶级的人性美;以小故事见爱国真情,激励新时代的大学生们拥有远大的理想抱负,投身到社会建设中去。

2. 实践设计

第一步,与队员商量,构思故事,拟定写作大纲;第二步,向任课教师汇报,确定所选主题,讨论写作的剧本的可行性,继而分配角色,着手拍摄或表演;第三步,分场景拍摄或排练;第四步,后期剪辑与处理。需要注意的是,微电影或舞台剧的价值取向必须积极,符合社会主义核心价值观,表演手法及呈现形式可幽默、可深邃、可平铺、可起伏,主题突出、引人深思,通过动态的画面来表达思想内容,寓乐于学,寓乐于思。

3. 实践成果

形成一部 8～10 分钟的历史短剧或在舞台上进行表演。

同学们也可以自拟题目来编写一个微电影或舞台剧的剧本。

方案二:读书报告《革命年代》

1. 实践目标

通过查阅史料、品读经典的方式,体悟解放战争时期中国共产党人在危亡时刻,如何自觉地承担起决定民族命运的"历史责任",乃至不避个人受难和牺牲进行斗争的家国情怀,进一步激发学生的爱国情感、强国志向、报国行为,自觉在实现中国梦的实践中放飞青春梦想。

2. 实践设计

第一步,制订读书计划,包括个人读书与集体讨论的次数和安排;第二步,落实读书计划,及时做好读书笔记;第三步,撰写读书报告,先对所读的书进行简单介绍,尤其是论析该书的创新之处和不足,继而小组成员谈论读书心得,主要从学习、人生启示等角度予以分享,再进行总结,并附参考文献及团队建设情况。

3. 实践成果

形成一份不少于 2000 字的读书报告,制作一份用于汇报的 PPT。

同学们可以写下自己感兴趣的阅读书单,并简单说一说自己的推荐理由。

方案三:社会调查——当代大学生对解放战争历史了解情况

1. 实践目标

了解大学生对近代史、党史的掌握情况,并通过调查了解其阅读来源及阅读兴趣。正确引导大学生学习历史,传承历史。

2. 实践要求

(1) 根据实践主题,确定活动方案。

(2) 问卷调查与访谈相结合;搜集更多第一手数据,为结果分析提供有力数据支撑。

(3) 以小组为单位,合理分工,相互协作,共同完成调研。

3. 实践成果

(1) 调研报告一份,字数不少于 2000 字。

(2) 汇报 PPT 一份。

同学们对解放战争时期的哪一具体问题感兴趣?请自拟一个社会调查题目。

方案四:知识竞赛——党史知多少

1. 实践目标

通过竞赛形式,设置多个环节、多种提醒,加深学生对历史的了解,增强文化底蕴。

2. 实践要求

(1) 文献精读;

(2) 团队合作;

(3) 导师指导。

同学们也可以自拟竞赛题目,并尝试写出选题的基本依据。

方案五:微党课——以笔为枪的后方战士们

1. 实践目标

解放战争时期不仅有前线奋勇抗敌的战士们,还有后方以笔为枪在没有硝烟的战场上厮杀的文字工作者们,他们是战争能够取得胜利的最坚实的后盾。学生通过搜集整理解放战争时期文字工作者、新闻工作者的历史故事,弘扬这些后方战士以笔为枪、勇敢无畏的可贵精神,提高文学素养,坚定报国理想。

2. 实践要求

(1) 确定人员分工。

(2) 根据选题,搜集整理史实资料。

(3) 导师指导,规范具体党课内容。

3. 实践成果

录制一部 15 分钟的微党课视频。

同学们也可以自拟微党课主题,并按照实践规范和要求完成微党课录制。

【行动反思与品格塑造】

1. 请同学们谈谈学习本章的收获与困惑,并将在章节学习过程中希望得到的帮助写在下面方框内。

2. 同学们,我们每个人的心中都有一个崇拜的人,一个想成为的人,以之为榜样,不断追逐。战火纷飞的年代里,中华民族曾出现无数为民族大义献身的英雄,或许是前线面临枪林弹雨的战士们,或许是后方以笔为枪的文字工作者。请谈谈解放战争时期令你印象最深的一位英雄,并说说理由。

3. 以自己所在的城市为调研对象:了解自己所在的城市在解放战争时期所发生的重要事件,同时参观历史遗迹,调查研究一手资料,并谈谈自己的收获与体会。

【参考文献】

[1] 毛泽东选集(第三卷)[M].北京:人民出版社,1991.

[2] 闻一多.最后一次演讲[M].北京:中国工人出版社,2016.

[3] 张治中.张治中回忆录[M].北京:华文出版社,2014.

[4] 中共中央文献研究室.建国以来重要文献选编(第一册)[M].北京:中央文献出版社,2011.

[5] 薛衔天,金东吉.民国时期中苏关系史(1917—1949)[M].北京:中共党史出版社,2009.

第八章

中华人民共和国的成立与中国社会主义建设道路的探索

第八章 中华人民共和国的成立与中国社会主义建设道路的探索

【学习目标】

理解中华人民共和国成立的伟大意义；了解中国社会主义建设道路的艰辛探索历程及其经验教训；认识我国建立社会主义制度，建立独立的比较完整的工业体系和国民经济体系的重大意义。

【知识要点】

1. 新生人民政权的巩固
2. 社会主义制度的确立
3. 中国社会主义道路的艰辛探索
4. 全面建设社会主义时期取得的历史成就

读之篇

【经典阅读】

1. 中共中央关于党的百年奋斗重大成就和历史经验的决议（节选）

新中国成立后，党领导人民战胜政治、经济、军事等方面一系列严峻挑战，肃清国民党反动派残余武装力量和土匪，和平解放西藏，实现祖国大陆完全统一；稳定物价，统一财经工作，完成土地改革，进行社会各方面民主改革，实行男女权利平等，镇压反革命，开展"三反"、"五反"运动，荡涤旧社会留下的污泥浊水，社会面貌焕然一新。中国人民志愿军雄赳赳、气昂昂跨过鸭绿江，同朝鲜人民和军队并肩战斗，战胜武装到牙齿的强敌，打出了国威军威，打出了中国人民的精气神，赢得抗美援朝战争伟大胜利，捍卫了新中国安全，彰显了新中国大国地位。新中国在错综复杂的国内国际环境中站稳了脚跟。

党领导建立和巩固工人阶级领导的、以工农联盟为基础的人民民主专政的国家政权，为国家迅速发展创造了条件。一九四九年，中国人民政治协商会议第一届全体会议制定《中国人民政治协商会议共同纲领》。一九五三年，党正式提出过渡时期的总路线，即在一个相当长的时期内，逐步实现国家的社会主义工业化，并逐步实现国家对农业、手工业和资本主义工商业的社会主义改造。一九五四年，召开第一届全国人民代表大会第一次会议，通过了《中华人民共和国宪法》。一九五六年，我国基本上完成对生产资料私有制的社会主义改造,基本上实现生产资料公有制和按劳分配,建立起社会主义经济制度。党领导确立人民代表大会制度、中国共产党领导的多党合作和政治协商制度、民族区域自治制度,为人民当家作主提供了制度保证。党领导实现和巩固了全国各族人民的大团结,形成和发展各民族平等互助的社会主义民族关系,实现和巩固全国工人、农民、知识分子和其他各阶层人民的大团结,加强和扩大了广泛统一战线。社会主义制度的建立,为我国一切进步和发展奠定了重要基础。

党的八大根据我国社会主义改造基本完成后的形势,提出国内主要矛盾已经不再是工人阶级和资产阶级的矛盾,而是人民对于经济文化迅速发展的需要同当前经济文化不能满足人民需要的状况之间的矛盾,全国人民的主要任务是集中力量发展社会生产力,实现国家工业化,逐步满足人民日益增长的物质和文化需要。党提出努力把我国逐步建设成为一个具有现代农业、现代工业、现代国防和现代科学技术的社会主义强国,领导人民开展全面的大规模的社会主义建设。经过实施几个五年计划,我国建立起独立的比较完整的工业体系和国民经济体系,农业生产条件显著改变,教育、科学、文化、卫生、体育事业有很大发展。"两弹一星"等国防尖端科技不断取得突破,国防工业从无到有逐步发展起来。人民解放军得到壮大和提高,由单一的陆军发展成为包括海军、空军和其他技术兵种在内的合成军队,为巩固新生人民政权、确立中国大国地位、维护中华民族尊严提供了坚强后盾。

(来源:中国政府网,2021年11月16日)

导读:2021年11月党的十九届六中全会在北京召开,全会审议并通过了《中共中央关于党的百年奋斗重大成就和历史经验的决议》,这也成为新时代中国共产党人牢记初心使命、坚持和发展中国特色社会主义的政治宣言。决议将党的百年奋斗历程分为新民主主义革命、社会主义革命和建设、改革开放和社会主义现代化建设、中国特色社会主义新时代四个部分。决议中在总结社会主义革命和建设时期时,强调这一历史时期"党面临的主要任务是,实现从新民主主义到社会主义的转变,进行社会主义革命,推进社会主义建设,为实现中华民族伟大复兴奠定根本政治前提和制度基础",并且,"从新中国成立到改革开放前夕,党领导人民完成社会主义革命,消灭一切剥削制度,实现了中华民族有史以来最为广泛而深刻的社会变革,实现了一穷二白、人口众多的东方大国大步迈进社会主义社会的伟大飞跃"。同学们可以认真阅读决议内容,并结合课本第八章知识点,感悟这一历史时期党和国家取得的历史成就。

2. 伍修权在联合国安全理事会上控诉美国武装侵略中国领土台湾的发言(节选)

朝鲜的内战是美国制造的；朝鲜的内战在任何意义上都不可能成为美国武装侵略台湾的理由或借口。各位代表先生，能不能设想因为西班牙内战，意大利就有权利占领法国的科西嘉呢？能不能设想，因为墨西哥内战，英国就有权利占领美国的佛罗里达吗？这是毫无道理的，不能设想的。其实，美国政府武装侵略台湾的政策，正像其侵略朝鲜的政策一样，早在朝鲜内战被美国制造之前就已决定了的。在朝鲜内战爆发前的六天，即一九五○年六月十九日，《纽约时报》的一篇社论就写道："为了保卫日本而保留某种基地是必要的，在现代战争中，那种三四个孤立的基地的陈旧思想已经毫无意义……很可能正是因为这样的理由，麦克阿瑟将军，据报，正在准备促成一个西太平洋全体的、而不单是日本一国的联合防御计划，这样就重新提出了应该以及能够为台湾做些什么事情的问题。很大一部分人的意见，以为台湾还可以守住，虽然为时稍迟，但还不是太迟……一个以大区域为基础的有力的防御计划，将会涉及头等重要的政治决策，它会要我们对台湾的整个立场翻过来。"六月二十七日《纽约邮报》的一则消息则更进一步说："在詹森与布莱德雷赴日以前，美国联合参谋部就同意了包括以下两点的远东政策：一、五年之内不和日本订和约；二、采取防止台湾陷入共党之手的任何措施。"六月二十五日纽约《先锋论坛报》的一则东京消息，则生动地透露了这一个决定的具体内容："据盟军最高统帅部的意见，美国对台湾问题采取坚决立场，将有百分之九十的把握阻止共产党对该岛的侵略；因为中国人自己并没有准备与美国的军事力量发生冲突……总部官员坚信，如果根据下面的方针迅速行动的话，共产党人可能甚至不敢发动对台湾的攻击。美国应该发表一个措辞强硬的公开声明说明：由于苏联之参加中国军事准备工作，以及由于世界局势的变迁，因此对于前属日本的台湾的未来地位问题，必须等待对日和约的签订。在和约签订前，台湾将由美国或联合国代管。与发表这一声明同时，应派遣一个大规模的军事代表团，并供应有限度的装备，援助的数量，将与供给希腊政府与游击队作战相当。有人建议在派遣军事代表团之外，应该将海军实力炫示一番：某官员认为，只要出现一艘航空母舰，就必然会使共产党人在未来很长时期内不敢发动对台湾的攻击。"更多的材料是不必要的。美国政府过去和现在都没有驳斥过这些直接关于美国政府的重大记载，使人相信它们是可靠的。这些材料足够说明早在朝鲜战争被美国制造之前，美国政府就决定了武装侵略台湾的政策,甚至如何执行这一武装侵略的具体步骤如发表强硬声明、炫示海军力量、派遣军事代表团等等,都已决定好了。美国政府制造朝鲜内战,其目的只是为了武装侵略朝鲜和我国领土台湾及加紧控制越南和菲律宾制造一个借口而已。美国政府借口它一手制造的朝鲜内战,同时侵略了朝鲜和台湾,分明是加倍扩大了朝鲜战争。美军侵略朝鲜、台湾后一连串挑衅的事件已充分地证明了这一点。它有计划地把侵略战争的火焰燃烧到中国。这不是什么使朝鲜战争的局部化,而是扩大了朝鲜战争。

(来源:中共中央文献研究室编,《建国以来重要文献选编》第一册,中央文献出版社2011年版)

导读:1950年6月25日,朝鲜战争爆发。美国政府从其全球战略和冷战思维出发,决定武装干涉朝鲜内战,并派遣第七舰队侵入台湾海峡,公然干涉中国内政。这不仅严重侵犯了中国的主权和领土完整,威胁了新中国的安全,而且阻挠了中国的统一大业。在外交层面上,党和国家领导人发表一系列讲话或声明,谴责美国的侵略行径。1950年11月,中国代表伍修权出席联合国安理会,揭露了以美国为首的西方国家对朝鲜的侵略以及对中国内政的粗暴干涉,赢得了国际社会的广泛关注和对于中国人民的广泛支持。通过阅读以上材料,同学们可以更加直观理解党中央和毛泽东主席为什么要毅然决然地作出抗美援朝的决定。

3. 目前合作化运动情况的分析与今后的方针政策(节选)

邓子恢

首先一点,应该肯定,我们的成绩是主要的。从去年到今年(一九五四年到一九五五年)这一年度,我们的成绩是很大的。事实摆在那里,那样短的时间,任务那样繁重,还要完成计划,把决议变成了实际,虽然中间有些地方社发展多一些,有些地方出了一些毛病,但是一般讲,运动发展是正常的,大部分是在互助组的基础上,特别是在办好十万个社的基础上发展起来的。因此,今年六十几万个社大部分可以巩固的。这一点应该肯定。我在第一次讲话中也讲到了这一点,向中央报告也是这样讲的。不能说因为现在我们有些紧张,有些地方有些毛病,就把成绩否定了,或者说缺点是主要的,成绩是次要的,不能这样说,我想这一点应该肯定下来。正是因为我们发展了几十万个社,就是去年我们在农村当中建立了几十万个社会主义据点,初步地建立了农村合作化的阵地,是我们今后合作化很重要的依靠。把社办好了,我们就在农民当中扩大了党的教育,扩大了党的影响。这是一般来说的,当然有的地方也有不好的影响，但是总的说来是教育了农民，扩大了党的影响，从而又为今后进行农业社会主义改造创造了有利条件。那么我们的成绩从哪里来的？我想来源是：有十万个合作社和过去几年的互助组的基础，十万个合作社办好是主要的；党的政策明确，依靠贫农，巩固团结中农；经过这几年来的工作，群众的觉悟提高了，有些地方是高涨；再加上各方面工作的配合，比如说统购统销也帮助了我们，推动了合作化。还有其他各方面的配合，整党建党，宣传教育，青年团的工作，镇压反革命，没有这些部门配合，我们也搞不好的。此外，我们农村工作部门确实做了很艰苦的工作，有许多地方群众工作是做得好的，走群众路线，我想这是第一点应该肯定的。

（来源：中共中央文献研究室编，《建国以来重要文献选编》第六册，中央文献出版社2011年版）

导读：农业的社会主义改造是三大改造的重要组成部分。1953年12月，党中央通过了《关于发展农业生产合作社的决议》，指导农业进行社会主义改造。具体步骤是由临时互助组到常年互助组，再到实行土地入股、统一经营而有较多公共财产的农业生产合作社（初级社），最后实行完全的社会主义的集体农民公有制的更高级的农业生产合作社（高级社）。这也就是中国共产党领导下对农业实行社会主义改造的道路和途径。节选文献就体现了党和国家对于农业进行社会主义改造的具体措施和经验总结情况。同学们结合阅读课本相关章节，就能更好地理解农业合作化在社会主义改造过程中的重要性与关键地位。

4. 中央统战部关于省、市人民代表大会和省、市人民政府委员会中民主人士安排方案的意见（节选）

（一九五四年四月二十一日）

（一）中央、大区和省、市的各方面民主人士，应从全国人民代表大会，省、市人民代表大会，省、市人民政府委员会，政协全国委员会和省、市协商委员会（以上都是有任期的选任职务）等五个方面，统盘考虑适当安排，并尽量减少兼职（主要人物兼一职，最多兼二职，其他尽量不兼职），以便提拔和吸收一批新的成分，并使其中能够工作的人有较多时间从事实际工作。

……

（三）为适应国家社会主义建设和社会主义改造的需要，在上述五个方面的安排中，都应注意吸收一批文教工作人员（包括中、小学教职员和包括旧医在内的医务卫生人员）和科学技术人员；应适当吸收私营工商业中有代表性的人物(注意其中的进步分子,注意各方面如工、商各行业和大、中、小,又包括资本家、代理人、技术人员、高级职员。工重于商,但要适当照顾商)。同时还应当注意从各方面吸收有适当代表性的妇女,条件不宜要求太高。目前若干省、市人民代表大会代表候选人的安排方案中,对上述这些成分的增加还注意不够,需要有所修正。

....

(七)在县、市和市辖区的人民代表大会和人民政府委员会中,也要注意适当地安排民主人士。在这些地方应当注意吸收与人民有直接联系的文教人员(特别是小学教师)、医务卫生人员(包括旧医)和妇女,以及在当地工作的工程技术人员。应当注意吸收中、小工商业中有代表性的分子。对私营商业中的进步分子也要适当吸收,不要采取一般排斥商业资本家的原则,以利社会主义改造。县、市人民政府委员会中,对于已经同我们合作的从地主阶级分化出来的民主人士仍应适当吸收。估计将来县协商机关会大部取消,对于这些县的常务委员会中的民主人士,都要采取各种适当办法加以安排或安置。

(来源:中共中央文献研究室编,《建国以来重要文献选编》第五册,中央文献出版社2011年版)

导读:中国共产党领导的多党合作和政治协商制度是我国的一项基本政治制度。1954年9月,中华人民共和国第一届全国人民代表大会第一次会议在北京召开。此后,中国人民政治协商会议不再代行全国人民代表大会的职权。同年12月,中国人民政治协商会议第二届全国委员会在北京召开。从此,中国人民政治协商会议成为中国人民爱国统一战线的组织,是中国共产党领导的多党合作和政治协商的重要机构,成为我国政治生活中发扬社会主义民主的重要形式。上述节选文献材料,即是在第一届全国人大召开之前,党和国家关于如何协调和安排民主人士参政议政的具体措施建议。

5. 关于发展工业的几点意见(节选)

邓小平

一、确立以农业为基础、为农业服务的思想。工业支援农业,促进农业现代化,是工业的重大任务。工业区、工业城市要带动附近农村,帮助农村发展小型工业,搞好农业生产,并且把这一点纳入自己的计划。许多三线的工厂,分散在农村,也应当帮助附近的社队搞好农业生产。一个大厂就可以带动周围一片。这样还有一个好处,附近的社员就会爱护工厂,不去厂里随便拿东西。农业现代化不单单是机械化,还包括应用和发展科学技术等。城市可以帮助农村搞一些机械化的养鸡场、养猪场,这一方面能增加农民的收入,另一方面能改善城市的副食品供应。要是工人没有菜吃,没有肉吃,工业怎么能搞得好?工业支援农业,农业反过来又支援工业,这是个加强工农联盟的问题。我给四川的同志写过信,告诉他们工业越发展,越要把农业放在第一位。

二、引进新技术、新设备,扩大进出口。外国都很重视引进国外的新技术、新设备。把他们的产品拆开一看,好多零部件也是别的国家制造的。有一些原材料,我们一时解决不了、必须进口的,还是要进口一些。如化纤厂搞起来了,缺少某些化工原料就不能生产,不进口怎么行?要进口,就要多出口点东西。这里有一个出口政策问题。出口什么?要大力开采石油,尽可能出口一些。工艺美术品等传统出口产品,要千方百计地增加出口。化工产品要考虑出口。煤炭也要考虑出口,还可以考虑同外国签订长期合同,引进他们的技术装备开采煤矿,用煤炭偿付。这样做好处很多:一可增加出口,二可带动煤炭工业技术改造,三可容纳劳动力。这是一个大政策,等中央批准了再办。总之,要争取多出口一点东西,换点高、精、尖的技术和设备回来,加速工业技术改造,提高劳动生产率。

三、加强企业的科学研究工作。这是多快好省地发展工业的一个重要途径。随着工业的发展,企业的科技人员数量应当越来越多,在全部职工中所占的比例应当越来越大。大厂要有自己独立的科研机构;小厂的科研可以由市里综合办,也可以由几个厂联合在一起搞。现在有一些知识分子用非所学,原来学的技能没有发挥出来,要改进这方面的工作。科研的课题很多,不说别的,光是出口商品的包装问题,我看就要好好研究一下。部队装备如何减轻重量,也很值得研究。有些装备光靠总后勤部自己搞不行,要有几个研究机构配合来搞。

四、整顿企业管理秩序。看来企业里面问题不少,其中带普遍性的问题是企业管理秩序不好,设备完好率差。特别是重工业,问题更突出。要考虑今年十一、十二两个月集中整顿一下企业管理秩序,加强设备维修,为明年的生产打好基础。设备失修严重的企业,重点应放在维修上面。宁可少生产一些,也一定要把设备维修好。不然欲速则不达,越催生产越上不去。企业里浪费惊人,也是普遍现象,要好好整顿,争取利润多上缴一点。企业管理是一件大事,一定要认真搞好。

五、抓好产品质量。质量第一是个重大政策。这也包括品种、规格在内。提高产品质量是最大的节约。在一定意义上说,质量好就等于数量多。质量好了,才能打开出口渠道或者扩大出口。要想在国际市场上有竞争能力,必须在产品质量上狠下功夫。

六、恢复和健全规章制度。关键是建立责任制。现在许多地方都存在无人负责的现象,积重难返,非突出地抓一下不可。执行规章制度要严一点。要有一点精神,不要怕挨批判,不要怕犯错误。你不严,规章制度就恢复不起来,企业的混乱情况就无法改变。南京无线电厂有一位老工人讲了严格执行规章制度的必要,这个材料可发给大家看看。

七、坚持按劳分配原则。这在社会主义建设中始终是一个很大的问题,大家都要动脑筋想一想。所谓物质鼓励,过去并不多。人的贡献不同,在待遇上是否应当有差别?同样是工人,但有的技术水平比别人高,要不要提高他的级别、待遇?技术人员的待遇是否也要提高?如果不管贡献大小、技术高低、能力强弱、劳动轻重,工资都是四五十块钱,表面上看来似乎大家是平等的,但实际上是不符合按劳分配原则的,这怎么能调动人们的积极性?我看高温、高空、井下、有毒的工种,待遇应当跟一般的工种有所不同。工资政策是个很复杂的问题,要研究。

(来源:《邓小平文选》第二卷,人民出版社1994年版)

导读:1975年初,四届全国人大一次会议后,重申四个现代化目标。在毛泽东、周恩来支持下,邓小平全面主持中共中央与国务院的日常工作。邓小平开始大刀阔斧地进行整顿。他强调:工业、农业、商业、财贸、文教、科技、军队都要整顿,核心是党的整顿,关键是领导班子。经过全面整顿,我国经济形势明显好转,国民经济迅速回升。1975年的工农业总产值和大多数产品质量指标按照"四五"计划基本完成。节选文献即1975年邓小平对工业发展作出的重要指示要求。

【拓展阅读】

1.《朝鲜战争》

基本信息:王树增著;人民文学出版社,2009年。

主要内容:1950年,党中央和毛泽东主席毅然作出了"抗美援朝、保家卫国"的战略决策。中国人民志愿军在朝鲜战场上打出了新中国的国威、军威,打出了中华民族在世界上的尊严。中国军队这种英勇顽强、连续作战、不怕艰苦、不怕牺牲的精神,被对手称作"谜一样的东方精神"。书中通过对战役、战斗情节和英雄人物的生动描述来突出这种"东方精神"。

推荐理由： 党中央一声令下，志愿军"雄赳赳，气昂昂，跨过鸭绿江"。对党忠诚、服从命令听指挥，正是"谜一样的东方精神"的灵魂所在。本书作者正是通过对抗美援朝的具体事例的描写，为我们揭示了何为"东方精神"，以及中国人民志愿军取得胜利的原因所在。本书文笔细腻，刻画深刻，是关于抗美援朝的优秀纪实文学作品。

2.《毛泽东传(1949—1976)》

基本信息： 中共中央文献研究室编，逄先知、金冲及主编；中央文献出版社，2003年。

主要内容：《毛泽东传(1949—1976)》是毛泽东传的建立新中国后部分，时间跨度为毛泽东1949年10月1日在开国大典上宣布中华人民共和国中央人民政府正式成立，到1976年9月9日逝世，前后共27年。本书共分43章。这部传记着重反映毛泽东在领导恢复国民经济、探索中国社会主义改造道路，探索中国社会主义建设道路中所作的历史性贡献，以及在探索过程中所经历的曲折历程。本书对于深入了解和研究以毛泽东同志为核心的党的第一代中央领导集体在新中国成立后的重大历史决策的过程，对于深入了解和研究毛泽东在新中国成立后的思想发展和变化过程，都具有重要意义。

推荐理由： 本书的编写，主要依据中央档案馆保存的毛泽东在新中国成立后的大量文稿、讲话和谈话记录，中共中央文件和有关会议记录，还利用了《人民日报》、新华社电讯等资料，有关的书籍和资料，同毛泽东有过直接接触的人士的回忆录和对他们访问的记录等，是一部翔实、权威的信史。

3.《周恩来传(1898—1976)》

基本信息： 中共中央文献研究室编，金冲及主编；中央文献出版社，2008年。

主要内容： 本书记录了周恩来同志一生的历史，包括周恩来的童年、在东北、在南开学校、赴欧和入党、在中共中央工作、长征、抗战、解放战争，以及新中国成立后主持政府工作等内容。

推荐理由： 本书依据中央档案馆保存的周恩来的数万件文稿、电报、书信、讲话记录和大量会议记录，以及邓颖超保存的周恩来青年时代的日记、作文、书信等，记录翔实、准确，是一部记载周恩来生平的信史。

4.《当代中国水利史(1949—2011)》

基本信息：王瑞芳著；中国社会科学出版社，2014年。

主要内容：本书介绍了新中国成立后在中国共产党领导下取得的伟大水利建设成就。全书从江河治理和农田水利建设两个基本维度，揭示了新中国治水方针的转变及由此带来的水利建设重心的转移，清晰地勾画出当代中国水利建设发展的历史轨迹。

推荐理由：水利是国家发展建设的重要组成部分。在近代社会，中国的水利建设长期处于停滞落后状态，人民群众的生产生活也受到很大的负面影响。新中国成立后，水利建设成为党和国家的重点关注领域，并取得了辉煌成绩。了解新中国水利史，有助于更加全面地理解社会主义建设取得的伟大成就和重大历史意义。

思之篇

【案例讨论与思考】

案例1：葛岘岭阻击战

抗美援朝战争第二次战役中，中国人民志愿军曾创下1个步兵排在敌人百余架次战机和数千枚炮弹的轮番轰炸下，歼敌215人，自己无一伤亡的战斗奇迹。这就是发生于1950年11月29日的葛岘岭阻击战。此战中，志愿军第38军113师337团1营1连2排的数十名官兵，成功阻击南逃美军一部，为截断敌军南逃退路、巩固对敌战役包围态势立下大功。

2排在接到抢占葛岘岭以实施阻击战斗命令之时，刚随上级完成14小时强行军70余公里穿插三所里的艰巨任务，连续数日高强度作战让战士们感到十分疲惫。为赶在美军之前到达阻击点从而获得战场主动权，2排战士们毫无怨言，义无反顾向葛岘岭开进。葛岘岭与部队所在的三所里之间直线距离虽不足10公里，但地形上山高崖陡、荆棘丛生，还隔着一条大同江。为不贻误战机，2排排长郭忠田放弃大路奔袭，带领部队穿山越岭、披荆斩棘，涉水渡过冰冷刺骨的大同江。经过12小时强行军，2排于11月28日凌晨抵达龙源里，成功堵住美军南逃的缺口。随后，郭忠田带头在葛岘岭主阵地开凿洞穴、修筑工事、实施伪装。最终，2排抢在南逃之敌到达前完成所有战斗准备工作,为战斗实施创造了有利的先决条件。

此战,2排在敌方地毯式轰炸下,以灵活的战术、勇猛的精神、果决的动作取得了辉煌战绩,为上级作战行动顺利实施提供重要支撑。战后,志愿军总部授予2排"郭忠田英雄排"荣誉称号,给郭忠田记特等功一次,授予"一级英雄"称号。(许正、张苗,《中国国防报》,2022年11月24日,有删改)

案例与问题讨论:

案例中的葛岘岭阻击战是抗美援朝中的经典战例,结合教材、经典阅读材料和案例,请分析为什么说抗美援朝是新中国的立国之战,抗美援朝取得胜利的原因有哪些。

案例2:钱学森与"苹果树"

1955年,钱学森归国时,他的院长杜布里奇先生对他说:"你可以选择离开,也可以选择留下来,完成学业。我劝你最好留下来,因为中国根本没有航空科技,一个如此优秀的科学家回到了农耕社会,能做些什么?"钱学森回答道:"在我的祖国,我做什么都可以,如果种苹果树是我报效祖国唯一的方法的话,我可以去种苹果树。"

转眼间,到了1966年,在酒泉发射基地,数千人齐心协力,将一根绑在发射架上的"柱子"竖立起来,这根"柱子"就是中国科学家们10多年来的智慧结晶——东风3号核导弹! 钱学森抬头仰望这枚巨大的核导弹,自言自语道:"杜布里奇先生啊! 这就是我种的苹果树!"钱学森种植的"苹果树",就是国家的王牌底牌、军队的"杀手锏"武器、人民安全的"保护伞"。(陈江南,《解放军报》,2018年12月7日,有删改)

案例与问题讨论:

钱学森作为"两弹一星"工程的重要参与者,为我国国防工业的现代化作

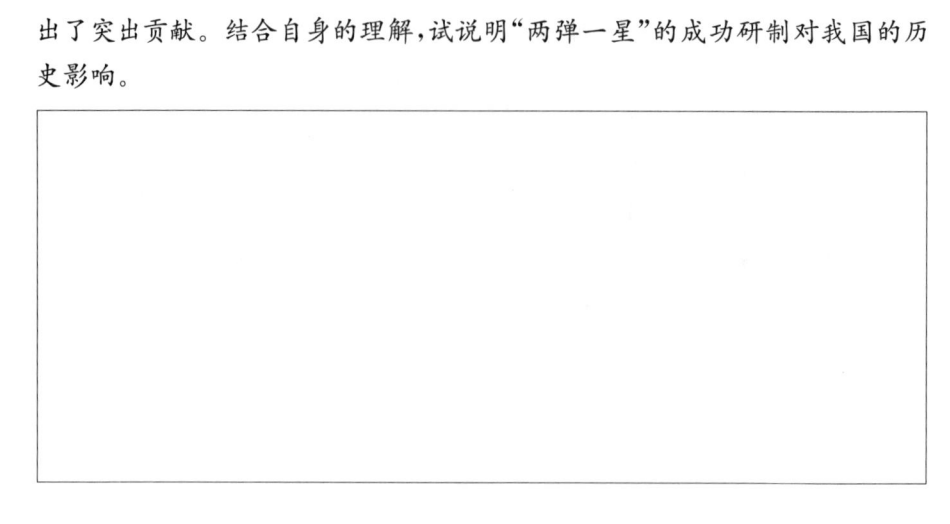

出了突出贡献。结合自身的理解,试说明"两弹一星"的成功研制对我国的历史影响。

案例3:青蒿素是传统中医药送给世界人民的礼物

1969年,屠呦呦所在的中医研究院接到了一个"中草药抗疟"的研发任务,项目代号"523"。39岁的屠呦呦临危受命,开始了征服疟疾的艰难历程。从1969年1月开始,历经380多次实验、190多个样品、2000多张卡片,屠呦呦和课题组以鼠疟原虫为模型,发现青蒿提取物对鼠疟原虫的抑制率可达68%。但是,后续的实验结果显示,青蒿提取物对鼠疟原虫的抑制率只有12%~40%。屠呦呦分析,抑制率上不去的原因,可能是提取物中有效成分浓度过低。

为什么在实验室里青蒿提取物不能很有效地抑制疟疾呢?是提取方法有问题,还是做实验的老鼠有问题?屠呦呦心有不甘,她重新把古代文献搬了出来,细细翻查。有一天,东晋葛洪《肘后备急方》中的几句话吸引了屠呦呦的目光:"青蒿一握,以水二升渍,绞取汁,尽服之。"为什么这和中药常用的煎熬法不同?原来里面用的是青蒿鲜汁!

"温度!这两者的差别是温度!很有可能在高温的情况下,青蒿的有效成分就被破坏掉了。如此说来,以前进行实验的方法都错了。"屠呦呦立即改用沸点较低的乙醚进行实验,终于发现了青蒿素。从12%到100%,用乙醚提取青蒿素,这个看似极为简单的提取过程,却弥足珍贵。那一幕,屠呦呦记忆犹新:"太高兴了!千千万万人的生命得以挽救,这是最值得欣慰的事情。青蒿素是属于我们中国的发明成果,而且是从中医药里集成发掘的,是中医药造福人类的体现。我们倍感自豪。"

2015年10月5日,屠呦呦获得2015年诺贝尔生理学或医学奖。"这是中医中药走向世界的一项荣誉。"屠呦呦说,"它属于科研团队中的每一个人,属于中国科学家群体。"屠呦呦强调,中医中药是一个伟大的宝库,经过继承、创新、发扬,它的精华能更好地被世人认识,能为世界医学作出更大的贡献。我们中国人的成果被国际认可,关键是真正解决了问题,挽救了许多生命。用现代科学手段不断认识中医药,这是我们这一代和下一代科研工作者的责任。(王君平,《人民日报》,2021年2月4日,有删改)

案例与问题讨论:

青蒿素是我国中医药对世界医学作出的巨大贡献。结合课程内容和案例材料,试分析说明青蒿素研制成功体现了何种精神,这种精神对于推动社会主义建设有何作用和意义。

【热点问题与讨论】

如何理解"科学无国界,科学家有祖国"

新中国成立之初,面对祖国百废待兴、百业待举,众多海外学子克服美西方的各种物质诱惑和重重阻力,跨越山海,毅然回到祖国母亲的怀抱,投身新中国各领域的开创和建设中。在一穷二白、极为艰苦的科研环境下,他们废寝忘食、隐姓埋名,用知识、技术助力民族复兴。在我国23位"两弹一星"功勋奖章获得者中,就有19位是在新中国成立前后从国外归来的。老一辈科学家将报效国家、服务人民的赤胆忠诚体现在对工作的点点滴滴中,将一生追求与祖国需要紧紧联系在一起。2020年9月11日,习近平总书记在科学家座谈会上的讲话中指出:科学无国界,科学家有祖国。

如何理解习近平总书记谈到的"科学无国界,科学家有祖国"这句话的深刻含义?

如何理解大庆油田的发现摘掉了我国"贫油国"的帽子

1959年9月26日,松基三井喜喷工业油流,勘探发现了大庆油田,随后掀起了气吞山河、波澜壮阔的石油大会战。大庆油田为建立我国现代石油工业体系作出了重大贡献,孕育了"大庆精神"。石油,被称为"工业的血液"。新中国成立之初,全国原油年产量仅12万吨,还不如今天一座大型油田的日产量。戴着"贫油国"的帽子,我们的石油消费基本靠进口,大城市的公共汽车因为缺油只能背着煤气包。1959年9月26日,位于松嫩平原上的松基三井喷射出一股黑色油流,在场的人兴奋呐喊,我国勘探发现了大庆油田。时值新中国成立10周年华诞临近,因此,油田以"大庆"命名。大庆油田是我国最大的油田,也是世界上为数不多的特大型陆相砂岩油田之一。

结合材料,尝试说说大庆油田的发现摘掉了我国"贫油国"的帽子的原因,并谈谈能源安全对于国家的重要性。

如何理解《功勋》等红色影视剧的高分"出圈"

于敏、申纪兰、孙家栋、李延年、张富清、袁隆平、黄旭华、屠呦呦……这一个个名字响亮又陌生。他们是"共和国勋章"获得者,但光环背后,作为普通人的他们,如何面对人生困境,何以成就伟大事业,又有着怎样的喜怒哀乐,却不为人所知。2021年,以这8位"共和国勋章"获得者为原型创作的电视剧《功勋》以全网络平台斩获热搜470个、话题阅读量突破90亿、豆瓣评分9.1分的成绩收官,成为收视、口碑双丰收的"现象级"主旋律电视剧。在电视剧中,这8位"功勋人物"从青春年少时出场,在求索与失败中成长,有笑有泪、有血有肉。平凡一如你我,伟大赢得致敬。《功勋》展示出属于中国自己的英雄主义,致敬了中国特色社会主义的艰辛之路,这与青年群体的主流价值观形成互动与共鸣。同时,它一改流行剧和商业剧的漂浮、虚幻、"塑料"的气质,体现了故事创作的功力和扎实的创作态度,在艺术层面说服了观众。

请谈谈《功勋》走红的原因,并结合自身经历,谈谈对红色题材影视作品的理解和建议。

行之篇

【社会实践与行动】

方案一:微电影或舞台剧《开国大典》

1. 实践目标

通过剧本写作,锻炼学生的文字表达能力和想象力;通过微电影拍摄或舞台剧表演,锻炼学生的团队协作能力,并提高学生对于思政课实践环节的参与程度;同时以开国大典这一重大历史事件为视角,促进学生对于新中国历史的熟识程度,增强学生的历史自信心与民族自豪感。

2. 实践设计

第一步,与队员商量,构思故事,拟定写作大纲;第二步,向任课教师汇报,确定所选主题,讨论写作的剧本的可行性,继而分配角色,着手拍摄或表演;第三步,分场景拍摄或排练;第四步,后期剪辑与处理。需要注意的是,微电影或舞台剧的价值取向必须积极,符合社会主义核心价值观,表演手法及呈现形式可幽默、可深邃、可平铺、可起伏,主题突出、引人深思,通过动态的画面来表达思想内容,寓乐于学,寓乐于思。

3. 实践成果

形成一部8~10分钟的微电影或在舞台上进行表演。

同学们也可以自拟题目来编写一个微电影或舞台剧的剧本。

方案二:读书报告《朝鲜战争》

1. 实践目标

通过读书的方式,体悟抗美援朝是新中国立国之战的重大历史意义。学生通过阅读《朝鲜战争》,结合课程所学知识,进一步了解抗美援朝精神与具体史实,激发爱国情感,增强爱国意识。

2. 实践设计

第一步,制订读书计划,包括个人读书与集体讨论的次数和安排;第二步,落实读书计划,及时做好读书记录;第三步,撰写读书报告,先对所读的书进行简单介绍,尤其是论析该书的创新之处和不足,继而小组成员谈论读书心得,主要从学习、人生启示等角度予以分享,再进行总结,并附参考文献及团队建设情况。

3. 实践成果

形成一份不少于2000字的读书报告,制作一份用于汇报的PPT。

同学们可以写下自己感兴趣的阅读书单,并简单说一说自己的推荐理由。

方案三:社会调查——南京近现代史上的城市建设变化

1. 实践目标

通过社会实践,了解南京城市建设在近现代史上的显著变化,从而使学生更加明确中国共产党团结带领全国人民取得的社会主义建设的伟大成就。

2. 实践要求

(1) 根据实践主题,确定活动方案。

(2) 问卷调查与访谈相结合;搜集更多第一手数据,为结果分析提供有力数据支撑。

(3) 以小组为单位,合理分工,相互协作,共同完成调研。

3. 实践成果

(1) 形成调研报告一份,字数不少于 2000 字。

(2) 制作汇报 PPT 一份。

同学们对新中国社会主义建设取得的伟大成就中的哪一具体问题感兴趣?可以自拟一个社会调查题目。

方案四:讨论与辩论——要不要多喝热水

1. 实践目标

喝热水是新中国成立后,党和政府开展的爱国卫生运动中的重要举措之一。通过正反方辩论,促进学生对于新中国成立初期我国医疗卫生状况的了解,感受我国取得的医疗卫生成就。

2. 实践要求

(1) 文献精读;

(2) 团队合作;

(3) 导师指导。

3. 实践成果

根据讨论与辩论意见,形成一份对于爱国卫生运动的理解与认识报告,不少于 2000 字。

同学们也可以自拟辩论题目,并尝试写出辩题选题的基本依据。

方案五:微党课——隐姓埋名的"两弹一星"参与者

1. 实践目标

通过学生讲述"两弹一星"功勋人物的历史故事,宣扬科研工作者以身许国、隐姓埋名,自力更生、发愤图强的爱国精神,增强学生的爱国信念,树立报国理想。

2. 实践要求

(1) 确定人员分工。

(2) 根据选题,搜集整理史料。

(3) 导师指导规范具体党课内容。

3. 实践成果

录制一部 15 分钟的微党课视频。

同学们也可以自拟微党课主题，并按照实践规范和要求完成微党课录制。

【行动反思与品格塑造】

1. 请同学们通过自己的祖辈、父辈，了解自己的家乡在新中国成立前和新中国成立后的社会建设发展情况，并进行对比。同时，结合自身对于中国近现代史纲要课程的学习体会，谈一谈自己对于新中国社会主义建设取得成就的感悟心得。

2. 新中国成立后，党领导人民进行社会主义建设，取得了伟大成就。在这一过程中，各行各业涌现出无数先进的个人与集体。他们是国家的功臣、民族的英雄。请同学们就此写一段自己与革命前辈的跨时空对话，表达自己对于国家和民族的感情。

3. 以自己所在的学校为调研对象，了解本校的发展历史，并重点考察新中国成立后学校的发展情况。通过对本校师生的走访调查，深刻理解学校建校的宗旨;并结合自身的求学经历,简要阐述自己对我国高等教育的希冀。

【参考文献】

[1] 王树增. 朝鲜战争[M]. 北京:人民文学出版社,2009.

[2] 中共中央文献研究室. 毛泽东年谱(1949—1976)[M]. 北京:中央文献出版社,2013.

[3] 中共中央关于党的百年奋斗重大成就和历史经验的决议(单行本)[M]. 北京:人民出版社,2021.

[4] 中共中央党史和文献研究院. 中国共产党的一百年(社会主义革命和建设时期)[M]. 北京:中共党史出版社,2022.

[5]《中华人民共和国史》编写组. 中华人民共和国史[M]. 2版. 北京:高等教育出版社,2022.

第九章

改革开放与中国特色社会主义的开创和发展

第九章　改革开放与中国特色社会主义的开创和发展

【学习目标】

通过本章内容的学习,学生能够了解党的十一届三中全会作出改革开放历史性决策的背景和原因;了解改革开放和中国特色社会主义现代化建设深入推进的历史进程,理解改革开放和现代化建设取得的理论与实践成果;认识改革开放是党和人民大踏步赶上时代的重要法宝,是坚持和发展中国特色社会主义的必由之路。

【知识要点】

1. 改革开放和社会主义现代化建设新时期的开启
2. 改革开放和社会主义现代化建设的推进
3. 改革开放和社会主义现代化建设新时期取得的成就

读之篇

【经典阅读】

1. 完整地准确地理解毛泽东思想(节选)

邓小平

要对毛泽东思想有一个完整的准确的认识,要善于学习、掌握和运用毛泽东思想的体系来指导我们各项工作。只有这样,才不至于割裂、歪曲毛泽东思想,损害毛泽东思想。我们可以看到,毛泽东同志在这一个时间,这一个条件,对某一个问题所讲的话是正确的,在另外一个时间,另外一个条件,对同样的问题讲的话也是正确的;但是在不同的时间、条件对同样的问题讲的话,有时分寸不同,着重点不同,甚至一些提法也不同。所以我们不能够只从个别词句来理解毛泽东思想,而必须从毛泽东思想的整个体系去获得正确的理解。……毛泽东思想不是在个别的方面,而是在许多领域发展了马克思列宁主义。毛泽东思想是个体系,是发展了的马克思主义。所以我建议,除了做好毛泽东著作的整理出版工作之外,做理论工作的同志,要花相当多的功夫,从各个领域阐明毛泽东思想的体系。要用毛泽东思想的体系来教育我们的党,来引导我们前进。

我想趁今天这个机会,简单地谈一谈毛泽东思想里面的党的学说问题。

在这一方面,马克思、恩格斯讲得不多,列宁有个完整的建党的学说。正是因为列宁建立了那么一个好的党,才能取得十月革命的胜利,建立了第一个社会主义国家。把列宁的建党学说发展得最完备的是毛泽东同志。在井冈山时期,即红军创建时期,毛泽东同志的建党思想就很明确。大家看看红军第四军第九次党代表大会的决议就可以了解。他的完整的建党学说,是经过实践在延安整风时期建立起来的。毛泽东同志对于建立一个什么样的党,党的指导思想是什么,党的作风是什么,都有完整的一套。正是因为毛泽东同志在延安整风中建立了完整的建党学说,并且用这个学说来教育我们全党、全军和人民,使我们建立了这么一个好的党,所以才取得抗日战争、解放战争的彻底胜利。建国以后,党内生气勃勃,生动活泼。毛泽东同志的建党学说以后又有新的发展。一九五七年,毛泽东同志概括地讲了一个目标:"我们的目标,是想造成一个又有集中又有民主,又有纪律又有自由,又有统一意志、又有个人心情舒畅、生动活泼,那样一种政治局面,以利于社会主义革命和社会主义建设,较易于克服困难,较快地建设我国的现代工业和现代农业,党和国家较为巩固,较为能够经受风险。"当然,毛泽东同志这里讲的政治局面不只是讲党,而且是讲整个国家,整个军队,整个人民,就是说全党、全军、全国人民都要有那样一种政治局面。

我们回想一下,正是根据毛泽东同志的建党学说,才建立了这样一个好的党。从延安整风以后,无论前方后方的人,真是生气勃勃,生动活泼,心情舒畅,团结一致。毛泽东同志建立的这个党,既能够充分发扬民主,充分发挥下面遵守纪律的自觉性,又能够在这样的基础上建立高度的集中。毛主席、党中央的命令、号召,谁不听哪!谁不是自觉地听哪!没有这样的党的风气,我们能够战胜比我们强得多的敌人吗?我们能够在建国以后,取得一个又一个的胜利吗?

(来源:《邓小平文选》第二卷,人民出版社 1994 年版)

导读:《完整地准确地理解毛泽东思想》是邓小平在党的十届三中全会上讲话的一部分。1977 年 7 月 16 日至 21 日,中国共产党召开了第十届中央委员会第三次全体会议,全会一致通过了《关于恢复邓小平同志职务的决议》,决定恢复邓小平同志中共中央委员,中央政治局委员、常委,中共中央副主席,中共中央军委副主席,国务院副总理,中国人民解放军总参谋长的职务,邓小平在全会结束时讲了话,提出了"完整地准确地理解毛泽东思想"的科学原则。

2. 实践是检验真理的唯一标准(节选)

怎样区别真理与谬误呢？一八四五年，马克思就提出了检验真理的标准问题："人的思维是否具有客观的真理性，这并不是一个理论的问题，而是一个实践的问题。人应该在实践中证明自己思维的真理性，即自己思维的现实性和力量，亦即自己思维的此岸性。关于离开实践的思维是否具有现实性的争论，是一个纯粹经院哲学的问题。"这就非常清楚地告诉我们，一个理论，是否正确反映了客观实际，是不是真理，只能靠社会实践来检验。这是马克思主义认识论的一个基本原理。

实践不仅是检验真理的标准，而且是唯一的标准。毛主席说："真理只有一个，而究竟谁发现了真理，不依靠主观的夸张，而依靠客观的实践。只有千百万人民的革命实践，才是检验真理的尺度。""真理的标准只能是社会的实践。"这里说："只能"、"才是"，就是说，标准只有一个，没有第二个。这是因为，辩证唯物主义所说的真理是客观真理，是人的思想对于客观世界及其规律的正确反映。因此，作为检验真理的标准，就不能到主观领域内去寻找，不能到理论领域内去寻找，思想、理论自身不能成为检验自身是否符合客观实际的标准，正如在法律上原告是否属实，不能依他自己的起诉为标准一样。作为检验真理的标准，必须具有把人的思想和客观世界联系起来的特性，否则就无法检验。人的社会实践是改造客观世界的活动，是主观见之于客观的东西。实践具有把思想和客观实际联系起来的特性。因此，正是实践，也只有实践，才能够完成检验真理的任务。科学史上的无数事实，充分地说明了这个问题。

毛泽东思想是马克思列宁主义普遍真理与革命具体实践相结合的产物。毛主席的革命路线与"左"、右倾机会主义路线进行了长期的斗争。在一个时期内，毛主席的革命路线没有占主导地位。长期的革命斗争，成功的经验和失败的教训，从正反两个方面证明毛主席的革命路线是正确的，而"左"、右倾机会主义路线是错误的。标准是什么呢？只有一个：就是千百万人民的社会实践。

(来源：《实践是检验真理的唯一标准》，《光明日报》，1978年5月11日)

导读：《实践是检验真理的唯一标准》，是由南京大学哲学系教师胡福明原作，经过多人修改，最终由时任中共中央组织部部长胡耀邦审定的一篇文章。该文标志着真理标准大讨论的开始。文章于1978年5月10日首次发表于中共中央党校内部刊物《理论动态》第60期上。次日，《光明日报》以特约评论员名义全文发表于头版。当日,新华社转发了这篇文章。12日,《人民日报》和《解放军报》同时转载。数日之内,该文传遍全国。该文主张只能依靠社会实践检验真理;马克思主义最基本的原则之一就是理论与实践的统一;马恩列斯毛诸位革命导师都坚持用实践检验真理;任何理论都要不断接受实践的检验。从此文的发表开始,真理标准大讨论席卷全国。

3. 对起草《关于建国以来党的若干历史问题的决议》的意见(节选)

邓小平

我看了起草小组的提纲,感到铺得太宽了。要避免叙述性的写法,要写得集中一些。对重要问题要加以论断,论断性的语言要多些,当然要准确。

中心的意思应该是三条。

第一,确立毛泽东同志的历史地位,坚持和发展毛泽东思想。这是最核心的一条。不仅今天,而且今后,我们都要高举毛泽东思想的旗帜。十一届五中全会为刘少奇同志平反的决定传达下去以后,一部分人中间思想相当混乱。有的反对给刘少奇同志平反,认为这样做违反了毛泽东思想;有的则认为,既然给刘少奇同志平反,就说明毛泽东思想错了。这两种看法都是不对的。必须澄清这些混乱思想。对毛泽东同志、毛泽东思想的评价问题,党内党外和国内国外都很关心,不但全党同志,而且各方面的朋友都在注意我们怎么说。

要写毛泽东思想的历史,毛泽东思想形成的过程。延安时期那一段,可以说是毛泽东思想比较完整地形成起来的一段。毛泽东思想中关于新民主主义革命的理论,包括党的建设的理论和处理党内关系的原则,在延安整风前后,都比较完整地形成了。六届七中全会通过的若干历史问题决议,主要是批判三次"左"倾路线,对照着讲以毛泽东同志为代表的正确路线,没有专门讲毛泽东思想的全部内容。现在这一次,要正确地评价毛泽东思想,科学地确立毛泽东思想的指导地位,就要把毛泽东思想的主要内容,特别是今后还要继续贯彻执行的内容,用比较概括的语言写出来。"文化大革命"的十年,毛泽东同志是犯了错误的。在讲到毛泽东同志、毛泽东思想的时候,要对这一时期的错误进行实事求是的分析。

第二,对建国三十年来历史上的大事,哪些是正确的,哪些是错误的,要进行实事求是的分析,包括一些负责同志的功过是非,要做出公正的评价。

第三,通过这个决议对过去的事情做个基本的总结。还是过去的话,这个总结宜粗不宜细。总结过去是为了引导大家团结一致向前看。争取在决议通过以后,党内、人民中间思想得到明确,认识得到一致,历史上重大问题的议论到此基本结束。当然,议论过去,将来也难以完全避免,但只是在讨论当前工作的时候,联系着谈谈过去有关的事情。现在要一心一意搞四化,团结一致向前看。做到这点不那么容易。决议要力求做好,能使大家的认识一致,不再发生大的分歧。这样,即使谈到历史,大家也会觉得没有什么不同意见可说了,要说也只是谈谈对决议内容、对过去经验教训的体会。

总的要求,或者说总的原则、总的指导思想,就是这么三条。其中最重要、最根本、最关键的,还是第一条。

(来源:《邓小平文选》第二卷,人民出版社1994年版)

导读:党的十一届六中全会通过的《关于建国以来党的若干历史问题的决议》,运用马克思主义的辩证唯物论和历史唯物论,对新中国成立以来党的重大历史事件作出了正确的总结。这个伟大文献,是在党中央的集体领导下,集中了全党智慧的结果。邓小平亲自主持和领导了决议的起草工作。从起草决议的指导思想,到决议的基本内容和主要观点,他都提出了明确的要求,作出了深刻的阐述,这对于统一全党思想认识,正确总结历史经验,从而形成这个决议,起了关键作用。《对起草〈关于建国以来党的若干历史问题的决议〉的意见》,就是邓小平在1980年3月至1981年6月期间对决议稿的起草和修改提出重要意见的多次谈话中的九次谈话的节录。

4. 社会主义也可以搞市场经济(节选)

邓小平

当然我们不要资本主义,但是我们也不要贫穷的社会主义,我们要发达的、生产力发展的、使国家富强的社会主义。我们相信社会主义比资本主义的制度优越。它的优越性应该表现在比资本主义有更好的条件发展社会生产力。这本来是可能的,但过去人们有不同的理解,于是我们发展社会生产力的进程推迟了,特别是耽误了十年。中国六十年代初期同世界上有差距,但不太大。六十年代末期到七十年代这十一二年,我们同世界的差距拉得太大了。这十多年,正是世界蓬勃发展的时期,世界经济和科技的进步,不是按年来计算,甚至于不是按月来计算,而是按天来计算。我们建国以来长期处于同世界隔绝的状态。这在相当长一个时期不是我们自己的原因,国际上反对中国的势力,反对中国社会主义的势力,迫使我们处于隔绝、孤立状态。六十年代我们有了同国际上加强交往合作的条件,但是我们自己孤立自己。现在我们算是学会利用这个国际条件了。

我们要实现四个现代化。定了这个目标,要靠我们的努力,靠我们的方针政策对头,靠具体的措施有力,才能实现。

中国的社会主义道路与苏联不完全一样,一开始就有区别,中国建国以来就有自己的特点。我们对资本家的社会主义改造,是采取赎买的政策,不是剥夺的政策。所以中国消灭资产阶级,搞社会主义改造,非常顺利,整个国民经济没有受任何影响。毛泽东主席提出的中国要形成既有集中又有民主,既有纪律又有自由,既有统一意志又有个人心情舒畅、生动活泼的政治局面,也与苏联不同。但是,我们有些经济制度,特别是企业的管理、企业的组织这些方面,受苏联影响比较大。这些方面资本主义国家先进的经营方法、管理方法、发展科学的方法,我们社会主义应该继承。在这些方面我们改革起来还有许多困难。

说市场经济只存在于资本主义社会,只有资本主义的市场经济,这肯定是不正确的。社会主义为什么不可以搞市场经济,这个不能说是资本主义。我们是计划经济为主,也结合市场经济,但这是社会主义的市场经济。虽然方法上基本上和资本主义社会的相似,但也有不同,是全民所有制之间的关系,当然也有同集体所有制之间的关系,也有同外国资本主义的关系,但是归根到底是社会主义的,是社会主义社会的。市场经济不能说只是资本主义的。市场经济,在封建社会时期就有了萌芽。社会主义也可以搞市场经济。同样地,学习资本主义国家的某些好东西,包括经营管理方法,也不等于实行资本主义。这是社会主义利用这种方法来发展社会生产力。把这当作方法,不会影响整个社会主义,不会重新回到资本主义。

(来源:《邓小平文选》第二卷,人民出版社1994年版)

导读:1979年11月26日,邓小平在会见美国不列颠百科全书出版公司编委会副主席吉布尼和加拿大麦吉尔大学东亚研究所主任林达光时,十分鲜明地提出了"社会主义也可以搞市场经济"。这是一个具有重大理论意义和实践意义的科学论断,它奠定了社会主义市场经济体制改革的理论基础。1985年10月23日,邓小平会见美国时代公司总编辑格隆瓦尔德时,针对市场经济和社会主义制度之间是否存在矛盾的疑问,邓小平又进一步指出"社会主义和市场经济之间不存在根本矛盾"。这个论断,是他1979年提出的"社会主义也可以搞市场经济"这一理论的进一步延伸,实际上回答了社会主义为什么可以搞市场经济这个问题。

5. 坚持四项基本原则(节选)

邓小平

要在本世纪内实现四个现代化,把我国建成一个社会主义强国,这是一个非常艰巨的任务。

过去搞民主革命,要适合中国情况,走毛泽东同志开辟的农村包围城市的道路。现在搞建设,也要适合中国情况,走出一条中国式的现代化道路。

要使中国实现四个现代化,至少有两个重要特点是必须看到的:

一个是底子薄。帝国主义、封建主义、官僚资本主义长时期的破坏,使中国成了贫穷落后的国家。建国后我们的经济建设是有伟大成绩的,建立了比较完整的工业体系,培养了一批技术人才。我国工农业从解放以来直到去年的每年平均增长速度,在世界上是比较高的。但是由于底子太薄,现在中国仍然是世界上很贫穷的国家之一。中国的科学技术力量很不足,科学技术水平从总体上看要比世界先进国家落后二三十年。过去三十年中,我们的经济经过两起两落,特别是林彪、"四人帮"在一九六六年到一九七六年这十年对国民经济的大破坏,后果极其严重。现在我们要调整,也就是为了进一步消除这个严重的后果。

第二条是人口多,耕地少。现在全国人口有九亿多,其中百分之八十是农民。人多有好的一面,也有不利的一面。在生产还不够发展的条件下,吃饭、教育和就业就都成为严重的问题。我们要大力加强计划生育工作,但是即使若干年后人口不再增加,人口多的问题在一段时间内也仍然存在。我们地大物博,这是我们的优越条件。但有很多资源还没有勘探清楚,没有开采和使用,所以还不是现实的生产资料。土地面积广大,但是耕地很少。耕地少,人口多特别是农民多,这种情况不是很容易改变的。这就成为中国现代化建设必须考虑的特点。

中国式的现代化,必须从中国的特点出发。比方说,现代化的生产只需要较少的人就够了,而我们人口这样多,怎样两方面兼顾?不统筹兼顾,我们就会长期面对着一个就业不充分的社会问题。这里问题很多,需要全党做实际工作和理论工作的同志共同研究,我们也一定能找出适当的办法来妥善解决。

(来源:《邓小平文选》第二卷,人民出版社 1994 年版)

导读:这是邓小平在党的理论工作务虚会上的讲话《坚持四项基本原则》的一部分。1979 年 3 月,邓小平明确指出:"要在本世纪内实现四个现代化,把我国建成一个社会主义强国,这是一个非常艰巨的任务。过去搞民主革命,要适合中国情况,走毛泽东同志开辟的农村包围城市的道路。现在搞建设,也要适合中国情况,走出一条中国式的现代化道路。"走中国式的社会主义现代化建设道路,是邓小平深刻总结中国长期革命和建设正反两方面的历史经验得出的科学结论。

【拓展阅读】

1.《中国共产党的一百年(改革开放和社会主义现代化建设新时期)》

基本信息:中共中央党史和文献研究院著;中共党史出版社,2022年。

主要内容:经党中央批准,中共中央党史和文献研究院所著《中国共产党的一百年》一书,由中共党史出版社出版,在全国发行。全书分为"新民主主义革命时期""社会主义革命和建设时期""改革开放和社会主义现代化建设新时期""中国特色社会主义新时代"四卷,共86万字,图片450幅。

推荐理由:《中国共产党的一百年》坚持唯物史观和正确党史观,坚持党性原则和科学精神相统一,集政治性、思想性、权威性、学术性、可读性于一体,是迄今为止反映中国共产党历史时间跨度最长、内容最系统最完整的一部党史基本著作。

2.《在庆祝改革开放40周年大会上的讲话》

基本信息:习近平;人民出版社,2018年。

主要内容:讲话深刻总结了改革开放40年来党和国家事业取得的伟大成就和宝贵经验,高度赞扬了中国人民为改革开放事业作出的杰出贡献,郑重宣示了改革开放只有进行时没有完成时、改革开放永远在路上、坚定不移将改革开放进行到底的信心和决心,明确提出了坚定不移全面深化改革、扩大对外开放、不断把新时代改革开放继续推向前进的目标要求。指出:改革开放是我们党的一次伟大觉醒,正是这个伟大觉醒孕育了我们党从理论到实践的伟大创造。改革开放是中国人民和中华民族发展史上一次伟大革命,正是这个伟大革命推动了中国特色社会主义事业的伟大飞跃!改革开放40年积累的宝贵经验是党和人民弥足珍贵的精神财富,对新时代坚持和发展中国特色社会主义有着极为重要的指导意义,必须倍加珍惜、长期坚持,在实践中不断丰富和发展。

推荐理由：2018年12月18日，庆祝改革开放40周年大会在北京人民大会堂隆重举行。中共中央总书记、国家主席、中央军委主席习近平在大会上发表重要讲话。

3.《国家相册——改革开放四十年的家国记忆》

基本信息：新华社《国家相册》栏目组编；商务印书馆，2018年。

主要内容：新华社中国照片档案馆中珍藏着自1892年以来的上千万张历史照片。宏大的历史叙事，被浓缩为一幅幅照片所定格的一个个历史瞬间——或是一个动人表情，或是一个经典场景，或是一个生活细节，使得人们在领略浩荡奔腾的历史大潮的同时，也可以看清其中的一朵朵微小浪花。如果说，私人相册是一个家庭的个体记忆，那么，国家相册则是一个民族的集体记忆。

推荐理由：以小故事讲述大历史，以小细节呈现大时代，该书通过历史上一张张有温度、有厚度、有广度的照片，生动展现了改革开放四十年来的家国巨变。本书入选2018年度"中国好书"。

4.《中国如何治理？通向国家治理现代化的道路》

基本信息：俞可平主编；外文出版社，2018年。

主要内容：本书深入浅出地从制度和程序两个角度论述改革开放后中国通向国家治理现代化的道路，解析"中国发展之谜"，着重回答"中国的改革为什么能够取得成功"、"中国是如何进行治理的"、"中国治理模式的特征是什么"和"未来中国治理改革的重点是什么"等重大问题。"基本制度"部分概述国家治理所依托的"基本制度"，包括政党制度、人民代表大会制度、政治协商制度、立法制度、行政制度、司法制度等，着重阐明中国治理模式的制度优势和制度特征。"治理方略"部分分别论述改革开放以来中国采取的重大治理改革战略，特别是在民主选举、依法治国、公共服务、政治透明等方面的治理方略。

推荐理由：本书指出政治对经济发展的作用尤其重大，没有政治的进步，就不可能有经济的进步。哪些是不变的基本制度框架？哪些是变革中的国家治理？弄清楚这两个具体的问题，也就能够大体明白中国这个世界上人口规模巨大的国家是如何治理的，从而破解"中国发展之谜"。

思之篇

【案例讨论与思考】

案例 1：天安门城楼上的毛主席像将永远保留下去

1980 年 8 月 21 日,邓小平就如何评价毛泽东接受了意大利记者法拉奇的采访。法拉奇问:"天安门上的毛主席像,是否要永远保留下去?"邓小平回答:"永远要保留下去。……尽管毛主席过去有段时间也犯了错误,但他终究是中国共产党、中华人民共和国的主要缔造者。拿他的功和过来说,错误毕竟是第二位的。他为中国人民做的事情是不能抹杀的。从我们中国人民的感情来说,我们永远把他作为我们党和国家的缔造者来纪念。"法拉奇问:"中国人民在讲起'四人帮'时,把很多错误都归咎于'四人帮',说的是'四人帮',但他们伸出的却是五个手指。"邓小平回答:"毛主席的错误和林彪、'四人帮'问题的性质是不同的。毛主席一生中大部分时间是做了非常好的事情的,他多次从危机中把党和国家挽救过来。没有毛主席,至少我们中国人民还要在黑暗中摸索更长的时间……""我们还要继续坚持毛泽东思想。毛泽东思想是毛主席一生中正确的部分。毛泽东思想不仅过去引导我们取得革命的胜利,现在和将来还应该是中国党和国家的宝贵财富。所以,我们不但要把毛主席的像永远挂在天安门前,作为我们国家的象征,要把毛主席作为我们党和国家的缔造者来纪念,而且还要坚持毛泽东思想。"[根据《答意大利记者奥琳埃娜·法拉奇问》(《邓小平文选》第二卷,人民出版社 1994 年版)中内容整理]

案例与问题讨论：

应当如何正确看待毛泽东和毛泽东思想的历史地位。

案例2:"傻子瓜子"

年广九,1937年生,安徽芜湖人。20世纪70年代他开始制作和销售瓜子,人称"傻子瓜子"。年广九的生意越做越大,到1983年,雇工达100多人,日产瓜子5000公斤,月营业额60万元,家里钱都是用麻袋装着的。年广九赚了100万的消息不胫而走,结果引起轩然大波。一些人写信上告,指控年广久雇工是资本主义剥削,甚至是"妄图复辟资本主义",主张动他。邓小平听取相关汇报后,1984年在中顾委第三次全体会议上提出:"前些时候那个雇工问题,相当震动呀,大家担心得不得了。我的意见是放两年再看。那个能影响到我们的大局吗?如果你一动,群众就说政策变了,人心就不安了。你解决了一个'傻子瓜子',会牵动人心不安,没有益处。让'傻子瓜子'经营一段,怕什么?伤害了社会主义吗?"

1985年,年广九与芜湖市新芜区劳动服务公司等两家公司联营,个体性质的傻子瓜子"升格"为集体性质。联营过程中,区里派来的几位副经理看不惯年广九的独断专行,便向检察院举报他有经济问题。1989年9月,年广九被关进看守所受审,罪名是贪污和挪用公款。后经调查,他在经济上并无问题。1992年,邓小平在南方谈话中再次提及"傻子瓜子",他说:"农村改革初期,安徽出了个'傻子瓜子'问题。当时许多人不舒服,说他赚了一百万,主张动他。我说不能动,一动人们就会说政策变了,得不偿失。"1992年3月,年广九被宣告无罪释放。邓小平南方谈话为中国的改革开放开辟了新路,也进一步推动了非公有制经济的发展。

案例与问题讨论:

改革开放之初,关于"傻子瓜子"的争论,其实质是姓"资"姓"社"的争论,出现这种争论的根本原因是人们对于"什么是社会主义"的认识还不清楚,简单地把是否存在雇工、是否存在剥削现象作为区分社会主义与资本主义的标准。邓小平的讲话一方面指出了问题的实质,另一方面指出这种现象不会影响社会主义性质,同时,他还指明了解决问题的基本方向,那就是通过实践进行检验。这一案例既反映出揭示社会主义本质的重要性和紧迫性,也反映了邓小平在对待"什么是社会主义"问题上实事求是的态度和解放思想的精神。这为科学揭示社会主义本质奠定了坚实的基础。请同学们说说自己对"什么是中国特色社会主义"的思考。

案例3：东南风吹西北暖

西海固曾被联合国列入最不适宜人类生存的地方，它位于宁夏南部地区黄土高原上六盘山附近，取西吉县、海原县、固原县三县县名首字组成的简称。这一地区包括了原州区（固原县）、海原、西吉、隆德、泾源、彭阳和吴忠市同心县、盐池县等国家扶贫重点县（区）。由于其生态条件极差，年降水在300毫米至600毫米且分布不均，7月中旬以前几乎没有降雨，这样的条件更导致了水资源的严重匮乏，而缺少了"水"这一发展的重要资源，则进一步严重制约了当地经济的发展。

曾经的西海固，如果你没有打个好水窖的手艺，"连媳妇都娶不上"；曾经的西海固，水要反复用三遍，为了活命拿女儿换一口水窖，兄弟三人合穿一条裤子；曾经的西海固，一家老小拖了全部的家当，走了七天七夜到达玉泉营；曾经的西海固，会遭遇沙尘暴，一顿饭里半是粮食半是沙子，冬天的时候为了御寒，在床最底下用羊粪来增加热量，而改变这一切的时间点就在20世纪90年代。

1996年，党中央做出东西部结对帮扶的战略部署，福建开始了对宁夏的对口帮扶。1996年10月，福建对口帮扶宁夏领导小组成立，时任福建省委副书记的习近平任组长，他亲自调研、科学谋划，对帮扶工作倾注了大量智慧和心血。1996年11月，闽宁对口扶贫协作第一次联席会议召开，福建和宁夏20多个省级部门、80多个县级部门结成了帮扶关系，110个闽宁示范村由此诞生。1997年4月，时任福建省委副书记、福建省对口帮扶宁夏领导小组组长的习近平带队来到宁夏考察。闽宁两省区负责同志共同商定，要组织实施闽宁对口扶贫协作，在这里建设一个移民示范区。1997年7月，这里被正式命名为"闽宁村"，那时候的闽宁村还是个干沙滩。习近平坚定地说"这里将来会是一个金沙滩"，于是，一场跨越2000多公里、历时20年的闽宁协作由西海固实施"吊庄移民"政策正式展开。2001年12月,经宁夏回族自治区人民政府批准,闽宁镇正式成立了,而且并入了玉海经济技术开发区。近年来,闽宁镇大力发展畜牧养殖业,通过"政府引导、企业带动、群众参与"的方式,实施了"肉牛托管"模式,奠定了畜牧业产业扶贫的坚实基础,强力发展菌草产业,倾力打造西部菌草示范镇,同时菌草技术已传播到106个国家,并在巴布亚新几内亚、斐济、卢旺达等13个国家建立示范基地,为发展中国家破解发展难题提供了中国方案。闽宁镇一边紧抓菌草产业不放松,一边充分发挥区域优势,大力发展葡萄种植业和以枸杞、大枣为主的庭院经济。

因为地理的天然优势,葡萄在这里的长势喜人,因此当地努力要将贺兰山东麓打造成为闻名遐迩的"葡萄酒之都",让宁夏葡萄酒"当惊世界殊"。2020年6月,中共中央总书记、国家主席、中央军委主席习近平再次来宁夏调研考察,闽宁镇让人眼前一亮。这里,早已满眼都是绿色。如今的宁夏守住了绿水青山,一代又一代治沙人接力植树后为宁夏编织了一片锁住风沙的茫茫绿网,筑起了一道东西长47公里、南北宽38公里的绿色屏障,而这有效阻止了毛乌素沙漠南移和西扩;如今的宁夏,减少贫困人口93.7万人,贫困发生率从2012年的22.9%下降到2019年的0.47%,贫困地区农民人均可支配收入从2012年的4856元增长到2019年的10415元。这一片生机勃勃的"金沙滩"是中国人用20多年的时间在这"地上不长草,风吹石头跑"的戈壁滩硬建出来的。

闽宁镇便是这一段浩浩荡荡历史的缩影和见证。今天的闽宁镇走上了特色小镇发展之路,当年的西海固同样发生了翻天覆地的变化,而这正是一代又一代的中华儿女为之奋力拼搏、永不放弃而得来的胜利果实。志合者,不以山海为远,在《山海情》里带着涌泉村老百姓一步步朝着希望前进的马得福、陈金山、吴月娟、凌教授、张树成……在现实里也都有原型可寻。从1996年到今天先后有11批183名福建挂职干部来到宁夏"西海固",还有2000多名专家院士、志愿者前来支援教育、医疗、农业。2020年7月,中宣部向全社会宣传发布了"闽宁对口扶贫协作援宁群体"的先进事迹,授予他们"时代楷模"称号。

接续奋斗,如山般坚韧,福建省第十批援宁干部李仲福把"家"搬到了西海固。2016年他来宁夏挂职,妻子陈莹主动请缨,赴宁夏支教,一同前来的还有他们年仅11岁的儿子。如今,李仲福推动建设的宁夏六盘山特产馆已在福州市多地开花,将宁夏特色农产品销得更远。陈莹牵线在固原市第五中学设立的"船政班"让更多贫困学生得到"海风"滋润。从县域经济百强县福建闽侯县来到国家级贫困县宁夏隆德挂职的清华大学博士毕业生樊学双,在他2018年工作期满后毅然选择接着再干两年。他牵头实施自来水提升工程,让4.5万群众喝上健康水;他数十次奔波于北京、福建,促成清华大学第一附属医院等医院与隆德县医院结对子,促进优质医疗资源共享……是他们,用东南风将西北大地吹暖;是他们,跨越2000公里,在这里用自己演绎着山海情;是他们,在干涸的黄土地上,创造了脱贫攻坚的世界奇迹。("共青团中央"公众号,2021年1月27日,有改动)

案例与问题讨论:

宁夏南部的西海固地区十年九旱,苦瘠甲天下。在贫穷的重压之下,那里的人们生活没有尊严,更没有盼头。1997年,闽宁村的建立,揭开了闽宁协作的序幕,也悄然改变着一群人的命运。为解决贫困地区农民温饱和增收问题,党和政府采取多方面措施,加大扶贫攻坚力度。如今的闽宁镇面貌一新,创造了脱贫攻坚的世界奇迹。今天幸福生活的点点滴滴,都是有人挽起袖子奋斗出来的。请同学们说说自己对"幸福都是奋斗出来的"的思考。

【热点问题与讨论】

吴仁宝谈"实事求是"

吴仁宝说:"华西要说成功的经验,主要是按中央精神,根据华西的实际去办,走自己的路。"他说他曾经犯过三个"错误",一是教条主义"错误",二是形式主义"错误",三是官僚主义"错误"。按照吴仁宝的解释,所谓教条主义"错误",就是上面说的就做,上面没说的就不做;所谓形式主义"错误",就是上面说的没有条件也去做,做给上面看;所谓官僚主义"错误",就是上面说的,脱离本村实际,人民群众不愿做硬去做。吴仁宝在实践中纠正了自己所犯的这"三个主义",才使华西村得到了快速发展。吴仁宝说:"(对于)我们来说往往习惯了搞'一刀切'。我的看法,搞'一刀切'是(什么也)搞不成的,只有从实际出发。"谈到华西村的发展,吴仁宝说,改革开放初期,华西村没有分田到户,是听中央的。中央当时讲"宜统则统,宜分则分"。华西村当时宜统就统了,别的地方宜分就分了,分也对,统也对,只要有利于发展。说起乡镇企业转制,吴仁宝说,华西村没搞"一刀切",他认为,如果华西村都转了制,很可能会出现亿万富翁、千万富翁,但也可能出现弱势农民和"两手空空"。华西村要走共同富裕的道路,这也是中央精神。华西村农民现在家家都有钱,最少的超过百万资产,最多的也有一千万。吴仁宝说:"千难万难,实事求是最难。(但)只要坚持实事求是,就能大难变小难,小难变不难。"受"一国两制"的启发,华西村搞了"一村两制",既搞集体经济,也搞个体经济。但他们不允许搞"一家两制"。吴仁宝风趣地说,如果丈夫在集体企业当厂长,老婆在个体饭店当老板,丈夫的客人统统到老婆的饭店里吃饭,吃了一百付一千,甚至不吃也付钱,那么,集体的"肥水"不就流进了个体的"田"。中央讲要"抓大放小",华西村不仅有"抓大放小",而且有"抓大扶小""抓小扶大",还有"放大抓小",关键是要提高经济效益。

吴仁宝谈"实事求是"给了同学们什么启示?

中国式现代化

在新中国成立特别是改革开放以来长期探索和实践基础上,经过十八大以来在理论和实践上的创新突破,我们党成功推进和拓展了中国式现代化。

中国式现代化,是中国共产党领导的社会主义现代化,既有各国现代化的共同特征,更有基于自己国情的中国特色。

——中国式现代化是人口规模巨大的现代化。我国十四亿多人口整体迈进现代化社会,规模超过现有发达国家人口的总和,艰巨性和复杂性前所未有,发展途径和推进方式也必然具有自己的特点。我们始终从国情出发想问题、作决策、办事情,既不好高骛远,也不因循守旧,保持历史耐心,坚持稳中求进、循序渐进、持续推进。

——中国式现代化是全体人民共同富裕的现代化。共同富裕是中国特色社会主义的本质要求,也是一个长期的历史过程。我们坚持把实现人民对美好生活的向往作为现代化建设的出发点和落脚点,着力维护和促进社会公平正义,着力促进全体人民共同富裕,坚决防止两极分化。

——中国式现代化是物质文明和精神文明相协调的现代化。物质富足、精神富有是社会主义现代化的根本要求。物质贫困不是社会主义,精神贫乏也不是社会主义。我们不断厚植现代化的物质基础,不断夯实人民幸福生活的物质条件,同时大力发展社会主义先进文化,加强理想信念教育,传承中华文明,促进物的全面丰富和人的全面发展。

——中国式现代化是人与自然和谐共生的现代化。人与自然是生命共同体,无止境地向自然索取甚至破坏自然必然会遭到大自然的报复。我们坚持可持续发展,坚持节约优先、保护优先、自然恢复为主的方针,像保护眼睛一样保护自然和生态环境,坚定不移走生产发展、生活富裕、生态良好的文明发展道路,实现中华民族永续发展。

——中国式现代化是走和平发展道路的现代化。我国不走一些国家通过战争、殖民、掠夺等方式实现现代化的老路,那种损人利己、充满血腥罪恶的老路给广大发展中国家人民带来深重苦难。我们坚定站在历史正确的一边、站在人类文明进步的一边,高举和平、发展、合作、共赢旗帜,在坚定维护世界和平与发展中谋求自身发展,又以自身发展更好维护世界和平与发展。

中国式现代化的本质要求是:坚持中国共产党领导,坚持中国特色社会主义,实现高质量发展,发展全过程人民民主,丰富人民精神世界,实现全体人民共同富裕,促进人与自然和谐共生,推动构建人类命运共同体,创造人类文明新形态。(节选自《高举中国特色社会主义伟大旗帜 为全面建设社会主义现代化国家而团结奋斗——在中国共产党第二十次全国代表大会上的报告》,2022年10月16日)

请同学们将你眼中的中国式现代化写下来。

恢复高考，知识改变中国

高考恢复了！

1977年10月21日的《人民日报》，被人们争相传阅。这个好消息犹如一记春雷，让成千上万的人激动不已。他们在田间地头、在工厂车间、在牧场矿山重拾书本，看到了知识改变命运的希望。

"今年高等学校的招生工作有了重大改革。""实行自愿报名，统一考试，地、市初选，学校录取，省、市、自治区批准的办法……"这一决定，重启了停滞11年之久的高考。当年，全国570万考生参加高考，录取新生27.3万。我国迎来了尊重知识、尊重人才的春天。

改革先声　"把最优秀的人集中在重点中学和大学"

1977年的中国，人才青黄不接，国民经济几乎到了崩溃的边缘……没有人才，怎么实现现代化？邓小平同志与中央两位领导同志谈话时指出："要经过严格考试，把最优秀的人集中在重点中学和大学。"

1977年8月初，科学和教育工作座谈会召开。一大早，时任武汉大学化学系副教授的查全性就来到会场，他在一张纸上打着草稿，也许是太激动，铅笔尖断了好几次。"招生，是保证大学教育质量的第一关。它的作用，就像工厂原材料的检验一样……"查全性的话，引起了与会者共鸣。

座谈会上，邓小平问道：今年是不是来不及改了？

大家表示：今年改还来得及，最多招考时间推迟一点。

邓小平当即表示：今年就要下决心恢复从高中毕业生中直接招考学生。

8月8日，邓小平在会上讲了关于科学和教育工作的几点意见。这篇讲话，使教育战线成为当时全国各条战线拨乱反正的先声。

可是，此前全国高等学校招生工作会议已决定继续维持"自愿报名、群众推荐、领导批准、学校复审"的招生办法。怎么办？8月13日，根据邓小平指示，教育部再次召开全国高等学校招生工作会议。这个会，足足开了44天。

"由于这时正在召开的党的十一大未能完全纠正'文化大革命'的错误理论，招生工作会议受到影响，招生方案迟迟定不下来。"山东省教育厅原副厅长马庆水回忆道。

9月19日，邓小平和教育部主要负责同志谈话，希望教育部门的同志大胆解放思想，争取主动。在邓小平的推动下，全国高等学校招生工作会议到9月25日终于有了结果。

10月5日，中央政治局讨论通过了招生工作文件。10月12日，国务院批转教育部《关于1977年高等学校招生工作的意见》和《关于高等学校招收研究生的意见》两个文件,宣布当年立即恢复高考。

改变命运　"幽暗的隧道里出现了一道亮光"

"高考恢复了!"深秋正午,黑龙江集贤县生产建设兵团的大喇叭响起广播。知青尤劲东激动得说不出话来。北大荒的草垛上,他不知多少次哼唱着交响乐旋律,现在,改变命运的机会就要来了!

整整11年,找不到出路的年轻人涌向了社会。"当时的高考对我们那一代青年人来说,犹如幽暗的隧道里出现了一道亮光。"复旦大学教授褚孝泉说。

喜讯传来时,湘西山沟的工厂里,21岁的赵政国正伴着震耳欲聋的车床轰鸣声做工;江苏宜兴林场,插队知青徐沛然忙着搅拌农药;福建龙岩江山公社铜砵大队,知青刘海峰刚刚结束手头的活计……"那真是'忽如一夜春风来',大家奔走相告,广大知识青年压抑已久的学习热情和奋斗意识被点燃了。"1977级考生、浙江大学教授刘海峰回忆。

一时间,全国各地的新华书店人潮涌动,很多考生全家出动,连夜排队抢购复习材料。曾于60年代前期出版的一套"数理化自学丛书",创下了发行7395万册的纪录。

广大考生努力填补知识空白,积极复习备考。隆冬时节的松花江畔,在田间劳作了一天的陈宝泉挑灯夜战,"我们那时用柴油灯,看一晚上书,第二天鼻孔都是黑的"。

1977年11月28日至12月25日,全国570万考生走进了高考考场。这场来之不易的考试,让无数人的命运发生了重大转折。

1977年高考后,赵政国进入中国科学技术大学,如今是中国科学院数学物理学部院士。还有艺术家尤劲东、深圳市艺术教育委员会原秘书长徐沛然、中国教育报退休记者陈宝泉……

"我们家四代务农,从来没有出过一个高级知识分子,更没有人上过大学,我把四代人的梦想实现了。"1977级考生、国家档案局原局长杨冬权笑着说。

人才强国　"多出人才、出好人才"正在成为现实

一张黑白照片,记录了那个生机盎然的春天。这是1978年春,北京大学新生入学时拍摄的,"迎新站"横幅格外醒目,9名新生或推小车,或提行李,脸上都洋溢着灿烂的笑容。

"到了大学图书馆,古今中外什么书都有,真想一下子把所有书都看完。"被南京大学录取的杨冬权,每天都琢磨着怎样在图书馆抢到一个位置。如饥似渴的学习精神,在当时各地的大学蔚然成风,这些"超龄"大学生们,争分夺秒想把失去的时光追回来。

这些新生中,有矢志报国的地球物理学家黄大年,有高分子化学、物理化学专家李永舫,也有经济学家钱颖一……高考制度的恢复,吹响了"知识改变命运"的时代号角,为创造中国奇迹、为我国实现从人口大国向人力资源大国的历史性转变,奠定了坚实的人才基础。

教育兴则国家兴,教育强则国家强。"多出人才、出好人才"的目标正在成为现实。今天,从"神舟"系列飞船、探月工程、杂交水稻到高性能计算机、高温超导研究,从三峡工程、南水北调、西电东送、西气东输到中国路、中国桥、中国港、中国高铁等亮丽的"中国名片"……我国国民经济建设的主战场上,处处活跃着高素质人才的身影。

教育部数据显示,恢复高考40多年来,我国普通本专科招生数累计1.4亿,高等教育毛入学率由1977年的2.6%增长到2020年的54.4%,我国已建成世界上最大规模的高等教育体系,培养了逾亿名高素质专门人才。

如今,站在实现"两个一百年"奋斗目标历史交汇点上,我们有信心期待,高考制度将继续为实现"两个一百年"奋斗目标、实现中华民族伟大复兴中国梦提供源源不断的人才支撑!(张烁、丁雅诵、吴月,《人民日报》,2021年2月26日)

高考制度的恢复,吹响了"知识改变命运"的时代号角。结合党的二十大报告相关论述,谈谈恢复高考对我国的发展产生了怎样的影响。

行之篇

【社会实践与行动】

方案一:微电影或舞台剧《1978》

1. 实践目标

通过剧本写作,锻炼学生的文字表达能力和想象力;通过微电影拍摄或舞台剧表演,锻炼学生的团队协作能力,并让学生感受思政课实践环节的趣味性;同时以小故事揭示大道理,通过改革开放经济、政治、文化等方面的变化,如恢复高考、中国特色社会主义经济和政治制度的建立等内容,感受改革开放四十多年的巨变。

2. 实践设计

第一步,与队员商量,构思故事,拟定写作大纲;第二步,向任课教师汇报,确定所选主题,讨论写作的剧本的可行性,继而分配角色,着手拍摄或表演;第三步,分场景拍摄或排练;第四步,后期剪辑与处理。需要注意的是,微电影或舞台剧的价值取向必须积极,符合社会主义核心价值观,表演手法及呈现形式可幽默、可深邃、可平铺、可起伏,主题突出、引人深思,通过动态的画面来表达思想内容,寓乐于学,寓乐于思。

3. 实践成果

形成一部8~10分钟的微电影或在舞台上进行表演。

同学们可以自拟题目来编写一个微电影或舞台剧的剧本。

方案二:读书报告《改革开放简史》

1. 实践目标

通过读书的方式,引导学生深入认识历史和人民选择改革开放的历史必然性,坚定历史自信,增强历史主动。

2. 实践设计

第一步,制订读书计划,包括个人读书与集体讨论的次数和安排;第二步,落实读书计划,及时做好读书笔记;第三步,撰写读书报告,先对所读的书进行简单介绍,继而小组成员谈论读书心得,主要从学习、人生启示等角度予以分享,再进行总结,并附参考文献及团队建设情况。

3. 实践成果

形成一份不少于2000字的读书报告,制作一份用于汇报的PPT。

同学们可以写下自己感兴趣的阅读书单,并简单说一说自己的推荐理由。

方案三:社会调查——改革开放前后家乡的变化

1. 实践目标

了解党的十二大提出的"建设有中国特色的社会主义"命题的重大意义,了解中国特色社会主义开创与接续发展的历史进程,使学生坚定"四个自信"。

2. 实践要求

（1）根据实践主题，确定活动方案。

（2）问卷调查、田野调查与深度访谈相结合；搜集更多第一手数据，为结果分析提供有力数据支撑。

（3）以小组为单位，重点关注自己家乡在改革开放前后的变化，合理分工，相互协作，共同完成调研。

3. 实践成果

（1）调研报告一份，字数不少于 2000 字。

（2）汇报 PPT 一份。

方案四：特色思政课案例搜集和汇报

1. 实践目标

了解中共十一届三中全会作出改革开放历史性决策的背景和原因，认识改革开放是决定当代中国命运的关键抉择。

2. 实践要求

（1）组织学生观看反映改革开放的纪录片和影视作品，如《我们一起走过——致敬改革开放 40 周年》《历史转折中的邓小平》，并撰写观后感。

（2）学生参观改革开放的纪念地、纪念馆、博物馆等，特别是中国共产党历史展览馆，交流学习感受，撰写心得体会，进行讨论交流。

（3）根据自己所学专业与河海大学特色，搜集有价值的案例进行分析、讲解。

3. 实践成果

（1）调研报告一份，字数不少于 2000 字。

（2）汇报 PPT 一份。

方案五：大学生讲思政课

1. 实践目标

为贯彻习近平总书记在学校思想政治理论课教师座谈会上的重要讲话精神，全面推动习近平新时代中国特色社会主义思想进教材，进课堂，进学生头脑，引导学生深化对思政课教学内容的认识和思考，教育引导学生培育和践行社会主义核心价值观，正确认识时代责任和历史使命，做新时代党和国家事业的建设者和接班人，体现新时代大学生的马克思主义理论素养和精神风貌。

2. 实践要求

(1) 以团队形式参赛，每一团队要求有一名负责人，每一团队人数不得超过 5 人。合理分工，相互协作，共同完成任务。

(2) 教学内容为本章中某一知识点，教学观点要求积极向上、合理正确，教学设计要求构思精巧，提倡新颖的授课形式。

(3) 制作课件，展示视频时长 15 分钟左右。

3. 实践成果

(1) 初赛形式为视频录制，决赛形式为公开课现场教学展示。

(2) 视频画面清楚，不抖动，不倾斜，像素不低于 720×576PIX。视频片头部分请标注展示课程题目、来源章节以及团队成员的基本信息。

【行动反思与品格塑造】

1. 改革开放之后，我们党对我国社会主义现代化建设作出战略安排，提出"三步走"战略目标。解决人民的温饱问题，人民生活总体上达到小康水平这两个目标已提前完成。请写下你的人生目标。

2. 在中央决策的推动下，来自四面八方的建设者艰苦创业，将深圳、珠海这些昔日落后的渔村小镇建设成生机勃勃的崭新城市，创造了敢闯敢试、敢为人先、埋头苦干的特区精神。请就此写一段你的感受。

3. "我们的未来在希望的田野上",1981年一曲风靡大江南北、唱遍大街小巷的《在希望的田野上》,唱出了改革开放带给人们的感受。请写出你在大学时期对自己的希望与期待。

4. 习近平总书记强调:"不能用改革开放后的历史时期否定改革开放前的历史时期,也不能用改革开放前的历史时期否定改革开放后的历史时期。"请谈谈你对这句话的理解。

5. 你认为以改革创新为核心的时代精神能激励自己做些什么呢?

【参考文献】

[1] 本书编写组.改革开放简史[M].北京:人民出版社,2021.

[2] 新华社《国家相册》栏目组.国家相册——改革开放四十年的家国记忆[M].北京:商务印书馆,2018.

[3] 习近平.在庆祝改革开放40周年大会上的讲话[M].北京:人民出版社,2018.

[4] 邓小平文选(第三卷)[M].北京:人民出版社,1993.

[5] 中共中央文献研究室.十三大以来重要文献选编(上册)[M].北京:人民出版社,1991.

第十章

中国特色社会主义进入新时代

第十章　中国特色社会主义进入新时代

【学习目标】

科学认识中国特色社会主义进入新时代的依据,明确新时代的内涵与我国社会主要矛盾的变化,理解进入新时代的意义;理解全面建成小康社会的意义和开启全面建设社会主义现代化国家新征程的战略部署。

【知识要点】

1. 新时代中国与世界关系的历史性变化
2. 中国特色社会主义进入新时代的内涵
3. 全面建成小康社会的伟大意义
4. "五位一体"总体布局和"四个全面"战略布局的内容
5. 把握新发展阶段、贯彻新发展理念、构建新发展格局的途径
6. 坚持和完善中国特色社会主义制度,推进国家治理体系和治理能力现代化的路径

读之篇

【经典阅读】

1. 中共中央关于党的百年奋斗重大成就和历史经验的决议(节选)

党的十八大以来,中国特色社会主义进入新时代。党面临的主要任务是,实现第一个百年奋斗目标,开启实现第二个百年奋斗目标新征程,朝着实现中华民族伟大复兴的宏伟目标继续前进。

以习近平同志为核心的党中央统筹把握中华民族伟大复兴战略全局和世界百年未有之大变局,强调中国特色社会主义新时代是承前启后、继往开来、在新的历史条件下继续夺取中国特色社会主义伟大胜利的时代,是决胜全面建成小康社会、进而全面建设社会主义现代化强国的时代,是全国各族人民团结奋斗、不断创造美好生活、逐步实现全体人民共同富裕的时代,是全体中华儿女勠力同心、奋力实现中华民族伟大复兴中国梦的时代,是我国不断为人类作出更大贡献的时代。中国特色社会主义新时代是我国发展新的历史方位。

以习近平同志为主要代表的中国共产党人,坚持把马克思主义基本原理

同中国具体实际相结合、同中华优秀传统文化相结合,坚持毛泽东思想、邓小平理论、"三个代表"重要思想、科学发展观,深刻总结并充分运用党成立以来的历史经验,从新的实际出发,创立了习近平新时代中国特色社会主义思想,明确中国特色社会主义最本质的特征是中国共产党领导,中国特色社会主义制度的最大优势是中国共产党领导,中国共产党是最高政治领导力量,全党必须增强"四个意识"、坚定"四个自信"、做到"两个维护";明确坚持和发展中国特色社会主义,总任务是实现社会主义现代化和中华民族伟大复兴,在全面建成小康社会的基础上,分两步走在本世纪中叶建成富强民主文明和谐美丽的社会主义现代化强国,以中国式现代化推进中华民族伟大复兴;明确新时代我国社会主要矛盾是人民日益增长的美好生活需要和不平衡不充分的发展之间的矛盾,必须坚持以人民为中心的发展思想,发展全过程人民民主,推动人的全面发展、全体人民共同富裕取得更为明显的实质性进展;明确中国特色社会主义事业总体布局是经济建设、政治建设、文化建设、社会建设、生态文明建设五位一体,战略布局是全面建设社会主义现代化国家、全面深化改革、全面依法治国、全面从严治党四个全面;明确全面深化改革总目标是完善和发展中国特色社会主义制度、推进国家治理体系和治理能力现代化;明确全面推进依法治国总目标是建设中国特色社会主义法治体系、建设社会主义法治国家;明确必须坚持和完善社会主义基本经济制度,使市场在资源配置中起决定性作用,更好发挥政府作用,把握新发展阶段,贯彻创新、协调、绿色、开放、共享的新发展理念,加快构建以国内大循环为主体、国内国际双循环相互促进的新发展格局,推动高质量发展,统筹发展和安全;明确党在新时代的强军目标是建设一支听党指挥、能打胜仗、作风优良的人民军队,把人民军队建设成为世界一流军队;明确中国特色大国外交要服务民族复兴、促进人类进步,推动建设新型国际关系,推动构建人类命运共同体;明确全面从严治党的战略方针,提出新时代党的建设总要求,全面推进党的政治建设、思想建设、组织建设、作风建设、纪律建设,把制度建设贯穿其中,深入推进反腐败斗争,落实管党治党政治责任,以伟大自我革命引领伟大社会革命。这些战略思想和创新理念,是党对中国特色社会主义建设规律认识深化和理论创新的重大成果。

习近平同志对关系新时代党和国家事业发展的一系列重大理论和实践问题进行了深邃思考和科学判断,就新时代坚持和发展什么样的中国特色社会主义、怎样坚持和发展中国特色社会主义,建设什么样的社会主义现代化强国、怎样建设社会主义现代化强国,建设什么样的长期执政的马克思主义政党、怎样建设长期执政的马克思主义政党等重大时代课题,提出一系列原创性的治国理政新理念新思想新战略,是习近平新时代中国特色社会主义思想的主要创立者。习近平新时代中国特色社会主义思想是当代中国马克思主义、二十一世纪马克思主义,是中华文化和中国精神的时代精华,实现了马克思主义中国化新的飞跃。党确立习近平同志党中央的核心、全党的核心地位,确立习近平新时代中国特色社会主义思想的指导地位,反映了全党全军全国各族人民共同心愿,对新时代党和国家事业发展、对推进中华民族伟大复兴历史进程具有决定性意义。

(来源:中国政府网,2021年11月16日)

导读:历史的长河大浪淘沙,也彰显历史担当者的风采。谁能够承担起实现中华民族伟大复兴的历史使命,谁就能赢得中国人民的衷心拥护。100多年前,十月革命一声炮响,给中国送来了马克思列宁主义。中国先进分子从马克思列宁主义的科学真理中看到了解决中国问题的出路。在近代以后中国社会的剧烈运动中,在中国人民反抗封建统治和外来侵略的激烈斗争中,在马克思列宁主义同中国工人运动的结合过程中,中国共产党应运而生。从此,中国人民谋求民族独立、人民解放和国家富强、人民幸福的斗争就有了主心骨,中国人民就从精神上由被动转为主动。中国共产党一经成立,就把实现共产主义作为党的最高理想和最终目标,义无反顾肩负起实现中华民族伟大复兴的历史使命。在100多年波澜壮阔的历史进程中,无论是弱小还是强大,无论是顺境还是逆境,我们党都初心不改、矢志不渝,团结带领人民历经千难万险,付出巨大牺牲,敢于面对曲折,勇于修正错误,攻克了一个又一个看似不可攻克的难题,创造了一个又一个彪炳史册的人间奇迹,谱写了气吞山河的壮丽史诗。

2. 以史为鉴、开创未来　埋头苦干、勇毅前行(节选)

我在庆祝中国共产党成立一百周年大会上讲到,中国共产党从来不代表任何利益集团、任何权势团体、任何特权阶层的利益。这次全会《决议》再次重申了这句话。这既是回击一些别有用心的人想把我们党同人民分割开来、对立起来的企图,也是提醒全党,在为谁执政、为谁用权、为谁谋利这个根本问题上头脑要特别清醒、立场要特别坚定。

我们党历史这么长、规模这么大、执政这么久,如何跳出治乱兴衰的历史周期率?毛泽东同志在延安的窑洞里给出了第一个答案,这就是"只有让人民来监督政府,政府才不敢松懈"。经过百年奋斗特别是党的十八大以来新的实践,我们党又给出了第二个答案,这就是自我革命。

勇于自我革命是我们党区别于其他政党的显著标志。毛泽东同志讲:"有无认真的自我批评,也是我们和其他政党互相区别的显著的标志之一。"正是因为具备这种独有的政治品格,我们党才能穿越百年风风雨雨,多次在危难之际重新奋起、失误之后拨乱反正,成为打不倒、压不垮的马克思主义政党。一个政党最难的就是历经沧桑而初心不改、饱经风霜而本色依旧。

"不私,而天下自公。"我们党没有任何自己特殊的利益,这是我们党敢于自我革命的勇气之源、底气所在。正因为无私,才能本着彻底的唯物主义精神经常检视自身、常思已过,才能摆脱一切利益集团、权势团体、特权阶层的围猎腐蚀,并向党内被这些集团、团体、阶层所裹挟的人开刀。

我们党之所以伟大,不在于不犯错误,而在于从不讳疾忌医,敢于直面问题,勇于自我革命。比如,在指导思想上坚持真理、修正错误,包括大革命失败后纠正陈独秀右倾机会主义错误,土地革命战争时期纠正"左"倾盲动错误和"左"倾冒险错误,延安时期彻底纠正王明"左"倾教条主义错误,党的十一届三中全会后彻底否定"文化大革命",等等。比如,我们党勇于解决党内存在的思想不纯、政治不纯、组织不纯、作风不纯等突出问题,包括延安整风,建国初期的整风整党和"三反"运动,改革开放以后的全面整党和开展的一系列集中性教育活动,等等。再比如,我们党坚决惩治腐败,包括新中国建立初期处理刘青山、张子善等人的案件,改革开放后始终把党风廉政建设和反腐败斗争放在突出位置,提出不断增强拒腐防变能力、建立健全惩治和预防腐败体系,等等。

党的十八大以来,我们党以前所未有的勇气和定力全面从严治党,打了一套自我革命的"组合拳",形成了一整套党自我净化、自我完善、自我革新、自我提高的制度规范体系。针对"七个有之"等严重影响党的形象和威信、严重损害党群干群关系的突出问题,我们坚持严的主基调,强化监督执纪问责,抓住"关键少数",党在革命性锻造中更加坚强。特别是我们党以猛药去疴、重典治乱的决心,以刮骨疗毒、壮士断腕的勇气,坚定不移"打虎"、"拍蝇"、"猎狐",清除了党、国家、军队内部存在的严重隐患。世界上那么多执政党,有几个敢像我们党这样大规模、大力度、坚持不懈反腐败? 有些人吹捧西方多党轮流执政、"三权鼎立"那一套,不相信我们党能够刀刃向内、自剜腐肉。中国共产党勇于自我革命的实践给了他们响亮有力的回答。

我们党历经百年、成就辉煌,党内党外、国内国外赞扬声很多。越是这样越要发扬自我革命精神,千万不能在一片喝彩声中迷失自我。正所谓"不诱于誉,不恐于诽"。全党同志要永葆自我革命精神,增强全面从严治党永远在路上的政治自觉,决不能滋生已经严到位、严到底的情绪!从最近连续查处的大案要案看,党风廉政建设和反腐败斗争必须一刻也不放松抓、持之以恒抓!中央委员会的同志们、党的各级领导干部要保持头脑清醒,对全党的思想、组织、作风、廉洁等情况要有客观正确的认识和把握,以正视问题的勇气和刀刃向内的自觉推进党的自我革命。生了病就要及时医,该吃药就吃药,该开刀就开刀。不论什么问题,不论谁出问题,该出手时就出手,对腐败问题尤其要坚决查处,不断清除损害党的先进性和纯洁性的因素,不断清除侵蚀党的健康肌体的病毒。特别是对那些攫取国家和人民利益、侵蚀党的执政根基、动摇社会主义国家政权的人,对那些在党内搞政治团伙、小圈子、利益集团的人,要毫不手软、坚决查处!

总之,在建党百年之际,我们要居安思危,时刻警惕我们这个百年大党会不会变得老态龙钟、疾病缠身。对党的历史上走过的弯路、经历的曲折不能健忘失忆,对中外政治史上那些安于现状、死于安乐的深刻教训不能健忘失忆;对自身存在的问题不能反应迟钝,处理动作慢腾腾、软绵绵,最终人亡政息!要以伟大自我革命引领伟大社会革命,以伟大社会革命促进伟大自我革命,确保党在新时代坚持和发展中国特色社会主义的历史进程中始终成为坚强领导核心。

(来源:《求是》,2022年第1期)

导读: 勇于自我革命、从严管党治党是我们党最鲜明的品格。打铁必须自身硬。办好中国的事情,关键在党,关键在党要管党、全面从严治党。全面从严治党是一场伟大的自我革命。在进行社会革命的同时不断进行自我革命,是我们党区别于其他政党最显著的标志。全面从严治党永远在路上,不能有任何喘口气、歇歇脚的念头。必须始终保持思想上的冷静清醒、增强行动上的勇毅执着,坚定全面从严的政治自觉,不断推动全面从严治党向纵深发展。中国特色社会主义进入新时代,我们党一定要有新气象新作为,关键是党的建设新的伟大工程要开创新局面。

3. 在深圳经济特区建立四十周年庆祝大会上的讲话(节选)

深圳等经济特区的成功实践充分证明,党中央关于兴办经济特区的战略决策是完全正确的。经济特区不仅要继续办下去,而且要办得更好、办得水平更高。

深圳等经济特区四十年改革开放实践,创造了伟大奇迹,积累了宝贵经验,深化了我们对中国特色社会主义经济特区建设规律的认识。一是必须坚持党对经济特区建设的领导,始终保持经济特区建设正确方向。二是必须坚持和完善中国特色社会主义制度,通过改革实践推动中国特色社会主义制度更加成熟更加定型。三是必须坚持发展是硬道理,坚持敢闯敢试、敢为人先,以思想破冰引领改革突围。四是必须坚持全方位对外开放,不断提高"引进来"的吸引力和"走出去"的竞争力。五是必须坚持创新是第一动力,在全球科技革命和产业变革中赢得主动权。六是必须坚持以人民为中心的发展思想,让改革发展成果更多更公平惠及人民群众。七是必须坚持科学立法、严格执法、公正司法、全民守法,使法治成为经济特区发展的重要保障。八是必须践行绿水青山就是金山银山的理念,实现经济社会和生态环境全面协调可持续发展。九是必须全面准确贯彻"一国两制"基本方针,促进内地与香港、澳门融合发展、相互促进。十是必须坚持在全国一盘棋中更好发挥经济特区辐射带动作用,为全国发展作出贡献。

以上十条,是经济特区四十年改革开放、创新发展积累的宝贵经验,对新时代经济特区建设具有重要指导意义,必须倍加珍惜、长期坚持,在实践中不断丰富和发展。

(来源:中共中央党史和文献研究院编,《十九大以来重要文献选编》中,中央文献出版社2021年版)

导读:在我国这样一个经济和人口规模巨大的国家,由高速增长阶段转向高质量发展阶段很不容易。一方面,必须跨越非常规的我国经济发展现阶段特有的关口,特别是要打好防范化解重大风险攻坚战等。另一方面,必须跨越常规性的长期性的关口,也就是要大力转变经济发展方式、优化经济结构、转换增长动力,特别是要净化市场环境,提升人力资本素质,提高国家治理能力。要统筹做好跨越关口的顶层设计,需要不断地从经济特区发展中汲取经验。

4. 新时代党和人民奋进的必由之路

回顾新时代党和人民奋进历程,我们更加坚定了以下重要认识。一是坚持党的全面领导是坚持和发展中国特色社会主义的必由之路。只要坚定不移坚持党的全面领导、维护党中央权威和集中统一领导,我们就一定能够确保全党全国拥有团结奋斗的强大政治凝聚力、发展自信心,集聚起守正创新、共克时艰的强大力量,形成风雨来袭时全体人民最可靠的主心骨。二是中国特色社会主义是实现中华民族伟大复兴的必由之路。只要始终不渝走中国特色社会主义道路,我们就一定能够不断实现人民对美好生活的向往,不断推进全体人民共同富裕。三是团结奋斗是中国人民创造历史伟业的必由之路。只要在党的领导下全国各族人民团结一心、众志成城,敢于斗争、善于斗争,我们就一定能够战胜前进道路上的一切困难挑战,继续创造令人刮目相看的新的奇迹。四是贯彻新发展理念是新时代我国发展壮大的必由之路。只要完整、准确、全面贯彻新发展理念,加快构建新发展格局,推动高质量发展,加快实现科技自立自强,我们就一定能够不断提高我国发展的竞争力和持续力,在日趋激烈的国际竞争中把握主动、赢得未来。五是全面从严治党是党永葆生机活力、走好新的赶考之路的必由之路。办好中国的事情,关键在党、关键在全面从严治党。只要大力弘扬伟大建党精神,不忘初心使命,勇于自我革命,不断清除一切损害党的先进性和纯洁性的有害因素,不断清除一切侵蚀党的健康肌体的病原体,我们就一定能够确保党不变质、不变色、不变味。

这是习近平总书记2022年3月5日在参加十三届全国人大五次会议内蒙古代表团审议时的讲话要点。

(来源:《求是》,2023年第5期)

导读:中国特色社会主义是历史的结论、人民的选择。道路决定命运,道路就是党的生命。我们党和人民在长期实践探索中,坚持独立自主走自己的路,取得革命、建设、改革伟大胜利,开创和发展了中国特色社会主义,从根本上改变了中国人民和中华民族的前途命运。

只有社会主义才能救中国,只有中国特色社会主义才能发展中国,只有坚持和发展中国特色社会主义才能实现中华民族伟大复兴。

江河万里总有源,树高千尺也有根。习近平总书记指出:"中国特色社会主义不是从天上掉下来的,是党和人民历尽千辛万苦、付出巨大代价取得的根本成就。"中国特色社会主义开创于改革开放新时期,建立在我们党长期奋斗基础上,而其思想、理论和实践的源头,则可追溯到更远。要了解中国特色社会主义形成和发展的脉络,更加充分地认识其历史必然性和科学真理性,应该拉长时间尺度,放在世界社会主义演进的历程中去把握。

5. 在庆祝中国共产党成立一百周年大会上的讲话(节选)

同志们、朋友们!

未来属于青年,希望寄予青年。一百年前,一群新青年高举马克思主义思想火炬,在风雨如晦的中国苦苦探寻民族复兴的前途。一百年来,在中国共产党的旗帜下,一代代中国青年把青春奋斗融入党和人民事业,成为实现中华民族伟大复兴的先锋力量。新时代的中国青年要以实现中华民族伟大复兴为己任,增强做中国人的志气、骨气、底气,不负时代,不负韶华,不负党和人民的殷切期望!

同志们、朋友们!

一百年前,中国共产党成立时只有50多名党员,今天已经成为拥有9500多万名党员、领导着14亿多人口大国、具有重大全球影响力的世界第一大执政党。

一百年前,中华民族呈现在世界面前的是一派衰败凋零的景象。今天,中华民族向世界展现的是一派欣欣向荣的气象,正以不可阻挡的步伐迈向伟大复兴。

过去一百年,中国共产党向人民、向历史交出了一份优异的答卷。现在,中国共产党团结带领中国人民又踏上了实现第二个百年奋斗目标新的赶考之路。

全体中国共产党员!党中央号召你们,牢记初心使命,坚定理想信念,践行党的宗旨,永远保持同人民群众的血肉联系,始终同人民想在一起、干在一起,风雨同舟、同甘共苦,继续为实现人民对美好生活的向往不懈努力,努力为党和人民争取更大光荣!

同志们、朋友们!

中国共产党立志于中华民族千秋伟业,百年恰是风华正茂!回首过去,展望未来,有中国共产党的坚强领导,有全国各族人民的紧密团结,全面建成社会主义现代化强国的目标一定能够实现,中华民族伟大复兴的中国梦一定能够实现!

伟大、光荣、正确的中国共产党万岁!

伟大、光荣、英雄的中国人民万岁!

(来源:《习近平谈治国理政》第四卷,外文出版社2022年版)

导读:历史车轮滚滚向前,时代潮流浩浩荡荡。一个国家、一个民族要振兴,就必须在历史前进的逻辑中前进、在时代发展的潮流中发展。中国特色社会主义进入新时代,是新中国成立以来特别是改革开放以来我国社会发展进步的必然结果,是我国社会主要矛盾变化的必然结果,也是我们党团结带领全国各族人民开创光明未来的必然要求。新时代是奋斗者的时代。新时代属于每一个人,每一个人都是新时代的见证者、开创者、建设者。今天,我们实现了从"赶上时代"到"引领时代"的伟大跨越。

【拓展阅读】

1.《论中国共产党历史》

基本信息：习近平；中央文献出版社，2021年。

主要内容：中共中央党史和文献研究院编辑的《论中国共产党历史》一书，收录了党的十八大以来习近平总书记围绕中国共产党历史发表的一系列富有代表性、体现原创性、突出指导性、彰显鲜活性的重要论述，共计40篇。这些重要论述，系统回顾了中国共产党团结带领中国人民不懈奋斗的光辉历程，深入总结了党在各个历史时期创造的理论成果、积累的宝贵经验、铸就的伟大精神，深刻阐明了中国共产党为中华民族作出的伟大贡献、为解决人类问题提供的中国智慧中国方案，展望了党和人民事业发展的光明前景，视野宏大、内涵丰富、思想深邃，为开展好党史学习教育、学习总结好党的历史，提供了根本遵循和科学指南。

推荐理由：该书对于广大干部群众学好党的历史，增强"四个意识"、坚定"四个自信"、做到"两个维护"，决胜全面建成小康社会、开启全面建设社会主义现代化国家新征程、实现中华民族伟大复兴的中国梦，具有十分重要的指导意义。

2.《高举中国特色社会主义伟大旗帜　为全面建设社会主义现代化国家而团结奋斗——在中国共产党第二十次全国代表大会上的报告》

基本信息：习近平；人民出版社，2022年。

主要内容：党的二十大报告的主体结构可概括为"一个主题、十六个方面成就、六个坚持、一个新使命和十二个方面新部署、一个团结奋斗的号召"。党的二十大报告进一步指明了党和国家事业的前进方向，是我们党团结带领全国各族人民在新时代新征程坚持和发展中国特色社会主义的政治宣言和行动纲领。

推荐理由：党的二十大报告深刻阐述了开辟马克思主义中国化时代化新境界、中国式现代化的中国特色和本质要求等重大问题，擘画了全面建成社会主义现代化强国的宏伟蓝图和实践路径。

3.《习近平新时代中国特色社会主义思想学习纲要（2023年版）》

基本信息：中共中央宣传部；学习出版社、人民出版社，2023年。

主要内容：《习近平新时代中国特色社会主义思想学习纲要（2023年版）》共21章、99目、200条，近15万字。全书紧紧围绕习近平新时代中国特色社会主义思想是党和国家必须长期坚持的指导思想这一主题，对习近平新时代中国特色社会主义思想作了全面系统的阐述，有助于广大干部群众更好理解把握这一思想的基本精神、基本内容、基本要求，更加自觉地用以武装头脑、指导实践、推动工作。全书内容丰富、结构严谨，忠实原文原著、文风生动朴实，是全党开展"不忘初心、牢记使命"主题教育的重要学习材料，是广大干部群众深入学习领会习近平新时代中国特色社会主义思想的重要辅助读物。

思之篇

【案例讨论与思考】

案例1：5G+智慧旅游助力乡村振兴

5月17日是世界电信和信息社会日，今年的主题是"通过信息通信技术增强最不发达国家的能力"。缩减地区"数字鸿沟"，推动实现可持续发展目标成为各界关注的话题。我国从打赢脱贫攻坚战到全面推进乡村振兴，科技创新将持续发挥作用，为乡村振兴注入更大动力。

贵州省黔东南苗族侗族自治州雷山县西江千户苗寨景区内，游客戴上混合现实眼镜，在苗寨内"解谜""寻宝"，探索"5G+智慧苗寨"带来的全新体验。"特色街区实景与动感数字画面相结合的体验，让人对苗文化感受更加深刻！"游客王女士说。

贵州西江千户苗寨文化旅游投资（集团）有限公司营销部主管罗龙宝介绍，景区智慧旅游信息化建设项目依托5G网络实现信息服务集成，人们能方便地观看景区实时地图和路线导览，查询智慧停车信息、相关景点介绍和游玩线路推荐。

今年春节期间，西江千户苗寨共接待游客14.2万人次，同比增长482.01%；实现旅游综合收入1.4亿元，同比增长532.53%。同时，在苗寨举办的全国"村晚"示范展示活动通过5G网络"上云"，推介当地的乡村村落、民俗风情以及丰富的旅游资源，吸引超过千万人次观看。

随着5G等通信基础设施覆盖范围不断扩大，5G与人工智能、虚拟现实、增强现实、大数据、边缘计算等技术和应用深度融合，让乡村插上了智慧转型的"翅膀"。智慧旅游便是典型应用场景之一。

获评联合国世界旅游组织"最佳旅游乡村"的浙江余村景色宜人,如今也开始借助 5G 网络展现给五湖四海的游客。村民们通过直播平台,展示丰富的农产品和别致的民宿,拓展销售渠道实现增收。余村人鲍青青白天在企业上班,下班后就帮家里卖茶叶和笋干。"用了 5G 手机后,我可以随时随地直播。"鲍青青介绍,"竹林直播"闲适而富有禅意的画风获得了超高的点赞量。而得益于 5G 网络的覆盖,即使在山上直播信号也很流畅。

浙江安吉县报福镇石岭村在抖音平台开设了"石岭共富旅游"账号,邀请主播入驻推荐村里的文旅产业。"今年 4 月份以来,'石岭共富旅游'抖音直播间浏览人次破万,销售额超过 4 万元。"石岭村党支部书记谢五一介绍。

上海首批市级乡村旅游重点村中,青浦区赵巷镇方夏村引入 5G 技术,打造智慧农场数字化系统,形成线上线下融合的文旅品牌,满足游客在方夏村的一站式出行需求;宝山区罗店镇远景村则通过智慧自治平台"远景村智慧乡村管理系统"实现"一图看全景、一屏管全村",为村内各项工作的统筹规划与科学推进提供依据。

数据显示,贵州已建成 5G 基站 8.43 万个,实现乡乡通 5G,其中行政村 5G 网络通达率超 50%;全省已有 400 余个景区实现 5G 网络覆盖。上海已建成 29 个数字景区,实现全市 16 个区 5G 网络连续覆盖,数字文旅中心依托"一网通办""一网统管"平台,推动文旅营商服务集成创新和市场治理数字转型;上海正持续推进和加强沪上行政村 5G 网络全覆盖,全面提升农村地区 5G 网络质量。浙江已基本实现行政村 4G 和光纤全覆盖,基本实现重点乡镇 5G 全覆盖,预计到 2025 年县城、乡镇及重点行政村实现 5G 信号全覆盖;到 2025 年,预计浙江 60% 以上 A 级旅游景区建成智慧景区。

工信部、文旅部发布的《关于加强 5G+智慧旅游协同创新发展的通知》提出,重点加强全国乡村旅游重点村镇和乡村旅游资源丰富地区的 5G 网络覆盖。推进 5G 乡村旅游资源和产品数字化建设,探索 5G+乡村文化、5G+民俗风情等新型表现形式,打造 5G 乡村旅游精品项目,建设一批 5G+智慧旅游样板村镇,助力乡村振兴。

中国信息通信研究院无线电研究中心副主任潘峰说,树标杆、探模式、促协作,是实现 5G+智慧旅游规模化的关键。随着各地探索形成经验,并因地制宜进一步推广,这将共创 5G+智慧旅游助力乡村振兴的新局面。(陈爱平、吴思、段菁菁,新华社上海,2023 年 5 月 16 日电)

案例与问题讨论：

（1）如何从中国近代以来的农村发展变革中认识乡村振兴战略的历史意义？

（2）查阅相关资料，整理分析各地乡村振兴的鲜活经验和模式。

案例 2：为超级计算贡献青年力量

在江苏省无锡市滨湖区一个巨大的机房中，40 个计算机柜排列成二进制语言"010"的样式，每个机柜有 1024 个 CPU，每个 CPU 有 4 个主核，每个主核又带有 64 个从核——这就是超级计算机"神威·太湖之光"。国家超级计算无锡中心主任助理、研发中心主任甘霖每天的工作，就是和这台超级计算机打交道。

超级计算机是什么？它与我们的日常生活有什么关系？"超算没有那么高深莫测，它作为功能最强、速度最快的一类计算机，就像一个最强大脑，为天气气候、地球物理、生物医药、先进制造等领域提供强有力的算力服务，帮助它们算得更快更准。"甘霖介绍，这些计算看不到摸不着，却支撑着日常生活的点点滴滴。

超算技术的飞速发展及其在众多领域的重要应用，让甘霖对它产生了浓厚兴趣，并在读博时选择了这个研究方向。2015 年 12 月，还在读博的甘霖，与一群平均年龄只有 25 岁的年轻人来到无锡研发基地，投入"神威·太湖之光"的试算与调试工作中。

"机器是全新的，硬件是全新的，我们的任务是设计软件与应用，就像为一款新手机开发 APP。"来到基地的甘霖第一次触摸到庞大的机身，从此与这台国之重器并肩作战，和年富力强的团队共同成长，肩负起为这款国产超级计算机打造系统的重要使命。

开发这一系统的过程殊为不易。甘霖和团队成员们有时候要面对百万行的程序代码,还要克服数学、物理等不同学科的众多关键问题,以此实现基于国产超算的超大规模、高分辨率的科学应用模拟。在重点攻关时期,为精确定位和排除一个细小的程序错误,往往要花费几天甚至几周,有时甘霖一天只有三四个小时的休息时间。

设计方法、撰写程序、测试代码……甘霖和年轻成员们努力将强大算力真正投入应用,让这台超级计算机既能"算得快"也能"用得好"。

2016 年 11 月,被誉为世界高性能计算应用领域最高奖项的"戈登·贝尔"奖揭晓,甘霖作为团队成员之一,凭借"千万核可扩展全球大气动力学全隐式模拟"项目成果,实现了该奖设立 29 年来中国团队的首次获奖。"我非常激动!"甘霖说,该成果设计开发了一种新的用于大气动力模拟的高可扩展全隐式求解算法和软件,这是世界上第一次在有效时间尺度完成了 500 米以上分辨率的大气模拟,在航空、地学、能源等领域的挑战性计算问题中有广阔的应用前景。

此后,甘霖和团队一路披荆斩棘,在国产超算系统方面不断取得新突破,将新成果应用到国家急需的重要领域中。

最近,甘霖又带领团队,基于神威系列超级计算机,研发出 3900 万核规模的复杂地震模拟程序,成功实现多个复杂地震的高精度模拟。这项工作的持续开发,有望为地震研究提供更加快速、准确的计算结果,从而助力地震发生机理研究、建筑物规划布局设计。

甘霖还牵头打造"超级计算机进校园"普及课程,组建了一支"神威侠"志愿者团队,依托共青团、青联等,定期走进校园、企业,向年轻人科普科技成果、分享青年科技工作者的奋斗故事。目前,超算中心已接待参观者超 4 万人次。

"我们这一代超算人非常幸运地赶上了科技发展的好时候,有更广阔的视野和空间继续前行、接力奋斗。"甘霖说,作为新时代的科研人,有信心创造更多更好的成果,为超级计算贡献青年力量。(姚雪青,《人民日报》,2023 年 5 月 5 日)

案例与问题讨论:

(1) 在中国共产党的旗帜下,一代代中国青年把青春奋斗融入党和人民事业,成为实现中华民族伟大复兴的先锋力量。请说一说当代青年如何结合时代要求体现自己作为青年的先锋性。

(2) 请发现整理你身边的青年榜样,并通过一定形式进行介绍。

案例3：把每次训练都当作实战

在青藏高原上的一个山坳里，官兵整齐列队，眼神一致盯着150米外的靶子……

"砰！"刹那间，靶标被精准击中。这名狙击手，是武警西藏总队某中队副小队长杨友刚。入伍19年来，他先后获得"全军备战标兵个人""中国武警十大忠诚卫士"等荣誉，荣立个人一等功1次、二等功1次、三等功4次。

从小听爷爷讲述参加抗美援朝的故事，杨友刚带着"成为一名神枪手"的志向参军入伍。

进入狙击班后，挑战也随之而来：第一次打靶，一发未中；第二次，还是一发未中；第三次……之后接连10余次打靶，他的成绩依旧没有起色。

不服输的杨友刚每天坚持练习闭目出枪500多次，把水壶挂在手臂上练习抬臂两小时，在枪管上加挂水壶练习，用针尖在大米上练习钻孔……

两年的时间里，杨友刚对潜伏、耐力、记忆等课目逐一进行超强度训练。连续多年，杨友刚参加总队狙击手比武接连取得第一的成绩。

"他最大的特点，就是对狙击有一股倔劲。"和杨友刚一同在高原战斗了10多年的刘定伟说。

一次，在通过窗口靶向外打击目标时，杨友刚像往常一样击发后并未击中目标。

听了战友用数学理论讲解后，他意识到只靠经验并不行，理论学习同等重要。于是杨友刚买来数学、物理教材深入学习，但理论底子较弱的他学起来非常困难。

"不学不行，万一实战中遇到了需要计算的情况怎么办？"杨友刚咬咬牙，从射击急需的力学和运动学知识学起。在他的带动下，中队掀起了理论知识学习研究热潮，学习室里总能见到大家讨论物理、数学等难题。

不断地学习,一次次实践,他发现高原的空气密度、气压、重力加速度等都与平原地区存在或大或小的差异,为了突破训练极限,他开始不断研究高原射击课题。

有一年,多国特种部队受邀进行军事交流,杨友刚负责展示"移动中对移动目标狙击"这一难度很大的课目。

观摩现场,人头攒动,大家都期待着这位中国军人的表现。杨友刚在来回移动的轨道靶位上认真测量着风速等各项数据,不断修正弹道。

1分钟、2分钟……随着时间一分一秒过去,在大家都等得有些焦急时,杨友刚果断抓住时机,扣动扳机。报靶显示,子弹正中目标,观摩团瞬间沸腾,传来持久的掌声。

这些年来,杨友刚把每一次训练都当作实战,认真钻研在不同环境下精确狙击的方法,撰写了近30万字的学习笔记,摸索总结出"长枪追击射击法""'8'字快反射击法"等20余种战法、训法和数据,被武警部队乃至全军推广应用。他还倾囊相授自己的狙击技术、战术、战法等,累计培养出200余名教学骨干。(李卓尔,《人民日报》,2022年8月10日)

案例与问题讨论:

(1) 巩固国防和强大人民军队是新时代坚持和发展中国特色社会主义、实现中华民族伟大复兴的战略支撑。结合案例理解作风优良是我军鲜明特色和政治优势。

(2) 查阅相关资料,通过人民军队性质、宗旨、本色理解最美新时代革命军人的品质。

【热点问题与讨论】

腐败低龄化、贪腐"35岁现象"? 莫让年轻干部摔倒在起跑线

开展"青音话廉"主题分享活动,组织年轻干部手抄家书家训,组织集中观看专题警示教育片……五四青年节前后,江苏多地纪检监察机关密集开展廉政教育活动,引导年轻干部扣好廉洁从政的"第一粒扣子"。

年轻干部是党和国家事业发展的希望。从近年来查处的案件来看,呈现出腐败低龄化现象。随着越来越多的"85后""90后""95后"走上工作岗位,特别是任领导职务以后,如何从严从实加强对年轻干部的教育管理监督,成为亟待解决的重要课题。一些年轻干部为何"前脚踏上仕途,后脚步入歧途"?他们的贪腐行为呈现出哪些新特点?怎样增强年轻干部的拒腐防变"免疫力"?

起步就"失足",腐败低龄化趋势明显

"我收这些钱的意义在哪?它既不能改变我现在的实质生活,却让我为这点小钱蒙蔽了双眼,丢失了最宝贵的自由……"在盱眙县纪委监委制作的警示教育片《凝心铸魂》中,盱眙经济开发区建设工程质量安全监督站原负责人万钧"出镜"现身说法。

1987年出生的万钧考入盱眙经开区规划建设局后,被安排负责开发区工程项目质量安全监督工作。由于在施工、验收等工作上的话语权与日俱增,围绕在万钧身边的项目经理和工程老板不断增加。

万钧在忏悔书中写道:"去工地验收,施工单位老板永远都是站在门口等着自己……验收阶段,去现场永远是走在第一个的,后面都会围着一群人,听自己高谈阔论……需要看图纸时,身边人已将你需要看的那一页翻好捧正,自己只需手指在上面划一划而已。"

渐渐地,万钧对车接车送、门口相迎司空见惯,对曲意逢迎、百般讨好照单全收。中秋、春节等重要节点,只要是老板客商送出的钱卡物,万钧一概以正常节礼、人情往来安慰自己并收入囊中。不到3年时间,万钧先后受贿32次,收受的现金、购物卡、加油卡累计13.3万元。最终,万钧被移送检察机关依法审查起诉。

万钧的经历,是年轻干部走向违纪违法道路的一个典型:一些年轻干部在35岁左右走上领导岗位,手握一定权力后,在"阿谀奉承"面前情不自禁地飘飘然起来,逐渐在权力和物欲中迷失自己。

连云港市纪委监委梳理发现,腐败低龄化趋势明显,贪腐"35岁现象"依然存在,特别是在某些领域和岗位多发频发,比如,挪用公款多发生在单位会计和出纳身上,受贿多发生在行政审批、工程建设等权力集中、资金密集部门的审批干部身上。

另一类贪腐高发群体是"临时身份"的年轻政府雇员。他们虽在"编外",

却掌握一定的公权力,直接和群众、企业打交道,容易成为被"围猎"对象。

1991年出生的尤利卫被调至苏州市相城区住建局房地产开发管理科工作后,由于负责审核一手房购房者资格,很快成为房产中介拉拢腐蚀的对象。从最初收下中介送来的2000元购物卡,到后来对各种好处费来者不拒,尤利卫的心态逐渐发生变化——起初,对不符合条件的材料他会一一核验,摸清情况后再予以"放行",后来则是不看材料直接通过。短短一年多时间,尤利卫违规帮助没有购房资格的外地购房者通过审核,所涉房屋达1036套,累计收受现金217万余元。

一些年轻干部的违纪违法手段相对单一直接、简单粗暴,往往通过造假签字、直接要钱等方式拿到钱款,甚至将单位资金直接转入自己的账户。赃款的用途,也颇具年轻人的一些社会生活特征,比如热衷买名牌、高消费,或者网游充值、网络赌博、打赏主播等。1994年出生的江苏有线网络发展有限责任公司赣榆分公司原出纳会计项上沉迷网络游戏、打赏女主播,一年多时间套取公款386万元。

吹廉风、划红线,增强拒腐防变"免疫力"

"二三十岁的党员干部,正值世界观、人生观、价值观形成的关键期,一旦政治定力不够、宗旨意识淡薄、'三观'走偏,面对诱惑时往往容易缴械投降。"无锡市纪委监委宣传部部长宗春燕和同事梳理近年来违纪违法案例发现,年轻干部自毁前程、堕入腐败深渊有多方面原因,最根本的在于理想信念缺失。

一些年轻干部被查处后,交代从未真正开展过理论学习,学习笔记都由下属代抄。连云港市纪委监委宣传部部长江媛翻看落马年轻干部忏悔书发现,他们几乎都谈到一点:自己之所以走上违法犯罪道路,根子上是放松了理论学习,理想信念出了问题。"'本'和'根'动摇了,私心杂念就能够乘虚而入。"

突出理想信念教育和纪法教育,增强年轻干部的拒腐防变"免疫力",成了多地纪检监察机关的共同实践。

5月10日至6月10日,由连云港市纪委监委组织开展的"山海廉韵·青'廉'敢为"全市年轻干部"廉政教育活动月"将正式启动。活动月把思想引领作为加强年轻干部教育管理监督的重要切入点,通过开展阅读违纪违法年轻干部忏悔录、组织廉洁提醒谈话等系列活动,教育引导年轻干部增强纪法和规矩意识。

家风连着党风,家廉才能政廉。以廉洁家风建设为抓手,4月以来,溧阳市纪委监委启动"清风进万家　廉润品质城"廉洁家风主题活动,通过开展"当好贤内助"家庭助廉、新时代家庭家教家风建设等10项活动,实现全市年轻干部廉洁教育全覆盖。五四青年节前后,建湖县纪委监委组织年轻干部手抄家书家训,参观"淮乡家风"廉政文化教育专线,筑牢"家庭防火墙"。

既要吹廉风,也要划红线。如今,警示教育已成为我省广大年轻干部的"必修课"。镇江市纪委监委选取近年查处的6起年轻干部违纪违法典型案例,制作专题警示教育片,联合市委组织部在每年度举办的年轻干部培训班中开设警示教育课程。金湖县纪委监委紧盯年轻干部新入职、新任用、新提拔重要节点,综合运用观看警示教育片、旁听法院庭审、通报曝光典型案例等方式,分层分类开展警示教育,防止成长"黄金期"变成贪腐"危险期"。

紧盯重要环节、关键岗位,确保用权不跑偏

"85后"吴欢刚到宜兴市杨巷镇邬泉村挂职,正逢一个投资1.2亿元的牛羊屠宰场进入建设筹备阶段,他主动请缨接下了征地拆迁任务。工作还没正式启动,他就收到了镇纪委送来的征地拆迁风险预警单,其中明确了补偿款发放管理等5个关键环节中可能存在的虚报冒领、挪用贪污等16个廉政风险点。

"从查办案件来看,他们中有个别人挂职离开原单位后,以为脱离监管,就放松了自我要求,加上'出学校门、进机关门',党性历练、社会阅历相对不足,容易禁不住诱惑,变成'断线风筝'。"宜兴市纪委书记、监委主任张静红介绍,对于挂职到工程建设、资源交易、物资采购等权力集中、资金密集岗位的年轻干部,市纪委监委第一时间帮助排查风险点,进行廉政提醒,督促制定防范措施。

确保用权不跑偏不任性、不越轨不逾矩,必须紧盯手握实权的关键少数、关键岗位、关键权力。多地纪检监察机关会同组织部门,从重大事项决策、招投标管理、工程项目建设等方面,逐一列出权力清单、负面清单,把好严以用权"方向盘"。

年轻干部违纪违法案例背后,也折射出所在单位监管机制不完善、部门领导监督缺位、日常监管流于形式等问题。一位办案人员告诉记者,错把"围猎"当"真情",是不少年轻干部违纪违法案件中的常见"情节"。"如果他们的领导能在问题萌芽时,与他们谈心谈话、咬耳扯袖,就有可能阻止他们滑向违纪违法的深渊。"

做好以案促改"后半篇文章",无锡市纪委监委配合市委组织部研究出台《共青团无锡市委机关科以下干部转岗实施办法(试行)》,督促其他有关单位制定完善《干部政治监督职责清单》等制度规定。针对近年来查处的 62 起年轻干部案件中暴露出的权力失控、制度漏洞等问题,镇江市京口区纪委监委先后向 6 家单位制发纪检监察建议书,列出问题清单,压实单位党组织教育监管的主体责任,督促扎紧"不能腐"的制度笼子。(顾敏,新华时报·交汇点,2023 年 5 月 4 日)

请从全面从严治党的角度分析"腐败低龄化"现象。

行之篇

【社会实践与行动】

方案一:微电影或舞台剧《青春的样子》

1. 实践目标

通过剧本写作,锻炼学生的文字表达能力和想象力;通过微电影拍摄或舞台剧表演,锻炼学生的团队协作能力,并让学生感受思政课实践环节的趣味性;同时以小故事揭示大道理,青年兴则国家兴,青年强则国家强。实现中华民族伟大复兴的中国梦,需要一代又一代有志青年接续奋斗。青年人朝气蓬勃,是全社会最富有活力、最具有创造性的群体。

2. 实践设计

设计人物和形象故事,撰写剧本,完成拍摄。

3. 实践成果

形成一部 8~10 分钟的微电影或在舞台上进行表演。

方案二：读书报告《初心集——百名英烈遗作选》

1. 实践目标

通过读书的方式，了解先辈们为中华民族谋复兴、为中国人民谋幸福的革命实践，体悟他们忘我牺牲、无私奉献的革命理想和崇高精神，深刻体会"不忘初心、牢记使命"的内涵和对当代青年的要求。

2. 实践设计

第一步，制订读书计划，包括个人读书与集体讨论的次数和安排；第二步，落实读书计划，及时做好读书笔记；第三步，撰写读书报告，先对所读的书进行简单介绍，尤其是论析该书的创新之处和不足，继而小组成员谈论读书心得，主要从学习、人生启示等角度予以分享，再进行总结，并附参考文献及团队建设情况。

3. 实践成果

形成一份不少于 2000 字的读书报告，制作一份用于汇报的 PPT。

方案三：社会调查——新时代最美奋斗者的故事

1. 实践目标

通过寻找身边的最美奋斗者，了解新时代的奋斗者以智慧和汗水，甚至鲜血和生命，为国家富强、民族振兴、人民幸福书写的可歌可泣的壮丽篇章。同时行动起来，广泛宣传"最美奋斗者"的先进事迹，传承弘扬爱国奋斗精神，奏响新中国奋斗交响曲，高唱新时代奋斗者之歌，用英雄模范的感人故事激励更多身边人坚守爱国情怀、坚定奋斗意志，为实现中华民族伟大复兴的中国梦凝聚起强大精神力量，引导青年大学生学习英雄事迹、培育时代新人、走好新时代长征路。

2. 实践要求

（1）根据实践主题，确定活动方案；

（2）问卷调查与访谈相结合；搜集更多第一手数据，为结果分析提供有力数据支撑。

（3）以小组为单位，合理分工，相互协作，共同完成调研。

3. 实践成果

（1）撰写不少于 2000 字的奋斗者故事。

（2）汇报 PPT 一份。

【行动反思与品格塑造】

1. 请同学们回忆自己的成长历程,尤其是对你具有重要影响且印象深刻的10年,谈一谈党和国家事业取得历史性成就、发生历史性变革如何对你的成长和发展产生着直接影响。

2. 新时代党中央提出了"要把网上舆论工作作为宣传思想工作的重中之重来抓","牢牢掌握党对意识形态工作领导权,全面落实意识形态工作责任制,巩固壮大奋进新时代的主流思想舆论",以及让网络空间"正能量更充沛,主旋律更高昂"等要求。结合你使用社交媒体等互联网生活体验,谈一谈虚拟空间对大学生思想动态的影响。

3. 习近平与大学生谈话时曾指出:"打基础,我认为知识面需要扩展,大学阶段是一个不断充实自己基础知识的阶段。学工的人、学理的人,还要学习人文社科方面的知识;学文的人,也要掌握一些自然科学方面的知识,这样才能做到触类旁通和融会贯通。我们正处于不断学习、永远学习的时代,每个人都要终身学习,所以要抓住这个时间打好基础,否则很快就会坐吃山空。"对于大学本科阶段的学习,你是否已经有了清晰的目标和计划?

4. 在面对目前复杂的国内外形势时,你在职业规划和人生发展方面有哪些困惑和困难?

【参考文献】

[1] 中共中央关于党的百年奋斗重大成就和历史经验的决议[M]. 北京:人民出版社,2021.

[2] 习近平. 高举中国特色社会主义伟大旗帜　为全面建设社会主义现代化国家而团结奋斗——在中国共产党第二十次全国代表大会上的报告[M]. 北京:人民出版社,2022.

[3] 习近平. 习近平谈治国理政(第四卷)[M]. 北京:外文出版社,2022.

[4] 习近平. 论中国共产党历史[M]. 北京:中央文献出版社,2021.

[5] 中共中央宣传部. 习近平新时代中国特色社会主义思想学习纲要(2023年版)[M]. 北京:学习出版社,2023.

[6] 本书编写组. 习近平与大学生朋友们[M]. 北京:中国青年出版社,2020.